— 一個朝代的轉型與挑戰 —

□ 編著

帝權風雲

雍正時代的改革與反抗

◎爭議中推行改革，鞏固權力？

◎改革對抗舊勢力，引發社會反響與挑戰？

◎分析帝王決策對清朝乃至中國歷史的影響！

◎評價雍正統治下的政策利弊，及其對後世的啟示！

深入雍正時代，呈現一個轉型與挑戰的朝代

目錄

序章　奪權之路

　　清朝雍正帝的統治是一段極富爭議與變革的時期。本書旨在深入探討這位帝王如何在多重內外壓力下，以鐵腕政策進行大膽的改革，並面對來自社會各層的反抗和挑戰。

　　雍正帝，一個在歷史上常被賦予複雜評價的人物，他的統治不僅僅是一個關於權力鬥爭的故事，更是一場深刻的社會變革。從奪取帝位的爭鬥，到對內政改革的堅持，雍正的統治展現了一位帝王對權力的渴望與治國理念的實踐。透過本書，我們將跟隨雍正帝的腳步，深入了解他如何在短短的十三年統治期間，推行一系列影響深遠的改革措施。

　　雍正帝的治國之道，特別是他對吏治的改革、對科舉制度的調整、以及他如何處理權力分配與後宮政治，都在他的統治理念中占有重要位置。他的政策不僅旨在鞏固帝權，更試圖透過改革來解決長期困擾朝廷的腐敗問題，並促進社會經濟的發展。然而，這些改革同時也引發了強烈的反抗與挑戰，不僅來自被改革的舊勢力，也來自於社會底層對於變革的恐懼和不安。

　　本書試圖將讀者帶入雍正時代，體驗那個時代的社會背景、政治氛圍以及人民的生活狀態。透過對雍正帝改革政策的深入分析，以及對那些因這些政策而生的反抗與挑戰的探討，我們可以更全面地理解雍正帝作為一位改革者的歷史地位，以及他的改革如何影響了清朝乃至中國歷史的發展。

　　此外，本書也將探討雍正帝與其後宮妃嬪之間的關係，以及這些關係如何反映出當時社會的性別觀念和後宮政治的複雜性。透過這些故事，我們不僅能夠窺見雍正帝作為一位統治者的多面性，也能夠感受到

那個時代人們的愛恨情仇。

　　本書是一次深入探索，旨在揭開雍正帝統治下的清朝面紗，展現其在矛盾與掙扎中前行的歷史軌跡。透過對雍正時代的再審視，本書希望能夠提供一個更加立體、多元的視角，讓讀者能夠理解到，即使是在極權的帝制之下，改革與反抗也能以各種形式存在，推動社會向前發展。

　　在編寫本書的過程中，我深感歷史的複雜性與人性的多面性。雍正帝的每一項政策背後，都是對權力的深思熟慮與對治國理念的堅持。同時，那些對他政策提出挑戰的人，無論是出於私利還是出於對正義的追求，他們的行動也為這段歷史增添了更多層次。這些故事告訴我們，歷史從來不是單一的線性敘述，而是由無數個交織在一起的人的故事組成。

　　本書也試圖打破一些關於雍正帝的刻板印象，重新評價他作為一位改革者的貢獻與局限。雖然某些改革措施可能未能達到預期的效果，甚至引起了更大的社會動盪，但雍正的勇於改革精神與對國家未來的深遠考量，仍應給予一定的認可和尊重。

　　在當今這個快速變化的時代，重新審視雍正帝的統治與他所面對的挑戰，對我們理解當下社會的變革與發展同樣具有啟發意義。歷史總是在不斷的重演中前進，而我們可以從過去的故事中學到的，不僅是對權力的反思，更是對人性的深刻理解與對未來的無限思考。

　　我希望本書不僅能夠為讀者提供歷史知識的豐富，更能激發大家對於人類社會進步過程中的思考與反思。讓我們一起踏上這段穿越時空的旅程，探索一個充滿爭議、變革與希望的時代。

奪儲大戰

康熙召集滿朝文武商議，他說：「我近來雖然生活照常，但漸漸覺得虛弱。人生難料，託付無人，如果有不測的話，大清基業並不是我所建立，關係甚大，因躊躇無代朕打理之人，乃至心氣不寧、精神恍惚……你們都是我所信任的人，薦舉大臣，行兵打仗，你們尚能聽命，今令你們滿漢大臣等會同詳議，於諸阿哥中舉奏一人。大阿哥所行邪惡不堪，虐戾殘忍，除他之外，於諸阿哥中眾議屬誰，我就聽你們的。但商議的時候不要互相打聽串通，否則我可絕不輕饒。」

面對皇位爭奪戰

大清國自從縱兵入關、定鼎中原建立王朝後，歷經短暫的順治時代，進入到了康熙的清平盛世。但是，即使皇帝也無法阻止自然的規律，隨著康熙的年紀越來越大了，雖然身體和精神都很好，但有時他也不免考慮起將來皇位的繼承問題。

這的確是一個頗讓康熙帝費腦筋的難題。在中國歷代皇帝中，康熙帝的子女是最多的，共有三十五個兒子和二十個女兒。在康熙三十五個皇子中，有幾個非凡人物。

這其中最有威望的當屬大阿哥允禔、二阿哥皇太子允礽、三阿哥允祉、四阿哥胤禛、八阿哥允禩和十四阿哥允禵等。康熙兩次廢立太子，這幾個皇子都有問鼎皇位可能，直接導致了最複雜的儲位之爭。

　　大阿哥允禔是康熙十一年生，起初在康熙帝諸子中排行第五，因為前面四個皇子均早殤。按封建禮法，在成年皇子中他的年齡最大，所以被列為皇長子。

　　但是，他的生母惠妃那拉氏只是一位庶妃，遠不及皇二子允礽生母皇后的身分高貴，允礽因是嫡出而被立為了皇太子。允禔表面上遵從父命，內心裡對太子的地位卻十分覬覦。

　　允禔在諸皇子中是比較聰明能幹的。據傳教士白晉說：「皇上特別寵愛這個皇子，這個皇子確實很可愛。他是個美男子，才華橫溢，並具有其他種種美德。」由於他在皇子中年齡居長，替父皇處事最多。曾三次隨康熙帝出征和巡視，都有所作為。

　　第一次康熙二十九年，年僅十八歲的允禔奉命隨伯父撫遠大將軍福全出征，任副將軍，參與指揮戰事；第二次是康熙三十五年隨康熙帝親征噶爾丹，他與內閣大臣索額圖領御營前鋒營，參贊軍機。這年三月，二十六歲的允禔被封為直郡王；第三次是康熙三十九年隨同父皇巡視永定河河堤，任總管，還銜命祭華山。允禔三次都取得了康熙帝的信任。

　　三阿哥允祉，是康熙的第三子，幼時撫養於內大臣綽爾濟家中。允祉年齡比大阿哥允禔小五歲，比太子允礽小五歲，比四阿哥胤禛大一歲。康熙三十七年三月，封誠郡王。翌年九月，他在敏妃喪百日中剃頭，被降為貝勒。

　　允祉是個博學之士，厚道安靜。他無論是文學還是書法，或是騎射，在眾多皇子裡面，表現都是極突出的，因此備受康熙喜愛。康熙每當閒暇的時候，常去三阿哥府上走動。康熙三十一年，允祉陪同康熙出塞圍獵時，允祉曾經和一向善於騎射的康熙比試過，兩人不分上下。

　　四阿哥胤禛於康熙十七年十月三十寅時出生於北京紫禁城永和宮，是康熙帝第四子，是德妃烏雅氏所生。由於其生母烏雅氏出身低微，沒

有撫育的資格。此外，清初時後宮也不允許生母撫育自己的兒子，因此，胤禛滿月後由佟貴妃撫養。

康熙帝曾評價幼年胤禛「喜怒不定」，後經胤禛請求，於康熙四十一年撤此考語。胤禛因性情急躁，父皇康熙帝用「戒急用忍」訓喻他。胤禛早年隨康熙巡歷四方，於康熙三十七年封為貝勒。胤禛性格堅毅，辦事果斷，大事、難事，他都會以堅韌不拔的精神努力去完成。

八阿哥允禩，於康熙二十年二月初十日出生於北京紫禁城，是康熙帝第八子，其母良妃衛氏，為滿洲正黃旗人，是宮內管領阿布鼐之女，宮內管領係正五品官。

康熙三十九年，僅有兩人被冊封為嬪，一位是正在受寵的十七歲少女瓜爾佳氏，另一位則是相對來講已年老色衰的衛氏，而比她早生皇子的戴佳氏卻沒有得到冊封。這除了因為允禩很受康熙喜愛，且是康熙三十七年受封爵位的皇子中最年輕的一位，並與衛氏本人也有關係。胤禩自幼聰慧，且十分知曉世故，從小就養成了親切隨和的待人之風。

清朝規定，皇子六歲起入上書房讀書，每日以名師大儒教之以滿文、蒙古文、漢文等文字，並輔以騎馬射箭等功夫。允禩素有心計、精明幹練。特別是他能以仁愛自勵，善於籠絡人才，收買人心，因此有「禮賢下士的『八賢王』」美名，受到朝野內外許多人的擁護。

十四阿哥允禵是康熙帝的第十四子，生母為孝恭仁皇后，是雍正帝同胞手足。允禵從小聰明過人，才能出眾，允禩曾語：「十四阿哥聰明絕頂，才德雙全，我兄弟皆不如也。」

允禵為康熙所厚愛，從少年時代起，就頻繁地隨從其父出巡，日常生活中，也往往被給予一些特殊優待。比如說部分皇子蒙皇帝恩准，享有支取官物的符權，由大內供給其一家的食用物品等。

這種做法通常是以一年為限，期滿後由皇帝決定是否沿續，而沿續

時間愈長，愈能展現出皇帝的厚愛，康熙諸子中享此殊遇者不只一人，但時間最長的則是允禵。允禵聰明、驍勇，擅長領兵打仗，性格耿直，頗有大將之才。康熙晚年曾非常重視允禵。

二阿哥允礽生於康熙十三年，在康熙十四年，康熙就冊立了還不到兩歲的嫡長子允礽作為皇太子，並傾盡全力教育和培養他。等允礽長大成人後，還為他設立專門的機構，讓他分理一部分政務，在實踐中培養他的能力。為樹立允礽的威信，康熙給他的著裝、衛隊、儀仗、器物，也都非常講究排場，幾乎和自己的差不多了。最重要的是，康熙曾經也非常賞識這個皇太子，覺得他儀表堂堂，人也聰明好學，八歲就能左右開弓，背誦四書。

又經過十幾年的精心教育，文韜武略，是沒有哪個皇子能夠與允礽相比的。如果一切就這樣順利發展的話，康熙老了駕崩後，允礽自然順順當當即了位，那麼清代第三個皇帝可能就是另外一個人了。而四阿哥也許就會像眾多皇子一樣，度過富貴平安的一生，且默默無聞地死去。

但以後的事實是，康熙皇帝雖然越來越老，但是總也死不了。皇太子允礽雖然看著皇帝的位子整日垂涎三尺，可就是一步之遙，但也無可奈何。據傳康熙也曾有過禪讓退隱的想法，但這又是一個沒有成為事實的猜想。所以時間一長，即位心切的老太子允礽免不了表現出對老皇帝的不滿和不敬來，對兄弟們和底下的臣僚更是無禮，有時一不高興張口就罵，抬手就打。

有一次，允礽的老師徐元夢多說了幾句，他一發怒，抬腿就把徐老頭給踢到水池裡去了。可憐一個六七十歲的老先生，想必從水裡爬上來的時候一定十分狼狽。

其時康熙就在身邊，看得一清二楚。但是，太子地位不一般，康熙不想在眾人面前給他難堪，就忍住了沒有處罰他。康熙一向主張君主應

該仁慈，思想品德和修養要高。所以對允礽的失德行為，康熙十分不滿意，但是還是千方百計教育他注意修養。

但是，太子允礽越來越不像話，類似的事情後來接二連三地發生，康熙是隱忍不發，希望允礽悔過自新。作為未來一朝天子的允礽，並沒有理會康熙那一套，他不僅仍然我行我素，同時還悄悄地和攀附他的貴族、大臣們組成小集團，密謀盡快登上大位。

「老不死」的康熙可並不是個「老糊塗」。他就像一隻閉著眼睛睡覺的老虎，一邊容忍著允礽的放肆和無禮，一邊密切注意著太子黨的行動。忍耐總是有限度的，但是權力的磨擦卻沒有停止。這就是皇帝和太子之間的一個永遠也解不開的結。

康熙三十六年，康熙帝第三次親征噶爾丹得勝，回到京城，立即著手處置了一批在皇太子處活動的內廷人員，並給太子派了一名總管太監以加強監督。因為康熙感覺到留在京城監國的太子允礽身邊有許多心懷不軌的小人。但是這個警告的訊號並沒有使允礽和太子黨收斂。

康熙四十二年，康熙覺察太子黨有發動政變的可能，於是決定先下手為強，當機立斷將太子黨的首腦人物、就是允礽的叔外公、大學士索額圖以「議論國事，結黨妄行」的罪名囚禁，不久他死在監獄中。

索額圖係滿洲人氏，曾出任大學士，後改任領侍衛大臣，又是允礽的生母孝誠仁皇后的叔叔，當時權傾朝野。康熙處死索額圖的意思，就是想削弱太子黨，讓太子汲取必要的教訓。然而太子非但沒有汲取教訓，反而更加激烈地進行活動。

太子黨的未遂政變就這樣被粉碎了。但是康熙把這次未遂政變主要歸罪於太子黨中的權臣，對於允礽，還是想觀其後效。但是允礽依然不買老皇帝的帳，非但惡行一點不見收斂，甚至傳出話來去要為索額圖復仇。於是老皇帝和老太子之間的矛盾越來越深，關係緊張得一觸即發。

　　康熙四十七年，康熙和太子允礽的矛盾終於火山般大爆發了。這年夏天，康熙和以前一樣，帶著皇太子允礽、長子允禔、十三子允祥和幾個小皇子到塞外打獵、避暑。在宿營的晚上，康熙發現有人總是在自己的營帳外鬼鬼祟祟，就命令手下人祕密調查，發現是允礽幹的。康熙頓時戒心大起。

　　後來皇十八子生了病，雖經百般治療，仍不見起色，康熙心裡十分焦急。但允礽對這些和他爭位的小兄弟素來沒有好感，因此不僅表現得無所謂，甚至有些喜形於色，令康熙十分生氣，免不了教訓他。

　　誰知允礽不但不聽，反而頂嘴，康熙狂怒，一下子看清了允礽冷酷無情的本來面目，於是等不及回京，連夜就召開緊急會議，康熙在忍無可忍的情況下，在木蘭圍場的布林哈蘇臺行宮，召集諸大臣和諸皇子一起，鄭重宣布廢黜皇太子。在當時，康熙對允礽說了四句話、十七個字：

　　不法祖德，不遵朕訓，唯肆惡虐眾，暴戾淫亂。

　　但是，康熙在當眾宣布他這個諭旨的時候，一邊宣諭，一邊傷心痛哭了。康熙當時沿用漢族朝廷的皇位由嫡長子繼承的制度，所以雖然廢除了允礽，但因為允礽是嫡長子，又考慮到諸皇子爭奪儲位的鬥爭愈加激烈等多方原因，又勉強將允礽復立為了太子。

　　而允礽非但不知悔改，反而變本加厲，與眾兄弟作對。這些導致他最終被孤立了起來，成為眾人攻擊的目標。康熙在親征噶爾丹時，因日理萬機，積勞成疾，在途中生重病了。當時，他非常惦記在京理政的太子允礽，就派人傳旨太子急往前方探視。當時，允礽見到重病的康熙卻面無憂色。

　　康熙見到允礽這般情狀，非常失望傷心。到了後來，康熙仍然忍受不了允礽的惡劣品行，意識到了如果讓允礽繼承皇位，必然會導致江山不穩、群臣攻之的局面。於是，他痛下決心，於康熙五十一年將允礽永

久廢除了。

當了三十三年太子的允礽，一下子就被廢掉了，這真像晴天一個霹靂，大部分人都震驚了。接著，朝廷內外傳聞四起，議論紛紛，因為廢太子可不是一件小事。從諸位皇子到滿朝文武，誰都知道意味著什麼：儲位空缺，法定接班人的位子空了。

但是看著康熙盛怒的樣子，誰敢說半句多餘的話？每個人只是在心裡問著一樣的問題：誰會成為新的太子？什麼是機遇，對諸皇子來說，這就是前所未有的機遇、天上掉下來的大餡餅。

在太子允礽被廢前後，諸阿哥為了奪儲而鬥爭得非常激烈，以大阿哥允禔、八阿哥允禩為首眾皇子紛紛登臺亮相。他們一方面攻訐詆譭允礽，另一方面又公開培植黨羽，積極謀取太子位，以至於發展到手足相殘的程度。

八阿哥允禩在兄弟們中堪稱才智第一，特別是他禮賢下士、謙恭仁慈的作風，頗受朝中諸大臣的擁護，因此他的勢力非常龐大。允禩雖然頗有作為，但其生母卻是奴隸賤籍。在等級森嚴的封建社會裡，允禩的這種出身無疑會給他爭奪皇位帶來極壞的影響。

由於允禩是允禔的生母惠妃一手帶大的，兩人兄弟情深。他起初採取了支持大阿哥允禔的策略。有了八阿哥允禩這個強而有力的支持者，大阿哥允禔便越發明目張膽起來。

允禔當時都已經三十六歲了，但因為不是正宮娘娘所生，沒有當上太子，所以一直耿耿於懷，暗中和允礽作對。在康熙早年，允禔也有一個強大的後盾，那就是大學士明珠。

明珠是允禔的母親惠妃的哥哥，也就是允禔的舅舅，他看到索額圖的外孫當了太子，心裡自然不服氣，就聯合大學士于國柱和幾個部裡的尚書，同太子黨對著幹。

哪知道康熙發現得很快，在康熙二十七年，以朋黨罪把明珠一夥人都給罷了官。允禔因此倒了這個大後臺，也失去了康熙對他的賞識和信任。但是，允禔並不善罷甘休，後來又看到八阿哥允禩的勢力越來越大，就逐漸向允禩的集團中靠攏，和老八聯合起來圍攻太子。

允礽被廢之後，康熙在歸途中指定允禔護駕。拘禁允礽以後又叫允禔監管允禩的所做所為。也許是這些安排使允禔誤以為自己已經時來運轉。所以在允礽被廢後，回京的路上，他悄悄向康熙表示：「假如父皇想讓允礽死掉，又怕天下人說閒話，下不了手，他可以出面動手，這樣父皇就可以不用承擔任何責任了。」

康熙聽罷大為震驚，為之不寒而慄，他指斥允禔：「似此不諳君臣大義，不念父子至情之人，實為亂臣賊子，天理國法皆不能容！」

但是，允禔並不死心，回到北京後，派手下太監、侍衛到處打探訊息，又私設刑堂，把廢太子允礽手下工匠捉來，嚴刑拷打，收集罪證。

然後允禔在父皇面前絮絮叨叨，不斷地說允礽的壞話，看到父皇不喜歡自己，就極力推薦和他一貫不錯的八阿哥允禩做太子，滿希望幫著允禩當了太子，做了皇帝，自己好當個親王。誰知允禔越幫越忙，這更讓康熙覺得他卑鄙之極，進而擔心他會加害允礽，為了以防萬一，於是加派胤禛和他共同看守允礽。

就在允禔上竄下跳、圖謀不軌的時候，康熙的第三子允祉也不甘寂寞，跳了出來。本來允祉同允禔平常關係還可以，但那是允礽當太子的時候，兩個人當然同一條心，在一條戰壕裡攻擊允礽。

現在允祉看到允禔已經被康熙定了性，當皇帝肯定是沒什麼希望了，就倒打一耙，揭發允禔與他馬場的一個蒙古喇嘛巴漢格隆相互勾結，說允禔知道這個喇嘛會一些咒人的邪門歪道，就讓他暗中詛罵允礽。

康熙一聽，立刻派人把這個喇嘛捉拿歸案，突擊審訊。巴漢格隆不

敢和康熙皇帝耍心眼，就把事情全部說出，承認他是受允禵的指派，在小木人的身上插滿針，背後寫上允礽的名字，施以咒語，最後，連埋小木人的地點也說出了。

人贓俱獲，允禵無法狡辯，只能俯首就擒。謀害太子，又是親兄弟，這還得了？康熙當即決定，將其革去王爵，終身囚禁，連他府裡的人和財物也全部沒收。真是「出頭的椽子先爛」，第一個跳出來的允禵偷雞不成，反蝕了一把米，第一個倒在了儲位之爭的角鬥場上。

和允禵一起受到打擊的還有八阿哥允禩。但允禩和允禵不同。他比較有心眼，自知出身不好，所以效仿西漢王莽，謙恭做人，廣收人心。而且允禩自小精明能幹，在諸皇子、宗室、外戚、朝臣中都十分有威望，擁護他的人不少。就連皇長子允禔，弟弟允禟，也常找他拿主意。

允禩這套裝謙飾賢的功夫還挺奏效，迷惑收買了不少人。康熙有一次曾經問他的哥哥福全哪個孩子可以繼承皇位，福全極力推薦允禩，說他有才有德，又不驕傲，是好樣的。

還有一次康熙在南巡時，招來當時著名的學者何焯，讓他做允禩的侍讀老師，允禩對他千方照顧，還託他弟弟在江南到處買書，一副求知不懈、求賢若渴的姿態，使不少江南文人都稱讚他好學。

儘管如此，允禩卻不太討康熙的喜歡。因為康熙覺得他雖然有才幹，可是太有野心，心計又多，陰險無比。曾經有一回，允禩小時候乳母的丈夫雅齊布和一個御史不和，允禩擅自叫人痛打了這個御史一通，然後跑到康熙面前想方設法詭辯，最後康熙查明瞭真相，把雅齊布充軍發配，允禩又悄悄瞞著康熙把他藏在了京城裡。

康熙為人坦誠，有大政治家的胸懷，對允禩的這些所作所為漸漸有了防備，父子感情也就慢慢變壞。但是最讓康熙擔心的還是允禩的很有威望，他的周圍支持者甚至不亞於廢太子允礽，這讓他十分自然地聯想

起權臣鰲拜、明珠、索額圖等人，要是再有這些類似的人和陰險狡詐的允禩勾搭在一起，那後果真是無法想像。

所以康熙對允禩的態度是可用而不可信。雖然廢了允礽之後，讓他接管內務府的工作，好像委以重任，但是心理面早已經開始防著他了。果不其然，當太子允礽被廢以後，允禩便開始加緊活動。

他一面讓允禟在父皇面前替他說好話，一面利用查辦前任內務府總管凌普的機會，和宗室、貴族、百官拉關係，套近乎，繼續施展他的收買人心的手段，撈取政治資本。

這一切都被康熙看在眼裡、煩在心上。更壞的是，允禔在和康熙一次談話時無意中提到了允禩找一個叫張明德的術士看相的事。張說允禩以後必然「大貴」，這事引起了康熙的警惕。

他把張明德抓來嚴審，把允禩隔離起來。最後發現張明德是個四處招搖撞騙的傢伙，他慌稱手下有一批武林好漢，可以刺殺太子，實際上只是想多騙一點錢罷了。而允禩反覆聲稱自己找他看相是因為沒有孩子，不是為了謀害太子。

所以審了半天，康熙一時也找不到謀反的真正證據。末了，康熙沒辦法，只好命令將張明德凌遲處死，給允禩安了個「知情不報，妄蓄大志」的罪名，奪了他的爵位，叫人看管起來。

這時允禩的哥兒們允禔和允禵都跑到康熙面前給允禩講情，康熙盛怒之下，給了允禔兩個耳光，打了允禵二十大板。以後康熙對允禩更加難以信任了。

因為廢太子，諸皇子搞起黨爭，接連不斷出了這麼多問題。康熙帝既感傷心，又有擔心。幾十天時間裡，憤怒、焦慮、失望、擔憂、悲傷，紛至沓來，急火攻心，康熙終於憂憤成疾，大病一場。

於是，康熙召集滿朝文武商議，他說：「我近來雖然生活照常，但漸

漸覺得虛弱。人生難料，託付無人，如果有不測的話，大清基業並不是我所建立，關係甚大，因躊躇無代朕打理之人，乃至心氣不寧、精神恍惚……你們都是我所信任的人，薦舉大臣，行軍打仗，你們尚能聽命，今令你們滿漢大臣等會同詳議，於諸阿哥中舉奏一人。大阿哥所行邪惡不堪，虐戾殘忍，除他之外，於諸阿哥中眾議屬誰，我就聽你們的。但商議的時候不要互相打聽串通，否則我可絕不輕饒」。

在這樣的情況下，八阿哥允禩及其黨羽沒有及時收斂，反而變本加厲，暗中串聯，公然悖逆康熙的指示。允禩的死黨阿靈阿、鄂倫岱、揆敘、王鴻緒等私相密議，並與諸大臣暗通訊息，在手心裡寫「八」字互相傳看。至此，所有的大臣就盡皆公推允禩為皇太子了。

八阿哥允禩的確有過人之處，那就是他善於籠絡人心。他不但結交了朝中一大部分文武官員，而且還與九阿哥允禟、十四阿哥允禵、大阿哥允禔等人結成了死黨。表面上他們這一幫人氣勢極大，但骨子裡卻犯了一個最大的錯誤。

在廢太子事件前後，康熙已經清醒地看到皇子拉幫結派產生的惡果。他看到眾人皆推舉允禩，當時非常震驚，他沒想到在太子允礽之外，八阿哥允禩居然也有龐大勢力。而皇子結黨，必然會對他的皇權造成威脅。允禩的積極謀求儲位，恰恰觸動了康熙的龍鬚，招致康熙的牴觸情緒。

另外，飽讀詩書、為人寬仁的三皇子允祉，因其許多思想和政見與康熙較為相近，也深得康熙的寵愛，康熙經常邀允祉一起讀書談話。而且允祉也不太喜歡搞黨派，爭奪儲位也表現得不很積極，這反而讓康熙非常賞識。但是後來，康熙發現允祉對手下人管教不力，沒有威懾力，手下人甚至瞞著他去外面索要錢財，因而康熙對於允祉也失去了信心。

胤禛在眾多皇子中並不是最具有實力的一個，然而，他在這系列皇

子爭儲的事件中能夠高瞻遠矚，凡事從全盤考慮，既不躊躇不前，又能把握住一個「度」字，做到適可而止。

因此，胤禛在皇帝、皇兄及自己親信面前都掩飾得很好，彷彿他是對皇位無所謂的人。他表面上只顧努力做事，勤勉政務，積極為康熙分擔憂心的事，漸漸贏得了康熙關注、信任的目光。

胤禛的幼年，不是由生母撫養長大。此乃清代宮裡的習慣，常常是把皇子交給皇室的家奴或者別的妃嬪代養。如康熙皇帝，小時候就是由順治的家奴，曹雪芹的祖上曹寅養育的。

胤禛生母出身平凡，但是他養母佟佳氏身分卻十分不一般，這對後來胤禛的成長和政治地位很有作用。佟佳氏出生於清初十分顯赫的佟氏大家庭，她的姑母是康熙皇帝的生母，清朝的開國元勛佟圖賴的女兒。

佟佳氏的父親佟國維官至一等公，又是康熙的舅舅，親上加親。因此後來康熙也很寵信佟佳氏和他的父親佟國維，將佟佳氏從貴妃一直封到皇貴妃，康熙二十八年佟佳氏去世的前一天，又冊封為皇后。

佟氏家族在清前四朝顯赫到了頂點。全家人在這四朝出了兩個皇后、一個貴妃和兩個駙馬，在朝為官人更是數不勝數，以至於當時人送給一個外號「佟半朝」。佟氏家族真可以說是滿庭高幹、代代富貴。

這樣家族與胤禛生母的家族相比，真是無法比的，但是，佟佳氏沒能給康熙生個兒子，所以也很高興收養胤禛，對胤禛自小也非常疼愛。所以無論從感情還是從利益上出發，胤禛都更親近他的養母。以至於做了皇帝後，不承認自家的親孃舅，而把佟國維的次子隆科多封為舅舅。

胤禛在少年時期所受的教育是十分好的。因為康熙皇帝不僅很重視皇子的教育，給他們配備高水準的教師，還建立了一套科學而嚴密的皇子教育制度，時常親自打聽皇子們特別是太子的學習成長情況。皇子學前教育的內容主要是各種禮節。胤禛上學之前，就由專人負責，教導他

宮內的各種禮節規範。

六歲的時候，胤禛開始正式上學。每天清早黎明之前，當大臣們還在睡夢裡時，太監就把胤禛叫起來，打著白紗燈，送到上書房上早課。胤禛的課程表和其他皇子一樣，也是每天排得滿滿的。

早上開始上課，主要是四書五經、二十四史，然後練習書法、作文、填寫詩詞；下午還要學習滿文滿語、蒙文蒙語；下了語言課，到操場上練習騎馬、射箭、使用火器。

夏天還要學習游泳，直到太陽西下才允許放學。每年除了元旦、端午、中秋、皇帝萬壽節和自己的生日外，天天不停課。康熙為胤禛挑選的老師也都是著名的學者或大臣。比如教四書五經的大學士張英，人稱理學名臣。而滿語教師徐元夢，則號稱是滿人中的第一學問家。

胤禛最喜歡的老師是顧八代。胤禛一入學起就給他啟蒙，教他讀書認字、背誦名篇，以後胤禛回憶起他時還十分懷念，自稱同顧八代「與共朝夕，講論忠孝大義，研究經書至理，肫誠周至，獲益良多」。

康熙皇帝自己也經常過問皇子的教育，有時朝政不忙，康熙帝自己親自為皇子們講課。每隔一段時間，還要對他們進行測驗或考試，有背誦，有騎射，因為他要求皇子們文武雙全，不許偏廢。

看一下明代的皇室教育，就更能看出清代教育的成功。明朝的皇子往往十幾歲才進書房學習，每天也就聽老師講一會兒課，然後就放學回宮，同太監宮女們嬉戲玩樂，許多皇子後來當了皇帝，都像傻瓜一樣，一問三不知，更不用說自己親自教育皇子了。

胤禛在這種嚴格而全面的教育指導下，知識日漸豐富，學問日漸精深。他不僅通曉諸子百家、歷朝典故，還寫得一手好字。登基以後，他親自書寫硃批諭旨，教育臣僚，議論政事，動輒就會引經據典，有時洋洋灑灑，一口氣可以寫幾千字，見解深刻周詳，思考全面具體，這都受

益於早年的教育。

除此以外，胤禛還練了一身武功，當然不可能有傳說中的那麼傳奇，更稱不上是武林高手，但是能說明他不是個文弱的皇帝。待到皇子漸漸長大，一天天懂事以後，康熙就時常把皇子們帶出深宮，讓他們陪同自己四處遊歷，以便讓他們廣泛地了解社會，了解民生民情，增長他們的見識，豐富他們的閱歷，而不是像明代的皇子那樣，整天在深宮中和太監宮女為伴，一點都不知國情民生、百姓疾苦。

胤禛九歲的時候，第一次隨康熙出宮，到塞外打獵，此後幾乎每年陪同康熙出巡。三十歲之前，他的足跡已經遍及大江南北。透過這種活動，胤禛不僅開闊了視野，了解了各地的風土人情、山河形勢、水陸交通、地方吏治，還透過觀摩，學習了康熙的為政之道，治國之術，累積了豐富的政治經驗。

巡遊之外，胤禛年輕時代參加的政務活動主要有：打獵，祭祀，朝佛，治河，領軍以及稍長之後康熙委派的一些臨時事務。他少年時曾在一首《熱河閒詠》的詩中寫到：

一人臨塞北，萬里息邊烽。

這句詩表面上是讚頌父皇康熙，實際上也抒發了胤禛本人君臨天下的野心與抱負。尤其值得一提的是胤禛十九歲時，康熙親自率兵再次征討蒙古準噶爾部叛首噶爾丹。

這次軍事行動，成年的皇子差不多都參加了。胤禛負責統領八旗中的正紅旗。但是剛剛出師，就因為從前方傳來了清軍在昭莫多大獲全勝的好訊息，只好班師回朝。雖然並沒有真正指揮作戰，但這次軍事行動對於年輕的胤禛也是一次有益的鍛鍊。

皇子長大了，就不能老在宮裡生活，按規矩，要封個爵位，讓他自立門戶，這就是開府。開府不光意味著已經長大成人，可以更自由一

些，同時也表明可以娶妻生子、參與政務。

胤禛是二十二歲開府的，據傳他開府以後，就廣泛交接綠林豪傑，俠客高僧，密謀奪儲，還發明了一種叫「血滴子」的殺人凶器，這種圓形的利器內藏尖刀，可以用機關控制，乘人不備，兜頭罩住，更能把人頭割下，然後用化骨火毀屍滅跡。傳奇傳奇，總是越傳越奇，很難置信，姑妄說之、姑妄聽之罷了。

總體看來，即位以前的胤禛過的是和其他皇子一樣富貴逍遙的生活，主要是讀書學習、遊歷四方。

贏得父親的信任

胤禛在面對紛繁複雜的皇位之爭時，心裡抱定一種策略：「大智若愚，大賢若怯。」當允礽被廢時，胤禛並未像大阿哥允禔、八阿哥允禩一樣急於跳出來爭奪儲位。

因為在當時的情況下，大阿哥允禔奪儲呼聲高漲，此後八阿哥允禩離儲位也似乎只有一步之遙。在這樣的情況下，胤禛既沒做牽制老大、老八的勢力的事，也不對允礽落井下石。他知道自己既沒有大阿哥那樣多的支持者，也沒有八阿哥那樣高的聲望。假如他跳出來與老大、老八爭奪，無異於以卵擊石。

胤禛與八阿哥允禩不同，他表現出一副與世無爭的樣子，終日裡大談禪定虛無。因為從以前的一次次鬥爭中，胤禛發現，儲位雖貴，但不是可以硬搶的，因為父皇康熙過於精明，稍有風吹草動，必會疑心大起。允禔和允禩的教訓深刻。

　　既然不能霸王硬上弓，那只有攻心為上。胤禛的主要策略是以退為進、韜光養晦。受封雍親王時，胤禛就向康熙稟奏說：「我現在的爵位已經很高，現在又封親王，可是弟弟允祹、允禵他們都還只是個貝子。同是兄弟，這樣厚此薄彼，恐怕會有人說閒話。還是請父皇降低我的爵位和賞賜，分給兄弟們，以提高他們的地位，我的心裡會好受一些。」

　　康熙本來正被儲位的事情弄得焦頭爛額，後來大病一場，看到兒子們仍然明爭暗搶，心裡正不是滋味。而胤禛這番話，無疑是針對康熙心病的一劑良藥，正好符合康熙的心意。所以康熙表揚了他一番，不但沒有把胤禛的爵位降低，反而更加重用他了。

　　胤禛的這種策略，不但讓康熙心裡大喜，同時還避免了其他皇子的攻擊詆毀。在韜光養晦的日子裡，胤禛一方面寫著《園居》《山居偶成》《一世歌》和《題布袋和尚》等或陶情沉性、或憤世嫉俗、或嬉笑怒罵的詩文，一方面卻在悄悄培植著羽翼。

　　其間，《園居》寫道：

懶問沉浮事，間娛花柳朝。
吳兒掉風曲，越女按鸞簫。
道許山僧訪，棋將野叟招。
漆園非所慕，適志即逍遙。

　　從這首詩裡，胤禛巧妙地隱藏了他的雄心大志，倒像是一個沒有志向、貪圖享樂的人。隱藏了他的目的，眾人就不會把他當競爭對手來打擊和落井下石了。其《山居偶成》則頗有陶潛詩風格：

山居且喜遠紛華，俯仰乾坤野興賒。

千載勳名身外影，百年榮辱鏡中花。

金樽潦倒春將暮，蕙徑葳蕤日又斜。

聞道五湖煙景好，何緣蓑笠釣汀沙。

其實，胤禛世事洞明、人情練達，他努力表現出一種姿態：既然千秋功名都如身外影，百年榮辱都像鏡中花，那世間還有什麼更值得追求的呢？恬淡自然、與世無爭的心境也在裡面表達得十分明白。誰也不會猜想到胤禛也是在深思熟慮謀取皇位且更技高一籌的人。

康熙五十六年，就是 1717 年，明十三陵墓群發生盜墓事件，康熙得知後命允祉和胤禛前去調查處理，並讓他們進行祭拜。同年，孝惠皇太后去世，由於康熙病重，皇太后的喪務大都是允祉和胤禛兩人在康熙的指示下安排處理。

第二年，皇太后的棺材要安放進順治的地宮時，康熙病重不能前往，也是由胤禛負責整個事務，並在陵前代為宣讀祭文。康熙六十年，正值康熙登基六十年大慶，胤禛被派往關外盛京祖陵大祭。

胤禛回來後，又奉命代祭太廟。同年冬至，允祉代表康子圜丘祀天。同年三月，因為會試沒有中第的舉子們認為判卷不公而鬧事，胤禛奉命帶人前去複查試卷。

康熙六十一年十月，也就是康熙駕崩前的一個月，通倉、京倉虧空之事洩露，康熙命胤禛帶領大隊人馬前去清查，其中包括隆科多、延信等人，同年十一月初九，也就是康熙駕崩的前四天，冬至將到，胤禛被派去南郊天壇行祭天大禮。

按常例，祭天這樣的大禮都是由皇帝親自來主持的，康熙也從沒有委以他人。康熙委派胤禛去祭天，也許已經能看出端倪了。要是康熙真

的有意傳位給胤禛的話，那這次胤禛祭天，也就成了上蒼對這位未來之君的審查。也許冥冥之中的確是有天數的。

正如戴鐸所說：「處英明之父子也，不露其長，恐其見棄；過露其長，恐其見疑。」應該說胤禛很好地把握了處事的尺度，勤勉敬業，凡是康熙交代的，他都竭盡能力去辦好，而且每次總能讓康熙感到滿意。

胤禛與眾皇子爭奪中，一直都是暗爭，就是採取中立立場。其實，胤禛不僅在動，而且八方活動，左右逢源，一方面哪派都不介入，一方面誰也不得罪，另一方面又表現得替他們考慮，處處關心他們，使得他們覺得四阿哥既不是對手，又對自己非常有利，所以誰都沒在乎他。

首先，胤禛對家人至親至孝。康熙是父皇，對父皇的親孝能贏得他對自己的好感。康熙在親征噶爾丹取勝之後，因為疲勞過度而傷風感冒，到五臺山去療養。胤禛正好跟在身邊，他對康熙照顧有加，讓康熙非常感動。在太子允礽被廢後，諸王的爭鬥非常激烈，以至於發展到手足相殘的程度。當時，康熙面對這種情形，急痛攻心，一病不起。而且病倒後，拒絕服藥，只求速死。

這時，胤禛和三阿哥允祉再次表現出他們的過人之處。兩人來到康熙的病榻前，苦苦相勸：「父皇已經瘦成這副模樣，還不讓醫生來診視、進用湯藥，這樣不好好照顧自己，大清國以後將何所依賴。」

之後，兩人又進一步說：「我們雖然不通醫術，卻願意冒著被殺的危險要請求您看病，這病你看也得看，不看也得看！」

當然，兒子的這種強制是康熙最樂於接受的，因為他從中看到了胤禛、允祉的一番孝心。康熙病好後，立即為胤禛和允祉加官晉爵，並當著滿朝文武表揚了他們。

胤禛不僅對康熙親孝，對其他尊長也是如此。他對皇太后和母親懿皇后也特別好，博得太后和皇后的喜歡，也等於給自己撐了腰。胤禛面

對兄弟，他明處不落井下石，還極力打抱不平，為兄弟求情，贏得了康熙的首肯，認為他念及手足親情，可褒可嘉。

其次，胤禛能不計前嫌，還暗中幫助皇太子允礽。允礽第一次被廢時，大阿哥允禔、八阿哥允禩是奪儲實力派人物。在當時的情況下，胤禛根本無力與老大、老八抗衡。同時，假如老大、老八中任何一人被立為太子，對胤禛都是不利的。因為他們一旦被立為太子後，就再難被扳倒了。因此，胤禛暗中採取了支持允礽的立場。支持允礽有兩方面的好處：一是康熙是在盛怒之下廢除允礽的。因此，廢除允礽不久，康熙就有了反悔之意。胤禛摸透了康熙的心思，採取了支持允礽的策略。這樣，他就再次不露痕跡地獲得了康熙的好感。

二是胤禛支持允礽，必然會使允礽感激倍至。如果允礽今後再被立為太子的話，對胤禛就會有絕對的好處。胤禛敏銳地意識到，事情真相沒出來之前，千萬別把事情做得太絕。

康熙在囚禁允礽之後，開始著手起草「廢太子告天文書」，並將告天文書給被拘禁的允礽觀看。允礽看後說：「我的太子位是父皇給的，父皇要廢，何必告天？」

此時，大阿哥允禔、九阿哥允禟以及雍正負責看押允礽，急於奪取儲位的允禔當即就把允礽的話回報給了康熙。康熙聽後大怒，並傳口諭：「做皇帝乃是受天之命，如此大事，豈不有告天之理。允礽悖逆，以後他的話不必奏聞了。」

於是，允禔又將康熙諭旨傳達給了允礽。允礽擔心被諸兄弟陷害，因此再三求告：「父皇若說我別樣不是，事事皆有；只是想殺父皇一事，我實無此心，請必須代我奏明。」

眾皇子對允礽的求告多半無動於衷，唯獨胤禛力排眾議，極力堅持替允礽回奏。康熙聽了回奏，非但沒怪罪胤禛，反而認為他這樣做是顧

念父子手足親情，因此對胤禛加深了一層好感。

事實上，康熙帝的心思，很多臣僚們一開始都沒有弄清。透過這次廢太子事件，康熙用武力手段解散了對他的權力構成直接威脅的太子黨。允禔和允禩以為有機可乘，於是蠢蠢欲動。哪裡知道康熙心裡對他們倆一個也看不上，他心中的理想接班人仍然是允礽。

表面上看來，康熙嚴厲指責允礽，但是，主要憎恨的是允礽的黨羽，康熙覺得正是這些唆人作惡的傢伙們把自己的好兒子給教壞了。這種心情可以理解，子不教，父之過，康熙覺得自己也有責任再給允礽一個機會。以後，當允祉找喇嘛巴漢格隆施法術詛咒太子的行為被證實之後，康熙已經開始產生了復立允礽的念頭。在廢斥允礽的一個月以後，康熙兩次祕密召見允礽，康熙的態度從此開始有一個根本的大轉彎。

當天，康熙就傳旨：「自從見了允礽以後，朕的病一下子好了許多。從此以後，對以往的事情通通既往不咎。」

隨後，康熙命令釋放太子以便自己可以隨時見到他。看來允礽和康熙父子關係重歸於好，康熙開始「原諒」允礽了。但是，因為距離廢太子的公告釋出僅僅有一個月，康熙照顧面子，就下令讓允礽繼續治療，以觀後效。隨後的日子裡，康熙一邊不斷斥責允禔和允禩的結黨拉派，一邊不斷傳出話來，暗示允礽的狂疾失德都是對允礽的詛咒和索額圖黨人的唆使所導致的，現在允礽正在康復之中。

康熙怕群臣不知道他的想法，他還召見大學士李光地，因為他懂醫術，就問他允礽的病該怎麼治。李光地十分精明，知道康熙的意思，就順著說慢慢調養，總會好的。但是，李光地不想介入這麼複雜的鬥爭中去，回去以後，在群臣中半點口風也沒漏。所以許多人也是稀裡糊塗，不知道康熙到底是什麼意思。

後來，終於有一個叫勞之辨的老御史揣摩到了康熙的意圖，搶先上

書保薦廢太子，意圖將來向允礽索要擁立的功勞。康熙本希望有些德高望重的大臣出來圓場，誰知道跑出來這麼一個心懷叵測的傢伙，就打了他四十大板，把他遣回了老家。

接著，康熙召見群臣，正式攤牌。他命令群臣舉薦太子，但是把允礽的資格明確廢掉。於是原先支持允礽的康熙的舅舅佟國維，轉向支持允禩，權高望重的大學士馬齊也擁護允禩，在他們的示意下，朝臣最後以投票的形式一致選舉八阿哥允禩。

這更進一步證實了康熙認為允禩結黨已久的想法。於是他決定來個冷處理：先放下復立允礽的計畫，同時堅決不同意立允禩為太子。實際上，康熙不聽群臣的意見也有他的道理。

早年立了允礽之後，趨附他的人就越來越多，太子嘛，法定接班人，眾望所歸，將來大夥兒都要靠他吃飯、升官、發財，看他的臉色行事，能不討好著點嘛？時間一長，太子黨的勢力當然就大得可怕，現在允礽連老子也不放在眼裡了，真是「小子無所畏，得勢就猖狂」。

因此這次廢了允礽，處理了他身邊的一些人，給他點顏色看看就行了。讓康熙沒想到的是，又蹦出來一個八阿哥允禩，到處拉攏人心，勾結權貴，要是讓他當了太子，那可如何是好？沒準哪天早上一覺醒來，就被他掀翻馬下、趕下帝位，別的兒子肯定跟著倒楣。

康熙愛看古書，這些宮廷政變的事情知道得實在不少。他更知道當皇帝的就得唯我獨尊、大權獨攬，關鍵時候不能沒有主見，何況立不立太子，立誰不立誰，是帝王的家事，老子一個人說了算。這次大臣們公然不理會他的暗示，推薦允禩，說明這小子頗得人心，以後得防範著點。但是，康熙當了幾十年皇帝，也是見多識廣，知道大臣們公推允禩，也不一定全是他的死黨。於是想了一個緩兵之計，要等到查處允禩的背後支持者再說。實際他正在考慮反擊的策略。

　　康熙對群臣的反擊開始於次年正月。過完上元節，他又召集滿漢大臣，出人意料地放出一支冷箭。他說，因為上次投票的結果十分一致，他感到一定是背後有人唆使、搗鬼。命令就是不退朝今天也要把這個問題查出來。緊接著，康熙挨個兒輪流審問滿漢大臣。大臣們一開始還互相推諉，最後滿族大臣踢來踢去，踢給了漢族大臣。其實清朝是滿族人的天下，立太子這件事，漢族大臣們躲都躲不及呢，誰會拿主意？

　　但是球踢到了腳下，不能不踢，於是漢大臣張玉書最後說：「那天我來得晚，也不知道皇上宣召有什麼事。進門時碰上了大學士馬齊，問他幹什麼，他說是皇上讓推薦太子，我就問推出誰來了，他說正討論著呢，大家覺得八阿哥允禩可以。後來我們就一起寫了允禩的名字。」

　　康熙一聽就火了，大罵馬齊，說：「我不叫你投票，就是因為你是允禩的死黨，你竟然還敢多嘴。」

　　馬齊趕緊為自己辯護說：「臣當時是先到了一步，但是皇上下旨不讓臣參與此事，臣馬上就退出來了，張玉書問我時，我只是順口說了一句還沒定呢，聽說有人要推薦八阿哥允禩，張玉書和我是同事，他問我話我當然要回答，根本沒有干預朝政的意思。」

　　第二天，康熙又把國舅佟國維叫到百官面前，當面訓斥了他上奏摺請求速立太子的不良打算。挖出了馬齊，教訓了舅舅，康熙的目的也基本上達到了。最後，康熙命令將馬齊收監審問，並將他和一幫允禩的死黨王鴻緒、李振裕等人全部罷官回家。至此結束了六個月的明爭暗鬥，為允礽的復立掃清了道路。康熙四十八年三月，允礽被第二次正式冊封為皇太子。同時給各個皇子封爵或進爵。

　　胤禛雖然支持太子，但並不得罪眾兄弟，立場持中。這樣，他既不攻擊對方，也不會遭到對方的攻擊，還有，眾兄弟都想拉攏他，因而對他都有好感，想方設法讓胤禛對自己有所幫助。這就是胤禛採取此措施

的目的所在，他巴不得有這樣的結果。

胤禛的過人之處，就在於他既不像大阿哥允禔、八阿哥允禩那樣公然謀取儲位，同時也不像三阿哥允祉那樣釜底抽薪拆老大、老八的臺。相反，他表面上曾一度向大阿哥、八阿哥集團靠攏。另外，他也知道八阿哥允禩等人企圖行刺太子之事，但他並沒向康熙揭發這個陰謀。

胤禛不揭露老八允禩陰謀，就被允禩等人看作了友善。而老三允祉雖然因揭發兄弟而取得了康熙信任，同時卻在兄弟中樹立了強敵。正所謂螳螂捕蟬，黃雀在後。胤禛這種不慍不火的持中立場，遠勝於老大、老八的急於求成，更為老謀深算。胤禛的這種持中立場，使他能夠居高臨下，坐山觀虎鬥，達到了不戰而屈人之兵、坐收漁翁之利的目的。

胤禛非但不揭露老大、老八的陰謀，相反，在老大、老八事發後，他還極力在康熙面前替他們求情。在當時諸子爭位互不相讓的氣氛中，胤禛的這種大度作風，再次讓康熙感覺到雍正是個深明大義、性量過人、注重手足親情的皇子。

在人情關係上，胤禛贏得了父親康熙和所有兄弟的信任，他一直掩飾得很好。康熙對他最為信任，表揚胤禛說：「唯四阿哥性量過人，最像我的脾性，以此居心行事，可以成為偉人。」

胤禛在眾皇子中地位不是很高，應當說處於弱勢處境，但是，胤禛能韜光養晦，能在紛繁複雜的太子之爭中，處變不驚、慎重行事，不趨利而行，不爭風吃醋，而是採取以退為進、以靜制動的策略，從而贏得了康熙的賞識。

在眾皇子中，只有胤禛做到了這一點，所以胤禛也就當之無愧地成為康熙眼中最為看重的一個。

暗中培植自己力量

胤禛在面對皇位之爭時，表面上容忍允礽、允祉、允禩，內中卻在相機行事，暗中培植對自己有利的力量。胤禛認為「若非深知灼見，不可草率行事」，就是凡是做事都應深思熟慮，而不應草率行之。在力量和條件有限時，不輕舉妄動，而是暗尋途徑、藉機而動。

允礽復立之後，照舊糾集黨羽，擴充勢力，不久在他的周圍聚集了一批親貴大臣，這中間有步軍統領託合齊、兵部尚書耿額、刑部尚書齊世武、都統鄂繕、迓圖、副都統悟禮等人。

允礽不知接受先前教訓，尊崇父皇，自我抑損，仍擺太子派頭，飲食服御陳設等物，與皇帝相比，「殆有倍之」。驕奢淫佚，貪黷貨財，一樣也沒有改。常派家奴到各省富饒地區，勒索貢物和美女，假如稍微不能滿足他的心意，就向皇帝誣告，給以懲罰。

太子這樣作威作福，使官員不知如何是好：若屈從太子，皇帝不樂意，立時可以帶來災禍；若只奉承皇帝，不理會太子，儲君嗣位之後會遭到懲罰，因此產生「兩處總是一死」的不安情緒。因此太子的胡作非為，不僅影響了皇帝的權威，還帶來政令不一，產生政治的混亂和不安定。

允礽實在昏暴，不會審時度勢，沒有自知之明，其實，他的地位十分不鞏固。康熙是不得已再立的他，這是許多人都明白的，被罷黜回江南家鄉的王鴻緒說：「京中常有密信來，東宮目下雖然復位，聖心猶在未定。」

曾在陝西作過道員的程兆麟、丁憂回原籍蘇州的原東平州知州范溥在蘇州、揚州等地預言：「東宮雖復，將來恐也難定」。

　　首都及江南的輿論都是這樣，允礽有什麼值得這樣？康熙對允礽的乍廢乍立，也感到不妥，再立之後，希望他能轉好，不再出現廢黜的事情，所以對太子的不法行為極力容忍。

　　允礽要責備的官員就替他責備，要處分的就處分，要驅逐的就驅逐，以滿足他的願望。只是對他不放心，不讓他單獨活動，每有巡遊，必令其隨從，「使不得須臾離側」，防止發生事變。

　　允礽的弟兄可不顧及自己父親的心情，對允礽的復立，恨之入骨，非要攻倒他而後快。允礽復位時，允禩黨人十分失望，阿靈阿甚至不想活了，但他們很快清醒過來，繼續與允礽鬥爭。

　　到康熙五十年十月，康熙再也不能容忍了，召集諸王文武大臣，說現今「諸大臣有為皇太子而援結朋黨者」，兵部尚書耿額是索額圖家奴，欲為主人報仇，是索額圖之黨還未根絕，因此將鄂繕、耿額、齊世武捉拿審問。

　　這時有人告發託合齊不守法紀，康熙命允祉、胤禛、領侍衛內大臣阿靈阿、署內務府總管馬齊等會同宗人府審訊。允禩黨人參加了對太子黨人的審訊。

　　一年後，康熙宣布允礽罪狀，加以廢除。上諭說：允礽「是非莫辨，大失人心」；「秉性凶惡，與惡劣小人結黨」，不可不防這些小人的謀害；鑒於他的過錯「斷非能改」，不得不再次廢黜。

　　同時告誡各位臣子，不許為允礽保奏，「後若有奏請皇太子已經改過從善應當釋放者，朕即誅之」。對太子黨人也作了處分，託合齊死於獄中，焚屍揚灰，伊子舒起絞監候。

　　康熙的再廢太子，當機立斷，使允礽不能興亂，減少他對政治的影響是好的。他對太子防範很嚴，也是必要的。但對太子的窮奢極欲和暴虐無道，不採取有力的制止措施，反而順著他，以為這樣可以「感化

他」。只能事與願違，說明康熙對允礽的認識並不透澈。

允礽的再廢，如前一次一樣，是皇帝與儲君、太子與皇子間的矛盾的結果，是一場權位之爭。這場鬥爭使康熙再一次遭到打擊，用他的話說是「心思用盡，容顏清減」。

太子允礽被廢之後，便引起了新一輪的太子爭奪戰。有一個人數眾多的黨派支持八阿哥允禩，朝廷內外的許多官員都向康熙皇帝保舉允禩，有的甚至還向皇帝施壓。

康熙看到允禩的身後竟然有如此龐大的集團，他感到了威脅，不但沒有讓允禩為太子，還將其革去爵位，令其反省。康熙對此更加敏感了，他意識到了皇儲之爭的可怕性，並不斷告誡皇子們不許結黨營私，他說道：「諸阿哥中如有鑽營謀為皇太子者，即國之賊，法斷不容。」

看到皇八子允禩如此的下場，胤禛十分冷靜，認為只有韜光養晦、腳踏實地，才能有取勝的把握，風光太足反而會敗落得越快。因此，胤禛處處注意自己的言行，謹小慎微，從不曾表露出有爭儲之心，即使是他身邊的人，他也對其隱藏自己的心事。

胤禛親眼目睹允禩聚集了眾多黨羽，非常難鬥，而且勢力遍布各處。但允禩太明目張膽，他廣交朋友，籠絡人心，四處賄賂，正好犯了康熙的大忌。且允禩的目標也過於明確，其最後的結果是欲速而不達。

在當時眾皇子爭奪儲位中，胤禛明白不能硬奪，只能智取。因為眾皇子都非常有作為，而且有些人比他有優勢，先跳出來的必定會首先遭到打擊。

胤禛是個城府很深的人，他很少做表面文章，更不會像八阿哥允禩那樣輕易暴露自己的實力。因為他明白，父皇康熙是個睿智的君主，稍有不慎，露出破綻，就有可能招致康熙的打擊。所以他採用了「暗度陳倉，巧中取勝」的策略，外表柔和，內裡卻暗自動作。

　　胤禛的這種暗度陳倉的智謀，在他與心腹戴鐸的通訊中便可見一斑。戴鐸的意見，首先分析政治形勢，明確奮鬥目標。深知胤礽再黜儲位未定之時，諸皇子爭奪激烈，誰活動有力，誰就有可能獲勝，所以這時是「利害之關，終身榮辱」之時，因此一定要參加競爭，爭取不世之榮。

　　方針既定，要有行之有效的辦法。戴鐸提出的是：一要千方百計，取得康熙的寵愛；二要以廢太子凌虐昆季為戒，妥善處理好弟兄關係；三要加意聯繫朝廷百官，尤其是康熙親信重臣，對地位較低的近侍和漢人官僚也不要放過，用他們為自己造輿論，把胤禛所有的好名聲爭取過來，對皇帝考慮繼承人施以影響，以利對胤禛的選擇；四要大力培植雍邸人才，作為建立江山的根基；放他們出門，謀求朝內外的要職，為奪取江山打下基礎。

　　戴鐸的書信，向胤禛全面提出爭取儲位的綱領、策略和措施。胤禛在給戴鐸的回信中卻寫道：「雖然你是金玉良言，但對我而言沒什麼用。我若有此心，就不會這樣行事了。」

　　事實上，胤禛對於戴鐸的話是非常首肯而願意接受的，但是由於他的戒備之心，使他故意如此回覆戴鐸。因為此時的他，只有處處隱忍、不露風頭，才不會被擊敗。

　　在眾多強大的競爭對手之中，胤禛的優勢並不明顯，允祉以其年長、有學識，深得康熙的重視和寵愛；十四阿哥允禵身居要職，握有兵權，並且曾立下大功。因此胤禛從不敢膽大妄想，認為康熙會將皇位傳給他。

　　當胤禛聽到外面流傳說皇位將可能傳給八阿哥允禩、十四阿哥允禵時，心中有說不出的苦惱與不快，但是，他終究不敢明鬥。他所採取的是另一種手段，即外鬆內緊的策略。

從表面上看，胤禛在激烈的爭儲中處於超脫的位置，他經常與僧衲往來，建設寺宇，把自己打扮成「天下第一閒人」，並寫了《悅心集》一書，書中盡述其願與僧侶為伍，過一種清靜無爭的恬淡生活。例如書中的《隱居詞》《知足歌》等等，都是一些嚮往田野生活、教人與世無爭之詞。

胤禛在此時所寫的這些詩詞，一方面造成了矇蔽對手及皇帝的作用，標榜自己的清純，使別人不對自己起疑心，另一方面也是其在權力爭奪中失意的表現。而實質上，胤禛是決不會甘於寂寞、放棄爭儲的大好機會的。

戴鐸曾對雍正說過，做英明的父親的兒子難，露長也不是，不露長也不是。那怎麼辦呢？胤禛根據自己的理念，根據兄弟之間爭奪皇位鬥爭的教訓，根據幕僚們對他參謀的意見，實施多種方法，擴大自己的力量，贏得更多的機會。

首先，要想方設法取得康熙的寵愛。取得皇帝的寵愛是爭奪儲君至關重要的一步。胤禛深知此中利害，並且他對康熙的性格脾氣摸得極熟，不能太顯露自己的爭儲之心，更不可操之過急，只能慢慢地建立自己的形象。因此胤禛在康熙面前總是非常小心，從不露出任何急躁、爭權的痕跡。

其次，胤禛一定要謹慎地處理好與其他皇兄弟之間的關係。在其他的皇兄皇弟面前，胤禛從不顯露自己，雖然大家心中也都是十分清楚誰都有奪位的慾望，但是，胤禛卻處處表現出自己的親切和善，以便麻痺他們。

例如，當皇位的強而有力競爭對手允禩在康熙五十三年遭到皇帝譴責時，胤禛多次上奏摺，為允禩說好話，希望康熙不要追究允禩的過錯。康熙五十五年時，允禩得病，此時胤禛正陪同康熙在外巡視，但是

他卻向皇帝請示，要求回京探視允禩。

對於以前的皇太子允礽，胤禛也是一樣表示對其擁戴和尊敬，甚至被認為是太子黨，當允礽再次被廢時，胤禛也曾上奏請求皇帝復立允礽為太子。胤禛在兄弟面前的種種假象，造成了很好的隱藏作用，為自己贏得了時間也擴大了自身的實力。

另外，胤禛還加強聯繫文武百官，無論其權位高低都進行籠絡，以便在朝野內造成一種輿論：胤禛是首選皇儲；同時又大力培養自身的黨羽，並將這些人安放在各種職位上，為自己奪取皇權打好基礎。

暗中培植黨羽，是其中最厲害的。胤禛就是按照這個策略做的。比如年羹堯，此前曾是胤禛府邸的下人，因胤禛的舉薦而步步高昇，位至晉川陝三省總督，手握重兵。

再比如戴鐸，原是胤禛府中的一個奴才，因得到了胤禛的賞識而成為福建知府。此後，胤禛又進一步鼓勵他：「將來位至督撫，方可揚眉吐氣，不能老是久居於別人之下。」

胤禛這種暗中許官的做法，恰到好處地利用了人類的貪婪心理，將戴鐸更加牢固地拴在自己這駕奪儲的馬車上。戴鐸在幾年之後榮升四川布政使，其兄戴錦則位至河南開封道臺。他手下的另外幾個得力幹將，如沈廷正升為蘭州知府，哈爾齊哈任清江理事同知、博爾多官至內閣中書侍郎……

胤禛在這一系列的鬥爭中，做的最重要、最關鍵的一件事便是培養心腹、控制人才。在胤禛身邊有個小集團，這幫人不僅幫他出謀劃策，還四處為他賣命。

控制這麼一個小集團，不僅表現出胤禛善於識人用人，更重要的是這些人控制了從中央到地方的政權和兵權，為胤禛的奪儲奠定了堅實的基礎，而這是其他皇子所不具備的。

　　胤禛按照暗中培植黨羽，為自己的親信出錢捐官，使他們占據國家要職。更重要的是，這些人是由胤禛一手栽培出來的，因此他們多對胤禛忠心耿耿。而胤禛在施行這些手段時，表面上絲毫不露聲色。

　　胤禛在多年的小心經營下，到康熙末年，已經形成了一個自己的小集團。其主要成員有：

　　年羹堯，自幼讀書，頗有才識。康熙三十九年中進士，不久授職翰林院檢討。翰林院號稱「玉堂清望之地」，庶吉士和院中各官一向絕大多數由漢族士子中的佼佼者充任，年羹堯能夠躋身其中，也算是非同凡響了。

　　康熙四十八年，年羹堯遷內閣學士，不久升任四川巡撫，成為封疆大吏。據清人蕭奭所著的《永憲錄》記載，這時的年羹堯還不到三十歲。對於康熙的特別賞識和破格提拔，年羹堯感激涕零，在奏摺中表示自己「以一介庸愚，三世受恩」，一定要「竭力圖報」。

　　到任之後，年羹堯很快就熟悉了四川通省的大概情形，提出了很多興利除弊的措施。而他自己也帶頭做出表率，拒收節禮，「甘心淡泊，以絕徇庇」。康熙對他在四川的作為非常讚賞，並寄以厚望，希望他「始終固守，做一好官」。

　　年羹堯也沒有辜負康熙帝的厚望，在擊敗準噶爾部首領策妄阿拉布坦入侵西藏的戰爭中，為保障清軍的後勤供給，再次顯示出卓越才幹。

　　康熙五十七年，即 1718 年，年羹堯被任命為四川總督，兼管巡撫事，統領軍政和民事。康熙六十年，年羹堯進京入覲，康熙御賜弓矢，並升為川陝總督，成為西陲的重臣要員。

　　這年九月，青海郭羅克地方叛亂，在正面進攻的同時，年羹堯又利用當地部落土司之間的矛盾，輔之以「以番攻番」之策，迅速平定了這場叛亂。

康熙六十一年十一月，撫遠大將軍、貝子胤被召回京，年羹堯受命與管理撫遠大將軍印務的延信共同執掌軍務。年羹堯的妹妹嫁給了胤禛，是胤禛的側福晉，所以胤禛和年羹堯既是郎舅關係，還有主僕之義。到了雍正即位之後，年羹堯更是倍受倚重，和隆科多並稱雍正的左膀右臂。

隆科多，滿洲鑲黃旗人，佟佳氏，康熙末年到雍正初年重臣。字竹筠，與雍正養母佟佳氏一族。太子允礽第二次被廢的時候，擔任步軍統領，後來又兼任理藩院尚書，掌管北京城內外九門，統率八旗步兵。

隆科多出任步軍統領後，康熙透過硃批，語重心長地告誡他：「你只須行為端正，勤謹為之。此任得到好名聲難，得壞名聲易。你的兄弟子姪及家人之言，斷不可取。這些人初次靠辦一兩件好事，換取你的信任，之後必定對你欺詐哄騙。先前的步軍統領費揚古、凱音步、託合齊等，都曾為此所累，玷辱聲名。須時刻防範。慎之！勉之！」

字裡行間中透漏出康熙對隆科多的關愛之情。但是，康熙也同時指出，隆科多必須與自己的家人以及朋友保持距離，不參與結黨才可以保住步軍統領的位子。硃批中的告誡之語也讓隆科多如頭上高懸「達摩克利斯之劍」，作事時時謹慎。隆科多的謹慎行事得到了回報。

1720年，康熙皇帝提拔隆科多「擢理藩院尚書，仍管步軍統領事」。在步軍統領的職責之外，康熙皇帝還交給他祕密的任務，不僅專門委派他祕密監視被圈禁的廢太子和大阿哥，隨時密奏二人的有關訊息，還讓他祕密監視京師內的宗室王公和部院重臣的動向。

這個時候的隆科多盡職盡責，表現出色，康熙皇帝生前曾多加讚賞。正是由於康熙皇帝的信任以及自身的辦事精明，在康熙皇帝駕崩之時，隆科多是除皇子外在康熙皇帝身邊的唯一大臣，在皇位繼承時起了關鍵性的作用。

本來隆科多是允禔的黨羽，允禔黨瓦解後，他一度失意，轉而投靠允禩。到了康熙末年，看到允禩前途渺茫，又轉而投奔胤禛。兩人一拍即合，胤禛看中了隆科多的職權，隆科多也把未來賭注壓在了胤禛的身上。

允祥，康熙第十三子。在第一次廢太子的事件中遭到打擊，但和胤禛關係密切。後來胤禛繼位以後，允祥成為兄弟中他最親信的一個。

魏經國，康熙末年出任湖廣總督；常賚，任官副都統；博爾多，舉人出身，後任職內閣中書；傅鼐，藩邸親信……胤禛為了能多拉攏一些官員，經常邀請官員上府套近乎，並讓手下人幫他一起積極與官員們聯繫，唯恐漏過一個。

有一次，胤禛想拉攏禮部侍郎蔡珽，就派手下人去請他來自己府上。蔡珽是一個極其小心謹慎的人，擔心捲入奪位之爭中，並且康熙也曾下過命令，不許結黨營私。於是蔡珽便以自己身分不便與王府來往為理由回絕了。

過了一段時間，胤禛又派年羹堯去邀請蔡珽，可是蔡珽仍然十分固執地不接受。胤禛在幾次碰壁之後，仍然不放棄，繼續尋找機會見蔡珽。終於，在一次蔡珽去熱河行宮向皇帝辭行的機會中，胤禛見到了蔡珽。他與蔡珽交談時，推心置腹，並熱情地將左副都御史李紱介紹給他。

從此蔡珽便成為胤禛的心腹，為其爭儲立下了汗馬功勞。在胤禛周圍，他精心挑選人才，形成了一個小集團。集團內的成員雖不多，但是，個個精明能幹。

就這樣，神不知鬼不覺地，胤禛將自己的心腹手下逐漸安插到政府各部門，使他們占據了國家要職，成為胤禛最終奪取皇位的中堅力量。由此可以看到，胤禛雖然韜光養晦，但其集團的人在康熙末年卻已經掌握了一些重要的職位。

在外有總督、巡撫、提督，布於四方；在內有內閣官員、御史等，如此勢力，雖說不是太大，但也令人不敢輕視。對比其他的阿哥，如三阿哥胤祉勢力太小；八阿哥大都是朝中文官，而十四阿哥只有部分兵權，並沒有得到朝中的普遍支持。

如此考量下來，胤禛集團在綜合實力上顯然處於上風。

對手下恩威並施

胤禛雖然廣結羽翼，卻既不像允禩那樣明目張膽，也不像允祉那樣約束不嚴。他能知人善任，發揮每個人的特長，還不時恩寵有加、關心備至，許諾厚祿讓他們為自己死心塌地地賣命。

同時，他又用國家大法和嚴肅的家法來統馭他們，使他們完全聽命於自己的指揮。即使這樣，胤禛仍然時時提醒自己：「出其不意，攻其不備，這既是兵法中的原則，也是政治鬥爭的原則。」

允礽被廢後，胤禛在韜光養晦時，已經悄悄開始動作。只不過他並不像其他皇子那樣大張旗鼓，而是積極而祕密為自己做著準備。因為只有這樣才不被康熙覺察，只有這樣才能夠保全自己，不為兄弟們攻擊。

皇太子允礽被廢，大阿哥允禔因為密謀殺害皇太子也同樣倒臺，八阿哥允禩本來非常看好，但因為搞朋黨和耍陰謀犯了康熙的大忌。而胤禛就不同，他暗中積攢力量，其手下的人也完全服從他的命令。

胤禛雖然也向人施恩，但同時他還懂得如何對手下人施威。這樣，在胤禛身邊，才聚集起了一個以他為核心的小集體，而這樣的小集體才是最有凝聚力的。胤禛的手下戴鐸曾拿胤禛與允禩做了個比較，稱：「允

禩柔弱無為，不及我主聰明天縱，才德兼全，恩威並進，大有作為。」

縱觀當時爭位情形，八阿哥允禩原本是占盡先機的。首先，朝野上下一致看好允禩；其次，康熙也認為允禩堪當重任，在允礽被廢後，立即命允禩署理內務府事務。由此可見，康熙當時曾對允禩寄予了厚望。

允禩錯就錯在太明目張膽和急功近利了，被康熙利用朋黨和迷信之事扳倒。隨著時間的流逝，大阿哥允禔、太子允礽、八阿哥允禩在激烈的奪儲鬥爭中相繼落敗，三阿哥允祉成為胤禛的又一個強勁對手。

與大阿哥允禔、太子允礽、八阿哥允禩相比，允祉不僅有年長的優勢，而且為人頗為老成持重，自始至終沒被康熙抓住過把柄，因此頗受康熙喜愛。而且允祉喜歡讀書和鑽研學問，學識非常淵博。

同時，在儲位鬥爭中，三阿哥又表現得相對中立，因此被封為誠親王。康熙是個非常有作為皇帝，學識非常廣博，又極力主張仁政愛民，因此，他與三阿哥允祉在許多方面見解相似，這就使父子較為融洽。

特別是到了康熙晚年，眾阿哥爭取儲位的鬥爭把康熙搞得焦頭爛額，他與眾阿哥之間的關係自然非常緊張。在這樣的情況下，漸至老邁的康熙便自然而然地把目光投向允祉了。

而允祉恰恰能投其所好，他多次請康熙到誠親王府做客，使年老的康熙有幸享受到了父慈子孝的天倫之樂。時間一久，允祉與康熙的關係就更加親密無間了。至此，康熙開始委以允祉重任，每次巡遊，他都將允祉帶在身邊。於是，允祉的大紅大紫成了胤禛的又一威脅。

允礽被廢太子後，他想爭取大將一職表現自己，以求重新奪回太子位。豈料他弄巧成拙，被康熙發現了這一企圖，於是所有參與此事的人都一律被治罪，而揭發這件事的人是三阿哥允祉。

允祉的好處是得到了康熙的信任，但也成為了其他兄弟的眾矢之的。胤禛雖然沒有出面活動，但他慫恿允祉去做，以此把事情搞渾、搞

大、搞砸，最後對雙方當事人都不利，而胤禎卻沒有受到打擊。

　　同時，允祉有他不可避免的性格缺陷，那就是他雖以和善博學著稱，但他卻缺乏馭下能力，不能保證他手下心腹不犯錯誤。而胤禎則不同，他不但可以嚴格要求自己，而且也能從嚴約束自己的部下。因此，雖然當時胤禎身邊已形成了一個以年羹堯、隆科多為首的小集團，但這個小集團的活動卻非常縝密，而且已暗中控制住了京城內外的兵權。

　　在與允祉鬥法的這段時期裡，胤禎一方面勤於政務，將康熙分派給他的任務處理得井井有條。另一方面，他也開始注意學習三阿哥允祉的懷柔政策，不斷請康熙去王府裡做客，以使康熙盡享天倫之樂。

　　為了取悅康熙，胤禎還丟擲了一張王牌，這就是愛子弘曆。這張牌在歷史中的分量，沒有人能夠估得清。弘曆生於康熙五十年，自幼聰穎過人，而且頗有勇謀，人又俊逸。把弘曆介紹給康熙，是雍親王精心策劃的一個步驟。不過康熙並沒有察覺到這一點。在父子閒聊之際，胤禎閒閒地提起：「您的兩個孫子打生下來還沒機會見到聖顏呢。」

　　老皇帝隨口答道：「好啊！上次我聽侍衛說你有個兒子書讀得很好。把他們倆叫出來我看看。」

　　長到十多歲，孫子才有機會見到祖父，這在愛新覺羅家中並不是什麼奇怪事情。因為康熙孫子太多了，一共九十七名，政務纏身的老皇帝只見過不到一半。老人總是喜歡孩子，康熙也不例外。一見到這兩個孩子，他不覺放下了手中酒杯。弟弟弘晝並沒有給皇帝留下太深印象，但是哥哥弘曆卻讓康熙過目難忘。當他第一次見到弘曆時，就喜歡上了。

　　這孩子相當與眾不同。他身材頎長，容貌清秀。特別是兩隻秋水般澄澈的眼睛裡流動著不同尋常的靈氣與沉靜。剛才行禮的時候，皇帝注意到他一舉一動既敏捷得體，又不慌不忙，一點也沒有這個年齡層孩子常有的緊張局促。跟在他身後的同歲的弟弟弘晝就明顯拘束很多。憑著

豐富的閱人經驗，老皇帝確信這個孩子與眾不同。他慈愛地招招手，讓弘曆站到自己面前，詢問起他的功課。

弘曆落落大方地背了幾段經書，從頭到尾清晰地講解了一遍。一陣喜悅攫住了康熙的心臟。同時，弘曆的聰明靈異也使康熙感到後繼有人了。他見過的所有孫子當中，弘曆無疑是最出色的。

過了幾天，老皇帝派太監來到圓明園，命雍親王寫下弘曆的「八字」，呈皇帝親閱。又過了幾天，康熙再次駕臨圓明園，吃了一頓飯後，宣布了一個不同尋常的決定：要將弘曆帶回宮中養育。

曾經有一次，康熙帶弘曆去打獵，在永安莽喀圍場，康熙用火槍擊中一熊，大熊倒地良久，毫無動靜，康熙以為熊已經毫無威脅，於是就命弘曆上前補射一箭，以讓這個孩子博得「初圍獲熊」的美名。

弘曆上馬之後，遲遲不動。康熙心中有些不高興。本來這孩子一直膽子很大，今天見到熊之後怎麼害怕起來？康熙高喊：「怎麼不進？」

弘曆這才像醒過神來，催馬欲進。不料此時那倒地的大熊忽然一個翻身，直立起來，嘴裡發出一聲怒吼，直奔弘曆的坐騎撲來。眾人一剎那間都驚呆了，只有康熙反應及時，舉槍便射，子彈從熊耳射入，大熊如同半堵牆一樣應聲僕地。所有人都驚出一身冷汗。

這件事給康熙留下了極深的印象。似乎冥冥中有天意，保佑這個不同尋常的孫子。晚上次到帳中，他對隨駕的和妃說：「弘曆這孩子的命真是貴重！如果他早一點催馬過去，熊起馬驚，不知道會出多大的事啊！這孩子將來福氣比我還大啊！」

這件事發生後，康熙更加喜歡這個孫子了，並在公開場合講，弘曆比他福氣大。胤禛採取「拋玉引玉」，這張「王牌」打得極其到位正確，是一智招。不但藉此拉近了與康熙的關係，同時還等於向康熙暗示了大清王朝後繼有人。讓康熙看好弘曆，也必然會看好自己。

　　也就是說，只要胤禛能繼承皇位，那麼，弘曆有一天也會坐上寶座。在這場奪儲大戰中，胤禛的勝利正是因為他能夠在變化多端的局面中，分清主次，把握重心，外弛內張，以柔克剛，使得八面玲瓏。

　　事實果真如胤禛所想的那樣，太子允礽、大阿哥允禔、三阿哥允祉、八阿哥允禩一個個倒臺，剩下就是他和十四阿弟允禵了。既保證了自己不受打擊，又擴大增強了實力，在這場鬥爭中，胤禛穩穩地把住了自己的舵，以逸待勞，非常輕鬆地就使對方自行削弱了。

終於取得皇位

　　胤禛在眾阿哥紛紛倒臺之後，才算遭遇到十四弟允禵這個真正的強手。允禵排行十四，比雍正小十歲。他與雍正是一母所生。兩人雖是同胞兄弟，但是，允禵卻與允禔、允禩和允禟保持著非常密切的交往。

　　允禵曾極力保奏八阿哥允禩，結果遭到康熙的怒斥。但是，康熙其實很欣賞允禵那種直率的性格，以及允禵天生神勇，尤其喜歡研究兵法。因此，西北戰事一起，康熙就把注意力集中到這個兒子身上，預備授予「大將軍」銜。

　　允禵在很多方面甚至比胤禛的優勢更大，他曾立下許多戰功讓康熙對其十分喜愛。曾經有一段時間，就有傳言說康熙決定將允禵立為太子。允禵要獲得這個位置的關鍵就在於，如何擊敗允礽，戰勝胤禛。

　　允禵首先利用允禩勢力，以向康熙告密形式揭穿了允礽的陰謀，致使允礽案發後而一敗塗地。隨後，允禵又在允禩、允禟等人的幫助下，積極聯繫朝中大臣，以擴大他們的影響和聲勢，並藉此與胤禛抗衡。

　　康熙五十四年，也就是 1715 年，策妄阿拉布坦公然派兵搶掠新疆哈密。次年又派遣大將策凌敦多布率領一支六千人的部隊奇襲西藏，擊敗了清朝支持的西藏軍隊，占領了拉薩，屠城三日，然後扶植傀儡政權，控制了西藏政局。

　　拉薩失陷的訊息傳到京城，康熙決定使用武力徹底解決西北問題。他曾一度考慮再次親征，但是，無奈年歲不饒人，他不能再親自指揮千軍萬馬。所以康熙一直在考慮從諸皇子中選擇一個文武兼備的阿哥替自己掛帥出征，平定策妄阿拉布坦的叛亂，為大清江山打下一個牢固的基礎。

　　胤禛明白，這最後的節骨眼上，奪取大將軍之位也就意味著離儲位不遠了，雖然他也積極向康熙獻計獻策，謀取大將軍這一職，但是，行軍打仗畢竟不是兒戲，需要真正能夠通曉兵法而又極富韜略的將才。

　　雖然康熙對胤禛的見解表示贊同，但是，仍然對他的軍事才能表示懷疑。在這一點上，允禵恰恰高出胤禛一籌。因此，康熙五十七年也就是 1718 年十月，允禵被正式任命為撫遠大將軍。十二月，康熙授允禵為大將軍，命他率師西征。

　　後來，康熙又降下一道聖旨，稱：「大將軍乃朕皇子，確係良將，朕深知其能，故命其掌生殺重任，爾等或軍務、或正細事項，均應謹遵大將軍指示。」

　　允禵到達前線後，果然沒辜負康熙的重託。他一方面開始整頓軍務，加強戰備，另一方面則積極策劃對敵方針。此後，在允禵的率領下，清軍分兩路出兵西藏，重新奪回了拉薩。接著又揮師北上，採取步步為營的打法，逐漸控制了新疆的局勢。

　　允禵的節節勝利，對胤禛無疑是個巨大的打擊。至此，奪儲戰線成了雙雄對峙之勢。胤禛在這場爭奪大將軍的較量中輸給了允禵，使胤禛

奪儲的希望變得越來越渺茫了。此後的幾年間，胤禛一直沒有改變被動的局面。允禵的崛起曾使胤禛一度心灰意冷，甚至產生了消極退避的情緒。

允禵在出任大將軍一職之後，在戰場上取得了節節勝利。但是，允禵並未因此而自滿。相反，他明白自己勢單力薄，比不上其他幾個兄長多年來結黨眾多。所以，他一方面要藉助允禩、允禟等人的勢力，另一方面則加緊培植自己的黨羽，積極招攬人才，大力收買人心，並派人到京城去拉攏黨羽。

同時，允禵還知道自己以武見長，因此非常注意結交文士，以取長補短。在這段時期裡，允禵一度嘗試拉攏康熙手下的寵臣、理學名家李光地，結果卻遭到拒絕。此後，允禵又想方設法結交李光地的門人，並將其門人陳萬策拉到自己門下。他對陳畢恭畢敬，見面總要稱先生。

允禵的積極活動，取得了不小的收穫，他一時間聲名鵲起。加上他在西北戰場上取得的一系列勝利，康熙對十四皇子更加刮目相看了。允禵後來者居上，又是封王又是領兵，以至於當時朝野內外一致盛傳允禵將被立為皇太子。

當此情況之下，胤禛已陷入進退維谷的境地。進，有崛起的允禵擋道；退，此前所有的努力必將灰飛煙滅！這種兩難的選擇才是最艱難的。而最艱難的時刻也往往最能考驗一個人的信心和毅力。此時此境，兩強相遇，勇者勝。

當胤禛的手下多因渺茫的前途而悲觀頹廢之際，他卻重新振作了起來。當時，在福建為官的戴鐸曾寫密信給胤禛，勸他考慮退路，並稱臺灣遠在海洋中，土地肥沃，政治也安定，是個可以割據為王的好地方。

因此，戴鐸請求胤禛幫他活動，以謀求臺灣道臺一職，以便使胤禛萬一在奪儲失敗之後，可以退身自保。從表面上看，戴鐸的這一建議不

失為高明。

但是，胤禛比他看得更高，他知道一山不容二虎、一國不容二主的道理。他還知道在當時的情況下，後退只能是一條絕路。因此，他只能下定破釜沉舟、背水一戰的決心，即：不是魚死，就是網破。

允禵離開京師遠征西北邊疆，對胤禛來說，既是不幸又是萬幸。當時最看好的皇位繼承人只剩下他和允禵了，而且康熙也非常看重允禵，奪得大將軍之位也就意味著繼承皇位有望，所以胤禛為此感到惋惜。

但是，胤禛卻藉此機會掌握了京師局勢，以此坐鎮京師，並控制了京城內外的軍隊，還有一大幫心腹在幫他祕密行事，這就是他的最大優勢。而胤禛正好掌握了這個優勢，利用對手遠征的機會掌握了主動權。

胤禛的最佳表現是在與十四弟允禵爭奪西北用兵主帥挫敗後的策略。此後，胤禛獨闢蹊徑，利用隆科多控制京城，利用年羹堯控制西北局勢，阻礙允禵與京師聯繫，恰恰只有他一個人在京城有實力，可以隨時發動政變，奪取皇位。

首先，在胤禛的操縱下，隆科多在康熙病重後，統率八旗營約兩萬名官兵，順利地控制了京城的治安和局勢，使其他阿哥不能發動政變。此外，為了防止允禵迴歸、興兵作亂，川陝總督年羹堯控制住了重鎮西安，扼斷了允禵與內地的聯繫，使允禵的部隊難於進入關中，更不要說興兵侵犯北京了。

而戴鐸則立即向巡撫蔡珽表示，如果允禵鬧事，四川應該出兵丁錢糧支持胤禛。蔡珽在聽到這個建議後，立即向胤禛上書，表示絕對忠於胤禛。這樣一來，京中諸皇子被束縛住了手腳，手握重兵的允禵又被扼斷了歸路，致使他不敢妄自興兵。

康熙五十一年，太子二度被廢後，在大臣們的壓力下，康熙不得不對立儲之事做出回應，這就是在康熙五十六年的時候，他做了兩件事：

一是搞了太子儀制，二是將諸皇子和朝廷中的主要官員全部召集到乾清宮東暖閣，釋出了一個長篇諭旨。

在諭旨裡，康熙頗為動情地說：

我年輕的時候，身體好得不得了，從來就不生病。彈指一揮間，現在我已年近七旬，在位也五十多年了。從黃帝的時候開始，到現在已經有四千三百多年了。

這期間，少說也有三百多皇帝曾經君臨天下，在這些人裡面，我應該算是在位時間最長的吧？我當上皇帝二十年的時候，沒想到會活到在位三十年；等我在位三十年的時候，也沒有想到會活到在位四十年。可如今，這都已經是在位的第五十七年了。

《尚書》裡曾說世上有「五福」：一是高壽；二是富裕；三是健康；四是好德；五是善終。五福當中，最後一個恐怕是最難的。如今我已年近古稀，所有的兒子、孫子，還有曾孫，這些全部加起來，也有一百多個，多子多福，天下也還安定，即使還沒有完全達到移風易俗、家給人足的地步，但這也是我幾十年如一日，兢兢業業、辛辛苦苦所換來的。

這幾十年裡，我一刻也不敢懈怠，這不是用「勞苦」二字所能概括的啊！從前很多帝王短命而死，那些後代的史家和書生們往往諷刺他們是貪於酒色，腐化而死，就連一些英明之主，他們也要雞蛋裡面挑骨頭，把人家說得一無是處。

我想說的是，這些人大都是站著說話不腰疼，其實很多帝王之所以早死，真正的原因在於國家的事務過於繁重，他們大多都是累死的啊！皇帝不像大臣，他們願做就做下去；不願做的話，大不了可以掛冠而去，或者年紀大了申請退休，回家抱子弄孫，逍遙自在，享受天倫之樂。

可我們這些做皇帝的呢，哪有此等福分？！也只能勤苦一生，一天的休息也沒有哇！我自從康熙四十七年那次大病之後，就感覺自己精力

大不如前。近年來我一直心神恍惚，身體十分疲憊，事情一多，就常常感到心力不濟。

我現在就怕自己上了年紀，又經常患病，萬一哪天發生意外，自己要想說什麼卻又說不出來，那真的是太讓遺憾了。所以，我趁著自己神志還清醒之際，對自己的一生加以總結，豈不更好？

這世上沒有人能夠長命百歲，那些帝王們很忌諱談「死」的事情，弄到最後，連寫遺詔的機會都沒有。後人讀那些已故帝王的遺詔時，總覺得不是他們想說的話。

這都是因為他們在彌留之際，本就已經神智不清，最好讓別人代筆寫的啊。所以，我不能像他們一樣，我要讓你們知道我想說的話，這人都是有生有死，又有什麼好忌諱和恐懼的呢？

歷史上的梁武帝是個英雄，晚年的時候卻被侯景所逼，死於臺城；隋文帝也是一代英主，因為其兒子隋煬帝的緣故，最後不得善終。歷史上那些燭影斧聲的弒君先例不少，那都是因為事先沒有做好準備所導致的啊。

現在要是有什麼奸小之輩企圖在我病危的時候，利用自己的權力擁立某個阿哥，以為將來撈取榮華富貴的話，只要我還有一口氣在，就決不會姑息容忍！

近來大臣們奏請設立儲君，無非是怕我哪天突然死了。死生本是人之常情，我並不忌諱，像立儲這樣的大事，我哪裡會忘記呢？只是君主的責任重大，天下大權統於一人之手，如果能讓我放下這副擔子，好好休息，當然樂得輕鬆，可問題是，有什麼法子能讓我放下這個擔子呢？

每次當我看到多年來陪伴我的那些老臣因為年紀到了申請退休，我都捨不得他們走，有時候還忍不住要傷心落淚。你們這些人還有退休之日，可我什麼時候才能休息呢？我五十七歲的時候，長了幾根白鬍子，

有人曾向我進獻烏鬚藥。

我說，從古到今，這能長出白鬍子的帝王有幾個啊？到時我要真的頭髮鬍子都白了，那倒真是千秋佳話了！如今我看這朝廷裡啊，我剛登基時任職的大臣現在一個都沒有了，就連那些後來升遷的大臣，如今也大都兩鬢蒼蒼、老態龍鍾了。

看來，我在位時間是夠長了，也該知足了。這麼多年，我位居天下之首，占有四海之富，在我看來，如今這君位不過棄之若敝，榮華富貴，也就是過眼雲煙。在我的有生之年，如果能夠天下太平，我就心滿意足了。

我說這麼多，無非希望你們大小臣工，千萬不要忘記我反反覆覆的叮嚀，除此之外，我再無他求了。這道諭旨，我已經準備了十年之久，即使將來還有什麼遺詔，我想說的也無非就是這些心理話，如今都毫無保留地告訴你們了，以後我也就不再重複了。

在隨後的幾天裡，康熙雖然不看奏摺，但還有些事情要交代處理。比如在初九那天，康熙因為自己已經臥病不起，他便讓四阿哥胤禛代他前往南郊天壇進行冬至的祭天大禮。

祭祀的日子是十一月十五日，康熙很看重祭天大禮這件事情，這次實在是因為自己起不來了，所以才讓胤禛代替自己。之所以讓胤禛去，也許是因為胤禛在這方面有經驗，也許是因為康熙重視胤禛，覺得他代替自己去行禮最合適。為此，康熙還特意叮囑胤禛先去齋所齋戒，以表示對上天的誠意。

猜想胤禛當時也看出老父親這次和以往大不一樣，所以他去齋所後，從初十到十二，他每天都派太監和護衛去暢春園問安，猜想也是擔心康熙在中間會出什麼意外。但是，康熙對每次問安的答覆都是「朕體稍愈」，用白話來說就是：「我今天好點了」。

　　以康熙的性格，這句話恐怕未必是這個含義。一個凡事愛逞強的人，如果不到情況危急的時候，絕對不會說自己病情惡化，因此，「朕體稍愈」這句話，或許應該理解成康熙的病情並沒有好轉，只不過沒有惡化而已。

　　果然，到了十三日的凌晨，康熙的病情急轉直下，他感覺到自己這次的確是不行了，所以他在十三日丑時，命人急召當時在齋所的胤禛前來暢春園。

　　在胤禛還沒有到來之前，康熙又在寅時將在京城裡的阿哥們，包括三阿哥允祉、七阿哥允祐、八阿哥允禩、九阿哥允禟、十阿哥允䄉、十二阿哥允祹、十三阿哥允祥、十五阿哥允禑、十六阿哥允祿、十七阿哥允禮等，全部召來。

　　那些阿哥們到齊之後，胤禛大概是在巳刻趕到暢春園，到後便急入寢宮問安。在十三日的白天，胤禛總共進去過三次，康熙跟胤禛說了什麼，不得而知。當晚戌時的時候，康熙便告駕崩。

　　回顧康熙的這不平凡一生，八歲登基，九歲喪母，在祖母孝莊太后的扶持下，才穩固了皇位，打敗了鰲拜，平定了三藩，統一了臺灣，廓清了漠北，國泰民安，種種功績，足以青史留名，彪炳千古。康熙一生治國勤勉，完全稱得上是數百年難得一見的一代英主。

　　雍正即位後，大臣們給康熙上諡號曰：「合天弘運文武睿哲恭儉寬裕孝敬誠信功德大成仁皇帝」，擬廟號為「聖祖」。雍正為表孝心，刺破自己的中指，用血圈出「聖祖」二字。由此，康熙大帝即成清聖祖。

　　康熙的安息之地曰景陵，在順治孝陵的東南約兩裡之地。雍正元年八月，雍正親自為景陵書寫碑文，同時他又讓誠親王允祉、惇親王允祐還有善於書法的翰林們各寫一份，讓大臣們來評比。那些大臣又不是傻子，當然說雍正寫的最好，最後也用他的。

因為皇后赫舍芮氏早逝，景陵在康熙十五年便已經破土動工，並於康熙二十年修建完成。康熙的前三個皇后赫舍芮氏、鈕鈷祿氏和佟佳氏，她們的梓宮都早已放進了地宮，地宮的門一直開著，她們已經在那裡等待康熙的到來，等了有幾十年的時間。

「雁斷衡陽聲已絕，魚沉滄海信難期」，康熙大概也沒有想到自己的三個皇后都去世如此之早，而自己又活了這麼長的時間。一直到雍正元年九月，康熙的梓宮運進景陵後，地宮才最後關閉。

可悲可嘆的是，康熙的景陵在民國時期兩次被盜，第一次是 1928 年孫殿英的匪兵曾在清東陵進行過瘋狂的盜掘；第二次是在抗戰剛結束的時候，一些土匪趁著局勢混亂之時再次盜挖清東陵，康熙的景陵也難逃其禍，慘遭破壞。

景陵被盜掘以後，似乎也沒有進行過清理，加上景陵的土質多水，每到雨季，景陵的地宮便有一人多深的積水。換句話說，康熙和皇后們的骸骨如今可能還時不時地泡在泥水當中。千古一帝，身後如此下場，這大概也是康熙所沒有想到的吧。

胤禛取勝了。這是他智謀的取勝，是他審時度勢、巧借時機、反意而行、瞞天過海的勝利。打蛇打七寸，而胤禛就是在最危險的時刻，憑著他過人的膽識和智慧，抓住了對手的要害，從而化被動為主動，一舉擊潰貌似強大的允禩。

雍正即位的整個過程，並沒有出現康熙擔心的「束甲相爭」的事情，一路過來倒是十分的平靜，讓當時朝鮮人頗為吃驚。朝鮮人對康熙死後的局勢不抱樂觀，他們在第一次廢太子時就認為「彼國不預建太子，似必有五公子爭立之事」，「康熙死後，兵亂可翹足而待」。

但是，康熙駕崩後，並沒有出現朝鮮人預測的事情發生。儘管在康熙死後第二天，雍正曾命隆科多封閉京城九門六天，「諸王非傳令旨不得

入大內」。這兩個非常措施猜想也是為了防範其他阿哥會有異動才採取的非常舉措。

也許，隆科多封閉京城九門的舉動起了作用，城內的人無法和外界聯繫，那些阿哥們即使想搞出點事來，恐怕也是無能為力的。朝鮮人對康熙死後的權力交接問題也很關注，康熙六十一年的《李朝實錄》中記載了關於康熙駕崩時的一些情況，倒可以作為雍正繼位的旁證。

據他們記載，康熙臨終曾有遺言說：「第四子雍親王胤禛最賢，我死後立為嗣皇。胤禛第二子有英雄氣象，必封為太子。」

這就是前面所說康熙因寵愛弘曆而決定傳位於雍正的這件事。

穩定江山

允禵在雍正的注視下，於母親的靈柩之前痛哭失聲。哭奠完畢後，這兩個同胞兄弟依舊是面無表情，誰也不看誰。在一片漠然的空氣中，雍正走到皇太后的梓宮前，從袖裡掏出一道諭旨，諭曰：

貝子允禵無知狂悖，氣傲心高，但我為了安慰皇太后在天之靈，特意晉封允禵為郡王。如果他從此能改過自新，我自然會不斷地對他施加恩澤；如果他繼續作惡，不知改悔，那麼為了維護國法，也不得不將他治罪。

令十四阿哥守皇陵

再說那遠在西北軍中的允禵，當他聽到父皇駕崩的訊息後，真是五雷轟頂、方寸盡亂。想到半年前自己還曾和父皇共商平定西北之大計，自己也滿心希望能夠承繼大統，可如今卻已是斯人已去，換了人間。

三十五歲的允禵捧著諭旨，手不停地顫抖，一個巨大而悲愴的念頭向他壓來：他失敗了，而且是一敗塗地，已經沒有了任何機會。但是，允禵又是那麼的不甘心和不服氣，他心想，憑什麼我在外面出生入死、浴血疆場，而某個人卻安坐京城、君臨天下？

此刻的他，心裡就像打翻了五味瓶，真是百感交集，是悲，是痛，是怨，是恨？連他自己都說不清。他的腦海裡面，只有迷惑，猶如一片亂麻在無盡翻騰。

　　允禵本來以為自己是承繼大統的不二人選，可惜這希望越大，失望也就越大；爬得高，摔得也就越重，如今這天下早已是花落別家，自己也只能徒呼奈何！

　　也許在這個時候，允禵才看清了自己的這個同母所生的四哥，他是如此的深藏不露，又是如此的縝密可怕。為什麼大家在爭來吵去的時候，沒有人注意他的存在呢？如今回頭想來，一切都遲了一步。

　　有人或許問，既然允禵手握重兵，何不提兵造反？對此，雍正冷冷一笑，說：「朕剛即位時，便召允禵來京，當時朕垂淚對近侍大臣說：『正值皇考昇天之時，允禵卻不在跟前，他竟沒有這樣的福氣。應馬上降旨宣詔，讓他速速回京以儘子臣的孝心』。朕的本意並不是為了防範他。像允禵這樣庸劣狂愚、無才無識的人，威不足以服眾，德不足以感人；何況在陝西有年羹堯等人在那裡震懾。允禵所統之兵，不過幾千人，而這些人又大都是滿洲子弟，世代皆受朝廷恩惠，他們的家人也都在京城，哪能聽從允禵的指使進行反叛呢？」

　　誠然，允禵接到雍正命其回京奔喪的諭旨後，就立刻返回京城。他本就沒有造反之心，即使有這想法，正如雍正所說的，內外皆受箝制，舉兵造反，談何容易？如今風雲突變，允禵也只能乖乖地束手就擒，幾無還手之力。他的江山，只不過是個美麗的迷夢罷了。

　　雍正以體諒允禵的名義，將之召回京城奔喪，解除允禵的兵權於不動聲色間，還贏得了寬宏大量的讚譽，雍正的這一招，的確很高明。於情於理，允禵若膽敢造反，必然落下不孝不忠的罵名，而一旦允禵進入京城，那就成了雍正的囊中之物，只能任由他擺布了。

　　允禵沒當上皇上，他心裡憋氣，就是不服。激憤之下，他在從西寧回京的路上，不但沒有給新皇帝請安，反而揚言說：「如今我兄為皇帝，尚指望我叩頭耶？我回京不過一覲梓宮，得見太后後，我事即畢矣。」

快到京城的時候，允禵不知是不懂，還是有意挑釁，他命人行文奏事處，詢問到京之後見雍正如何行禮，「舉朝無不驚駭」。這不明擺著的事情嘛，還用問？分明就是不把雍正放在眼裡。

允禵就是要用這種衝動的方式發洩自己的不滿和對雍正的蔑視與挑戰，雖然這根本就是無濟於事的。但是，在雍正的面前，允禵的這種抗議如泥牛入海，絲毫不發揮作用。

雍正接到奏事處報告後，根本不予回答，只是淡淡地說：「讓允禵先去拜謁大行皇帝的梓宮吧。」

允禵的挑釁，很快被雍正輕描淡寫地消滅於無形間。但是，允禵的怒火遲早要爆發出來。在去康熙靈柩前哭拜的時候，雍正也在場，允禵見了自己的哥哥——這個剛上任的皇帝後，真是仇人想見，分外眼紅，卻也只能含屈帶憤地向雍正遠遠地叩頭，「毫無哀戚親近之意」，這是當著這麼多人的面，故意讓雍正難看。

雍正很清楚自己這個弟弟的脾氣，但是，在康熙的靈柩之前，他不想發作。他為了表示對弟弟的親善，還特意上前去扶允禵，但允禵脖子一梗，偏就拒絕動彈。一時間空氣都似乎凝結，兄弟倆一個拉，一個不動，場面十分尷尬。

這時，雍正的侍衛拉錫看不下去了，他上前拉住允禵，讓他趕緊對新皇帝行跪拜之禮，允禵甩手咆哮道：「我本恭敬盡禮，拉錫這樣下賤的奴才，也敢對我拉拉扯扯！若我有不是，請皇上將我處分；若我沒有不是處，請皇上將拉錫正法，以正國體！」

天威不可犯！雍正終於發怒了，他當下就命削去允禵的王爵，只保留允禵最初的貝子身分。雍正元年三月，雍正在送康熙靈柩到遵化景陵行禮完畢後，便命允禵留在遵化守陵，不要再回京城了。

所謂的守陵，明眼人都能看出，不過是將之監禁罷了。不僅如此，

雍正還特派自己的親信副將李如柏在此監視並限制允禵的活動。隨後，雍正開始拿允禵的親隨開刀了，他命人傳問允禵的家人向雅圖和侍衛孫泰、蘇伯、常明等人，問：「允禵在軍中的時候，聽說有吃酒行凶的事情，你等從實奏來。」

向雅圖等人不知所云，回奏道：「並無此事。」

雍正聽後大怒，命將這些人送刑部永遠枷示，連他們十六歲以上的兒子也一起倒楣，同樣被永遠枷示。

話說雍正得了皇位，自己的母親應該高興才是，但是，他的生母德妃烏雅氏的第一反應，更多的是錯愕與驚訝，而不是由衷的喜悅。《清世宗實錄》中記載說，烏雅氏得知雍正即位後，她說：「欽命吾子繼承大統，實非夢想所期。」

此話乃大大的不吉利，哪有自己的兒子做了皇帝，做母親的第一反應不是高興，而說自己做夢都沒想到的？烏雅氏的話似乎透出兩層含義，第一是自己並不看好雍正，有懷疑的意思；第二恐怕是自己覺得應該另有其人，可惜最後大位得非所望。

據一般的猜測，烏雅氏大概是希望自己的小兒子，當時呼聲很高的十四阿哥胤禵繼位。胤禎的生母烏雅氏生於順治十七年，比康熙小六歲，她是滿洲正黃旗人，其父名叫威武，是正三品的護軍參領。護軍參領是滿洲八旗的軍職，每旗有十個名額，正參領是三品。

烏雅氏大概在十四五歲的時候進了宮，應該是在康熙的第一位皇后赫舍芮氏去世之後。康熙十六年二月，康熙首次正式冊封嬪妃的時候，封了八個主位，烏雅氏榜上無名，當時她大概只處於「常在」或者「貴人」這個級別。

直到康熙十七年，烏雅氏喜得貴子，這就是她的第一個孩子四阿哥胤禎。儘管胤禎在滿月後便被貴妃佟佳氏抱去撫養，但「母以子貴」，烏

雅氏生子有功，在康熙十八年她便被冊封為德嬪。

康熙十九年二月，烏雅氏又生下六阿哥胤祚，因為烏雅氏連得兩子，康熙二十年十二月又被晉升為德妃，只可惜六阿哥胤祚這孩子福淺命薄，六歲的時候就夭折了。

此後，烏雅氏再接再厲，於康熙二十一年六月又生了皇七女，這個小女孩更是短命，三個月不到便早殤了。不過，烏雅氏這幾年大概頗受康熙的寵愛，她的生育能力也是超級的強，在康熙二十二年九月，烏雅氏又生下皇九女，這個女兒得以順利成長，在康熙二十一個女兒中被稱為「五公主」。

康熙二十五年，烏雅氏生下皇十二女，這也是她的第三個女兒，通常稱為「七公主」，可惜這個小公主也只活了十二歲。

康熙二十七年，烏雅氏生下她最後一個孩子，這就是十四阿哥胤禵。在當時看來，烏雅氏的確是個「英雄」母親，她總共為康熙生了三子三女，在康熙的後妃裡面並列第一。

當時能和烏雅氏比拚的只有三阿哥胤祉的母親榮妃馬佳氏，她為康熙生了五子一女，但只有「二公主」和最小的胤祉活了下來，其他都不幸早殤了。

而烏雅氏的六個子女中，除了皇七女早殤、六阿哥胤祚六歲夭折和七公主十二歲夭折外，四阿哥胤禛、五公主和十四阿哥胤禵都順利長大成人。胤禛出世的時候，烏雅氏還不能親自撫養自己的兒子，因為清宮規定，只有嬪以上的後宮主位、包括嬪這個級別在內才有資格撫養皇子。由此，胤禛從小便和烏雅氏分開而居，由皇貴妃佟佳氏撫養到她病逝為止。

儘管胤禛和生母烏雅氏有請安或祝壽等固定的見面時間，但是，在宮中的森嚴制度下，母子間似乎既無法親近，也缺乏必要的交流和溝

通。正如雍正自己所說，「生恩不及養恩大」，或許在當時胤禛的眼中，養母佟佳氏才是一個慈愛的母親。

由此，雍正和親生母親烏雅氏的感情不如養母佟佳氏，這也就很自然了。雍正即位後，對養母佟佳氏家族的封賞也是遠勝於生母烏雅氏一家，這大概也是雍正一直想報答佟佳氏的緣故吧。

從烏雅氏這邊來看，她除了不能時刻接觸到自己的親生兒子外，由於胤禛養母的地位尊貴，而她自己地位的卑下，這可能也構成了她對胤禛感情的障礙和隔閡。

或許，胤禛也曾因為自己是皇貴妃撫養而在無意間流露出驕傲的神態，這自然會讓烏雅氏感到不自在而傷心難過。久而久之，母子關係自然互生隔閡，陷於關係淡漠的尷尬境地。

由於幼年時期缺乏生母的母愛關懷，成年後的胤禛對烏雅氏可能大都浮於禮節性的尊重。這種關係，可能既陌生，又熟悉；既頻繁，又冷淡。從某種意義上來說，這是一種被制度戕害而蒙上了陰影的母子關係，既悲哀又傷感。

從母子的性格來說，烏雅氏和胤禛倒是頗有相似的地方，就連一胞所生的十四阿哥胤禵，也都是十分的倔強而情緒化。康熙說小時候的胤禛「喜怒不定」，這種容易情緒化的性格猜想也是來於烏雅氏的遺傳。

胤禛和胤禵兩兄弟本都是性情中人，胤禵可以為保八阿哥胤禩而頂撞盛怒之下的康熙，胤禛雖然在爭奪儲位的時候韜光養晦，但他即位後性格突顯，寫的很多批示也是爽快淋漓，令人拍案叫絕。

烏雅氏也是如此，一樣的執拗，一樣的感情用事。本來雍正做了皇帝，作為母親的烏雅氏應當高興才是，但這皇太后的所作所為實在是讓人費解。雍正即位後，烏雅氏說自己不願接受「天子以四海奉養聖母一人」的威福，居然要以死相殉，隨大行皇帝康熙而去。這，實在是太不

給雍正面子了。

據雍正自己說：「父皇駕崩之時，母後哀痛欲絕，決心隨父皇殉葬，不飲不食。朕叩頭痛哭，上奏母後說：『皇考以大事託付給我，今母親執意以死相殉，那兒臣更有何依賴？將何以對天下臣民？那我也只好以身相從了。』經過再三哀求，母後才放棄尋死的念頭，勉強進食。自此以後，朕每晚都要親自到昭仁殿去詳細詢問值班太監，得知母後一夜安睡後，才放心地回到守靈的地方。」

如此看來，烏雅氏的做法不僅絕情，簡直就是添亂。雍正也是被她逼得沒有辦法，最後只能說：「沒辦法，你死我也死，省得我蒙受不孝之名，沒臉去見天下臣民。」

一個要以死相殉，另一個以死相逼，最後烏雅氏只好妥協，放棄了自殺的念頭。這對母子的關係也未免滑稽。康熙六十一年十一月二十日，本是雍正登基的喜慶日子，烏雅氏卻又弄出不和諧音符。

按照慣例，皇帝登基前，應先到皇太后處行禮，禮部官員按照雍正的旨意，提前一天將登基的程式啟奏皇太后，烏雅氏卻說：「皇帝誕膺大位，理應受賀。與我行禮，有何緊要，概免行禮！」

烏雅氏的意思似乎是肚子裡有氣，說自己與新皇帝雍正登基沒有關係，不肯接受行禮，這弄得雍正精心準備的登基大典差點泡湯，實在是大煞風景。有上一次事情的教訓，雍正知道母親烏雅氏的脾氣的確是不好對付。於是，雍正便派禮部、內務府總管等官員，加上和允禵關係不錯的允禩，人家一起去勸說皇太后受禮。

但是，烏雅氏也真是執拗得可以，這麼多人勸她都不聽，覽過仍不受。雍正被弄得焦頭爛額，萬般無奈之下，只得自己親自出馬，再三懇求，烏雅氏這才不情不願地說：「諸大臣等既援引先帝所行大禮懇切求情，我亦無可奈何。」

好一個「無可奈何」！聽烏雅氏的意思，好像是看在先帝的先例上才答應群臣的請求。這詞用的，絕了。按照慣例，雍正得給烏雅氏上皇太后的尊號。

當時，內閣翰林院也已將「仁壽」皇太后的尊號擬好，皇太后的表文、冊文，還有金冊、金寶這些證明檔案和儀仗程式的各項準備事宜也都弄好了，欽天監也挑了個黃道吉日，萬事俱備，只欠東風，偏偏烏雅氏就是不同意。

烏雅氏說：「梓宮大事正在舉行，悽切哀衷，何暇他及。但願予子體先帝之心，永保令名。諸王大臣永體先帝之心，各抒忠悃，則兆民胥賴，海宇蒙休。予躬大有光榮，勝於受尊號遠矣。」

烏雅氏以康熙的葬禮未完成為藉口，既不接受皇太后的尊號，也不肯從居住多年的永和宮搬出。看來，烏雅氏對那些破落制度是要頑抗到底了。這下，雍正是被弄得頭皮發麻，本來他當上這個皇帝就有點不明不白，所以他才在這種儀式上要做得循規蹈矩，盡量完美，免得天下人說他的閒話，誰料得生母烏雅氏卻和自己處處不配合，這真是讓雍正這個做兒子的心裡憋氣，卻又無可奈何。

沒辦法，雍正只好又硬著頭皮，親自去「誠敬諄切叩請再三」，但這次，烏雅氏卻死活不聽，她再次來了個：「諸王大臣援引舊典，懇切陳辭，皇帝屢次叩請，予亦無可如何。知道了。」

「知道了」，這是中國的權術史上是一個極為經典的詞。「知道了」隱含的意思可就太多了，也許是表示未置可否；也許是表示不同意；也許是讓請示人看著辦，若辦好了，說明屬下聰明伶俐；若萬一辦不好，領導也可以推掉自己的責任；總而言之，領導總是能從「知道了」這裡把握先機。

烏雅氏的「知道了」，不過是緩兵之計，用這詞給勉強搪塞過去，實

際上就是不願意受封號，也不想搬到皇太后該住的寧壽宮去。牛不喝水強按頭，烏雅氏就這倔脾氣，她是皇帝的生母，雍正能拿她怎麼辦？沒辦法，這事也只好拖了下來。

沒多久，在雍正元年的三月，正好到了雍正登基後烏雅氏的第一個生日。按理，這皇太后的生日得有個儀式叫「聖壽節」，以表示皇帝孝敬母親，以「仁孝治天下」。

禮部官員也擬安排雍正帶領各王公大臣、文武百官集體去給皇太后慶壽，不料烏雅氏還是不給面子，「奉懿旨，免行禮。」雍正本想利用好這個機會改善和生母的關係，讓母親接受封號，並移居寧壽宮，但烏雅氏似乎早有所料，未及雍正開口便將之拒於門外。

烏雅氏這些舉動，似乎是太不近人情了，這到底又是為什麼呢？這事恐怕還得從十四阿哥允禵說起。允禵是烏雅氏最小的兒子，父母疼愛小兒子，甚至對小兒子偏心，似乎也是人之常情。

天下的父母，總認為自己對待子女是公正的，所做的一切也是不偏不倚、非常有道理的，但問題就在於，世界上就沒有不偏心的父母。感情這東西，根本就不可能做到一碗水端平。

烏雅氏本該是幸福的，她的兩個兒子都很有出息，其中必有一個做皇上，但是，問題偏就出在她認為該做皇上的，卻沒做上，而她又偏愛這個落敗的孩子。

允禵從西北回來後，雍正一開始便給了允禵一個下馬威，將他的王爵革去，只保留了最初的貝子身分。這做母親的看著兩個孩子，一個天上一個地下，一個不讓一個不服，做哥哥的如此露骨地欺負弟弟，心裡怎能不傷心難過？

偏偏這三人還都一個脾氣，就是死不認輸，誰也不肯妥協，結果矛盾越陷越深，幾至於無法掙脫。這雍正越打擊允禵，烏雅氏便越不配合

雍正的工作，兩人幾乎陷於冷戰狀態。

也有人猜疑說，烏雅氏本就偏愛小兒子，而且康熙晚年的時候，小兒子的呼聲很高，但最終的結果卻是小兒子的皇位被大兒子篡位奪去，烏雅氏的失望是可想而知的。本來可以名正言順、堂堂正正做皇太后，如今卻成了「篡位賊子」封的偽太后，這怎能不讓她氣惱？

雍正元年三月二十七日，雍正即位後第一次出北京城，這也是他做上皇帝後僅有的幾次出城之一。他這次要帶著王公大臣，還有皇太后及後宮的妃嬪，親送康熙的梓宮到遵化東陵。

這次送葬活動人員眾多，規模浩大，所幸中間沒出什麼大的亂子。本來送葬的事情進行得挺好，不料就在行完禮後，送葬隊伍準備返回北京的時候，雍正卻做了一項重大而無情的決定，那就是將允禵留在遵化守陵。這等於就是將允禵軟禁於此了。

不僅如此，雍正還拿允禵府上的人向雅圖和護衛孫泰、蘇伯、常明等人開刀，將他們施以枷示。隨後，在允禵被軟禁在遵化的時候，雍正又藉口有人在奏摺裡將「大將軍」與「皇上」並寫，將允禵貝子的祿米革去，以做示尤。就這事而言，允禵並沒有任何過錯，雍正明擺著就是在有意整允禵了。雍正這麼欺負弟弟，做母親的當然看不下去。就在允禵革去祿米的第十天，烏雅氏便突然犯病。

根據《清世宗實錄》的記載，烏雅氏在雍正元年五月二十三日末刻發病，第二天丑刻便去世了。烏雅氏從發病到死亡，中間不過短短的十幾個小時，顯係暴卒，這中間到底發生了什麼，就不得不讓人猜疑了。

《大義覺迷錄》記載了這樣一段民間傳聞：在一個月黑風高的晚上，皇太后烏雅氏居住的永和宮裡突然傳來吵鬧聲。原來，雍正聽說皇太后生了病，急忙趕來看望，不料還沒說上兩句話，兩人便爭吵了起來。

外面宮女和太監們戰戰兢兢，都不敢進去。只聽皇太后在大罵：「你

為何對你弟弟如此絕情！他到底犯了什麼彌天大罪，你要如此害他？你到底還想要怎樣？是不是把我們母子都整死了，你就高興了？」

跪在地上磕頭說：「兒臣不敢，兒臣決無此心！」

皇太后說：「那好，我現在就要見允禵，你把他放回來！」

雍正說：「先帝的陵墓需要有人看守，允禵心高氣傲，經常犯錯，讓他在那裡好好閉門思過也好。」

皇太后氣極而笑道：「好，好！你是鐵了心要把他關死在那裡了！你不要以為自己得了這皇上就可以任意妄為，這天下人的眼睛可是雪亮的，人心裡頭有桿秤的，到時你就不怕後人戳你的脊梁骨？」

雍正似乎也被激怒了，裡面傳來茶杯摔碎的聲音。不一會，宮中突然出「砰」的一聲，似乎什麼東西撞在了柱上，隨後便歸於沉寂。雍正走了出來，臉色陰沉，喝道：「皇太后病危，還不快傳御醫！」

但此刻為時已晚，第二天宮中便傳出皇太后歸天噩耗。當然，永和宮的柱上是沒有血的。到底皇太后是不是撞柱而死，這已經無從考證，但從烏雅氏的身體而言，不到一天便宣告死亡，實在出乎人的意料。

據說烏雅氏原本有氣管炎和哮喘類疾病，加上康熙的駕崩對她可能打擊很大，但是，這可能都不是最主要的。烏雅氏身體狀況的惡化，恐怕還是因為胤禛和允禵這兩兄弟間的傾軋所導致，特別是雍正對小兒子的不公正待遇，怎不讓烏雅氏這個做母親的傷心欲絕、肝腸寸斷？

雖然民間傳聞中的「逼母」一說未必成立，但烏雅氏的死，要說和雍正一點關係沒有，那也說不過去。由於史料的缺乏，無法知道烏雅氏在允禵被囚後是什麼態度，但斷然不會是漠不關心、不聞不問。

也許就在那個晚上，烏雅氏爆發了，她可能嚴厲地責備了雍正，也可能聲淚俱下地替允禵求情，求雍正放他回來，讓她見上一面，可惜她的願望終究沒能實現。

　　據官方記載，雍正聞知皇太后病重後，急忙趕到永和宮，晝夜侍奉湯藥。也就在當天，雍正派侍衛吳喜和朱蘭太去遵化景陵將允禵召回。

　　但是，意外的事情發生了，當時負責看管允禵的副將李如柏在放走允禵後，心裡覺得後怕，生怕是有人矯詔陰謀造反，便又派人以「旨意未明，又無印信」的理由追回了允禵，並將雍正派去的侍衛扣押，然後自己親自向雍正請旨，問是否要放允禵回京。

　　等到李如柏得知確屬雍正的旨意後，這才將允禵放回北京，但此時已經是二十三日的白天了，烏雅氏早在當天的凌晨崩逝，享年六十四歲。晚了，一切都已經晚了。允禵回到皇宮，見到的只是自己母親冰冷蒼涼的梓宮。不過，李如柏卻從中受益了，後來他被賞賜了一千兩白銀，並被升為總兵官。

　　烏雅氏死後，雍正也不必再去懇請皇太后接受尊號，也不必再讓皇太后從永和宮搬到寧壽宮去住了。但頗為奇怪的是，雍正在烏雅氏死後，卻先將她的梓宮移到寧壽宮，停靈三天後才運到帝後停靈的壽皇殿。這其中的含義，實在讓人捉摸不透。難道雍正不知道這樣做是違背母親遺願的？

　　允禵在雍正的注視下，於母親的靈柩之前痛哭失聲。哭奠完畢後，這兩個同胞兄弟依舊是面無表情，誰也不看誰。在一片漠然的空氣中，雍正走到皇太后的梓宮前，從袖裡掏出一道諭旨，諭曰：

　　貝子允禵無知狂悖，氣傲心高，但我為了安慰皇太后在天之靈，特意晉封允禵為郡王。如果他從此能改過自新，我自然會不斷地對他施加恩澤；如果他繼續作惡，不知改悔，那麼為了維護國法，也不得不將他治罪。

　　當年九月初一，烏雅氏的梓宮隨同康熙的梓宮入葬景陵地宮，而允禵被重新送回遵化守陵。雍正知道，允禵已牢牢地掌握在自己手中。雍

正對某些兄弟的打擊，的確是出於公心，而非出於一己私念。

諸王大臣曾奏請將允䄉「即正典刑，一彰國法！」但為了避免落個誅戮兄弟的罪名，雍正還是對自己的同胞兄弟允䄉來了個「法外施恩」。雍正稱允䄉雖是罪人，但只是秉性糊塗，行事狂妄。

逐步削弱八阿哥勢力

雍正要鞏固自己的統治，必須先穩定和自己多年爭鬥的兄弟，內無憂才能外無患。雍正採取的是拉攏懷柔政策，使之先歸附自己，並且可以利用他們手中的勢力去穩定下邊，然後一步步分化、瓦解、利誘，最後為自己所用。既化解了敵我矛盾，又籠絡了人心。

因而雍正一上臺就穩定了政治局面，這又是進一步打擊對手的可靠保證。只要穩定，就是他一個人的天下，接下來就是逐個消滅對手了。剛繼位不久的雍正並未對允禩本人急於發起實質性的進攻，這主要是因為雍正認為時機還不夠成熟。

為了穩定，雍正不能立即採取行動。因為那是不明智的做法，如果不成功的話，反會被眾敵圍攻，把他拉下馬。還有一個原因，畢竟大家都是兄弟，雍正不願落個「誅殺兄弟」的罵名，因此他還是採取了穩中求進的分化策略，即分而化之、各個擊破、拉打結合。

雍正二年五月十四日，雍正以蘇努、勒什亨父子顧念舊日同黨，祖護允禩等人，擾亂國家之心毫無悔改為由，革去蘇努的貝勒爵位，撤回公中佐領，發遣他與其子同往左衛居住。

沒隔幾天，雍正又下旨斥責允禩及其黨羽，指出七十、馬爾齊哈、

常明等，都是導致廉親王允禩到現在仍然與皇帝結怨的罪魁，使眾心離散，造成國家大亂，以便渾水摸魚。

雍正在這裡用了嚴重的語氣說：「古人云：亂臣賊子，人人得而誅之，皇考每引述此語，特指廉親王言之。」

這又為進一步打擊允禩及其朋黨製造了輿論。接著，雍正就革掉了七十職務，查抄其家產。六月二十七日，又將七十及其妻子發配到黑龍江依蘭去了。

此外，雍正還把矛頭指向鄂倫岱，說他與阿靈阿二人是允禩黨的首領，罪大惡極。並說：「朕即位後，命他為領侍衛內大臣、都統，他也毫無感激報效的念頭。朕有硃批諭旨與阿爾松阿，讓他轉交，他竟在乾清門當著眾人把諭旨擲在地上。每當朕召諸王大臣頒發諭旨時，他沒有一次頷首心服，有時還低頭冷笑。」

就此，雍正將此二人革去了職務。八阿哥允禩是這個集團的領袖，最具有才能和號召力，不容易扳倒，所以在把他外圍的人清除之後，接下來就是要解決這個集團的得力幹將九阿哥允禟。

康熙死了還不到一個月，雍正首先對允禟的老孃宜太妃郭絡羅氏加以懲戒。郭絡羅氏一向得到康熙的寵愛，康熙駕崩的時候，當時她也在生病，得知康熙的噩耗後，她便乘坐四人軟榻，扶病直奔康熙的靈堂。

不知是過於悲痛，或者是郭絡羅氏一向得寵，她一下子跑到了雍正生母烏雅氏的前面，這讓雍正十分惱火。後來在處理康熙喪事的時候，郭絡羅氏又對雍正擺出母妃的架子，那就別怪雍正對她不客氣了。

當年十二月初三，雍正便說郭絡羅氏的太監張起用違禁做生意，將之發配到土兒魯去種田；她兒子允禟的太監李盡忠發配到雲南極邊去當苦差，那個替允禟到江南買美女的何玉柱則發往三姓給窮披甲人為奴。

雍正在沒收了他們的家產後，還恨恨地說：「彼等皆屬極惡，且極

富。如其不肯遠去，即令自盡，護送人員報明所在地方官驗看燒毀，仍將骸骨送至發遣之處。」

也就是說，要是他們不肯去的話，就令他們自盡，但骨子裡依舊要扔到原定的極邊之地，以解雍正的心頭之恨。就連替允禩打理家務的禮科給事中秦道然也倒了霉，雍正說他一貫助紂為虐，由此賺了不少家當，於是命他繳納十萬兩銀子充軍餉。

很遺憾的是，當兩江總督奉命去秦道然的老家無錫清查的時候，卻發現秦道然家的全部財產加起來也不滿一萬兩銀子。但雍正仍不放過他，依舊將秦道然監禁，什麼時候他家裡的人交足了銀子，就什麼時候放人。

說白了，雍正在做阿哥的時候，就看秦道然在幫允禩、允禟等人上躥下跳、四處奔走，其實那時就想整他了。對於老九允禟，雍正從來就沒把他放在眼裡。

在雍正的印象裡，這個老九才能平庸，在康熙在的時候也從來沒有得到過重用，根本就是個「文才武略，一無可取」的廢物。但是，就這樣一號人物還偏就從來不老實，總是喜歡鬧騰點事情出來。

允禟自知承繼大統無望，開始是支持老八允禩，後來允禩被康熙打壓，又和允禩一起去支持允禵。總之，動機不純，野心不小，是個刺頭。蔑視歸蔑視，對付允禟這個傢伙還是不能掉以輕心。

首先，允禟很有錢，他透過姻親關係，搞到了大貪官明珠家的大量財產，還經常派手下的人去做生意，生財有道。在那些兄弟裡面，允禟是最有錢的。當初允禩拉允禟入夥兒，也有藉助他財力的意思。

其次是允禟這個人為人處事比較直爽，好講哥們義氣。正如雍正罵他的，「外飾淳良，內藏奸狡」，允禟對人也很平和，沒有太多的架子。所以，允禟倒也結交了不少人，能量不小，平時的口碑也還不錯。

在康熙在的時候，允禟並沒有因為母親受寵而得到康熙的青睞。每次康熙給皇子們發獎金的時候，允禟總是比自己同齡的兄弟要少，在康熙四十八年的那次封爵中，允禟只被封為貝子，而比他還小的老十允䄉卻被封為郡王，把他氣得要命。

因此，允禟懷恨在心，說起話來經常陰陽怪氣，說什麼「我倒不如像大哥和二哥一樣，關了禁閉倒自在些！」康熙有時候訓誡他，他便滿腹牢騷，說：「大不了革去這貝子爵位吧，有什麼了不起的！」

康熙死後，允禟還公然挺身坐在雍正對面，對這個新皇帝極為蔑視。在懲治了允禟的管家和得力太監後，雍正便找允禟算帳了。他又以「原大將軍允禵回京，西寧沒人駐紮」為藉口，把允禟派往西寧軍前。

允禟一聽，便跳了起來，說：「你這是在報復我，這是發配！我有什麼罪，憑什麼把我流放到千里之外？」

雍正冷冷地說道：「發配？當年允禵在西北的時候，你不是怕父皇讓他建功，不想讓他回來的？怎麼，現在讓你去建功，你不想去了嗎？」

允禟被說得啞口無言，但他是個只愛榮華富貴的人，哪裡會想去吃什麼苦，於是他便推脫道：「不行，現在父皇昇天還不到一百天，我要為父皇守喪！」

雍正冷笑道：「為父皇守喪？父皇昇天的時候，你為何沒有半顆淚水，也沒有任何悲戚之色？」

允禟爭執道：「怎麼沒有，我當然流淚了，我當時擦淚的手帕還在呢！」說罷，允禟還真從兜裡把手帕掏出來爭辯。

看到這個老九耍無賴，雍正有點沉不住氣了，他提高聲音問：「你到底去，還是不去？」

允禟有點慌張，但還是硬著頭皮說：「至少也要等父皇下葬了再說！」

雍正哼了一聲，從鼻孔裡擠出幾個字：「看來，你是要抗旨不遵了，你可知道後果？」

允禟被逼得無路可退，只得悽悽惶惶地上路了。走到西寧，允禟的的心腹葡萄牙傳教士穆景遠說：「萬一皇上還讓我們往遠的地方走，那可怎麼辦啊？」

允禟賭氣說：「走得越遠越好，免得受他的鳥氣！」

不過，他帶著一肚子的火，走到西大通後，便死活不肯走了，還向雍正奏請回朝。允禟心想，老子走得也夠遠了，這裡反正山高皇帝遠，你雍正再狠，總不能把自家兄弟給逼上絕路吧！

雍正接奏後，批道：「知道了」，既不說同意，也不說不同意，就把允禟晾那兒了。隨後，雍正又密旨給陝甘總督年羹堯，讓他把西大通城內的居民全部遷出，加派人手監視允禟。

允禟接到雍正模稜兩可的批示後，哪裡敢動！這真是把他氣得吐血，心想遲早要被這個老四玩死。自從來到這荒涼的破落地方，吃沒得吃，玩沒得玩，眼看返京無望，允禟索性拋掉僥倖的念頭，破罐子破摔，在那裡愛幹什麼就幹什麼。

允禟出京的時候，身上帶了不少銀子。西北這種地方沒什麼好處，就是物價便宜；可也有個壞處，那就是根本買不到什麼好東西。於是允禟便在那裡隨意花錢，從不講價，弄得地方上的人高興得不得了，遠遠地見到他就喊「九王爺」，允禟也欣然而受，開懷大笑。

後來不知怎麼的，有人把這事還有允禟派人去踏看牧草與人相爭的事情捅了上去，雍正聽後大怒，說允禟不過一小小貝子，竟敢妄稱「九王爺」，到處惹是生非，這還了得！

於是便行文陝西督撫及各地方政府，要發現以後仍有人稱其為「九王爺」的，從重治罪。不僅如此，雍正還特派都統楚宗帶著他的手詔去

訓誡允禟。

楚宗到後，允禟也不起來接旨，只管自己躺在臥室的床上，等楚宗宣讀完了，允禟懶懶地說：「你那皇上責備得都對，我有什麼好說的？大不了我出家做和尚好了！」

雍正得到回報後，也是氣得要命，隨後便下令削去允禟的貝子爵位。允禟反正也無所謂，只是覺得在西北這種苦寒之地實在無聊透頂，也沒有新鮮資訊可供娛樂，好在自己的心腹穆景遠也跟隨自己來了青海，兩人住處離得不遠，允禟還特意將自家後牆開了一個窗戶，方便來往。

那穆景遠是外國傳教士，倒有些新鮮玩意兒，允禟聽他宣講得多了，被他說動，給穆景遠出錢建教堂，並命自己的心腹也領洗入教，算是為中外交流做出了一點貢獻。更搞笑的是，允禟後來借閱了穆景遠的西文書籍後，鼓搗出一種以西洋字母編的密碼，他把這套方法教給了他的親信佟保，佟保回京的時候又教會允禟的兒子弘碭，父子倆玩兒起了暗語遊戲。

可惜這遊戲也沒玩多久，在雍正四年的時候，他們用這種密碼寫成的書信藏在騾夫衣襪之中，但還是被九門捕役拿獲。雍正看到這些詭異的書信時，心想這老九搞的什麼鬼，這上面非驢非馬，寫的什麼玩意兒？

後來覺得這有點像西洋字，雍正便把宮中的傳教士找來，但那些人也說不認識，雍正沒辦法，只得斥之為「敵國奸細之行」，又把允禟的兒子弘碭叫來給狠狠責罵了一番。這時，老十允䄉也倒了霉，雍正派人去抄他的家時，查出了一個允禟寫給他的帖子，上面寫著「事機已失，悔之無及」一語。

本來允禟在家的時候，曾和允䄉約定過，彼此往來的帖子看完後都

要燒掉，但允䄉並未燒毀，這下兩人又要倒楣了。再說那老十允䄉，他其實只比老九允禟小兩個月。

允䄉的生母是貴妃鈕祜祿氏，外公是康熙朝初年的四輔臣之一遏必隆，康熙的第二個皇后鈕祜祿氏，其實就是他的生母貴妃鈕祜祿氏的姐姐。

由此，除了太子允礽外，允䄉生母的品級和外家地位在皇子裡面都是最高的，這也是他在康熙四十八年越過老九允禟受封郡王的主要原因了。

如康熙所說的，「十阿哥是一忠厚老實之人，並無能力」，因此對他也只是封以較高的爵位，但並不加以重用。允䄉和允禟一樣，在康熙末年的儲位之爭中並無個人野心，也主要是想依附允禩和允禟，謀求未來的地位和富貴。很不幸的是，他和老九允禟一樣，押錯了寶，站錯了邊。

雍正即位不久，也要找允䄉的麻煩了。原來，雍正元年的時候，蒙古喀爾喀部哲布尊丹巴胡土克圖聽說康熙駕崩，他不顧自己九十高齡，非要前來京師拜謁康熙的梓宮。

不料剛拜謁完，他也「泊然示寂」，與世長辭。雍正非常感動，不但賜以其封號名冊，還讓允䄉親自帶著印冊送其靈龕回喀爾喀。允䄉生性懶惰，一聽慌了神，心想那喀爾喀遠在幾千里之外，路途遙遠，這可不是什麼好差使。

於是允䄉百般推託，一會說自己有病，一會又說自己沒錢買行李，總之就是不想去。雍正大怒，嚴令他必須去出這趟差，結果允䄉不情不願地走到了張家口，便停下來不走了，還捏造雍正旨意說皇上讓他們在張家口先待著。

雍正得報後，十分生氣，便讓總理事務大臣允禩商議處分辦法。允禩本就和允禟、允䄉幾個人關係交好，雍正懷疑允䄉抗旨和允禩的指使

有關，這樣做等於是有意為難他們幾個人。

允祥有心袒護允䄉，便擬了一個這樣的處分決定：「行文允䄉，讓繼續前進，完成這趟差使；將不加諫阻的長史額爾金議處。」

雍正很不以為然，說：「既然允䄉不願意去，何必再讓他去？何況他又不會聽額爾金的話，責罰額爾金有什麼用？」

雍正又命允祥再議。允祥沒辦法，只好說將允䄉的郡王爵位革去。此刻的允䄉聽說雍正要處分他，他也不理不睬，只管在張家口睡大覺。後來雍正的命令下來，讓允䄉回京師，允䄉回去後，便被革爵，還被抄了家。

抄家的時候，又發現了允䄉和允禟等人的來往書信，裡面還把雍正稱為「雍正新君」，結果允䄉被判永遠拘禁。允䄉在被監禁了十多年後，在雍正死後才重獲自由。

但是，乾隆也只是將他釋放，並未給他恢復名譽、發回財產，也沒有給他什麼實際的職位。一直到乾隆二年，允䄉才得了個「奉恩鎮國公」的虛銜。

四年後，允䄉病死，年五十九歲。乾隆得知後，令以貝子的規格安葬，最後葬於北京西郊，人稱「十王墳」。可憐的允䄉最後連清東陵的黃花山王爺陵園都沒資格進。

雍正之所以狠治允䄉，還因為允䄉不是允禩、允禵集團的核心人物，對他嚴厲懲治非但不會引起事端，而且還會造成殺雞儆猴的震懾作用。這樣，那些允禩、允禵集團的核心人物，就再也不敢盲目追隨他們的首領了。

孤立主敵、敲山鎮虎的策略繼續生效。就在允䄉被處罰前後，總理正白旗及鑲黃旗軍務的十二皇子允祹，和總理正藍旗軍務的允祐也先後被剝奪了兵權。

但是，雍正這一回並不拉硬弓，而是又打又撫。在解除此二人軍權

的同時，為了拉攏他們，曾將允䄉由貝子提升為履郡王以示恩寵。但允䄉知其有司馬昭之心，似乎並不感激雍正，結果不久被雍正以「不知感激效力」而革去了王爵，任命他在固山貝子一職上行走。

雍正考慮到允禩是這個集團的首領，必然先給予寵信，籠絡和控制他，以防發生變亂；允禵在朝野上下支持的人較多，性情又強悍，不囚禁不足以制裁；對允禟、允等人的打擊，實是殺雞儆猴，令其黨羽產生恐懼心理而有所收斂。

對於即位之初的雍正來說，他需要的是時間，把必然會來的動盪盡可能地後推，等坐穩了江山再說。因此，政敵晚一些生事比早一些要好，越晚他就越有力量，越有主動權。

至此，雍正總算把允禟允禵兩個允禩集團的得力幹將消滅了，之後雍正又採取拉打結合的辦法把允禩周圍的人幾乎全部清理掉了。這樣，允禩即使再有本事，也是孤掌難鳴了，成為雍正下一個重點打擊的對象。

處理最大政治障礙

由於雍正正確地運用了打拉結合、戒急用忍的政策，因而三年末至四年初時政局日趨穩定。一方面已經成功地平定了青海羅卜藏丹津的叛亂。另一方面，政局基本穩定下來，尤其是國家財政狀況從嚴重的危機窘境中擺脫出來，這兩大心腹之患的緩解，代表著雍正的皇位基本穩固。

而且，多年來允禩一夥的敵對情緒有增無減，使雍正已不能再容忍下去。在這樣的情況下，雍正認為對自己的政治對手轉守為攻的時機已經到來。

允禩是個有野心的人，面對失敗，難免會有牴觸情緒；而雍正帝位得來也不容易，康熙在的時候，兄弟們之間還鬥得死去活來，何況現在康熙已經不在了。

所以說，即使允禩能夠甘心臣服，雍正也未必會放過他。雍正即位後就去過遵化東陵一個地方，別的哪兒都沒去過，一來是他政務很忙，二來何嘗不是怕他的那些反對派趁他出京發動政變？

雍正雖然登基後表白說：「朕之昆弟子姪甚多，唯思一體相關，敦睦罔替，共享昇平之福，永圖磐石之安。」

但這些話不過是表面文章。雍正將允禟等人盡行遣散，其目的無外乎孤立允禩，敲山震虎。雍正元年三月，雍正先拿允禩老婆烏雅氏的娘家人開刀，他指斥烏雅氏的舅舅吳爾占和表兄色爾圖「無知妄亂，不安本分」，下令削奪其屬下佐領，撤銷安親王爵，並將他們發遣回盛京思過。就連允禩本人也難逃處罰。

當年九月，雍正去遵化東陵將康熙和四位皇后的神牌升附太廟時，指責允禩監造的列祖神牌「漆流金駁」、「皇上乘輿法物，以斷釘薄板為之；更衣幄次，以汙油惡漆塗之」，最後責罰允禩和他手下的工部侍郎、郎中等人跪太廟前一晝夜。

在那個夜色如水的晚上，允禩跪在太廟前，腿都已經麻木了，當時他的心裡，又是何等的滋味呢？或許他的心也在流血吧。王權，就是那可以讓人生，也可以讓人死的東西啊。

不僅如此，雍正還動不動就當眾指責允禩，給他難堪。雍正二年，雍正斥責允禩：「凡事欲激朕怒以治其罪，加朕以不令之名。」

雍正三年二月，又說允禩：「懷挾私心，遇事播弄，希動搖眾志，攪擾朕之心思，阻撓朕之政事。」雍正還無端指責說：「先帝的梓宮運往山陵，常例是用伕役二萬名，而允禩說要減省一半，又說上馴院養的馬太

多，要加以裁減，他為什麼要這麼做？不就是為了暗諷先帝靡費、標榜自己節約嗎？此外，他又以破紙寫奏章，祭祀的時候也用破損桌案。允䄉並不是才力不及或者智慮不到的人，而是要存心這樣做，真不明白他到底想幹什麼？」

雍正三年三月，雍正召集群臣討論總結四位總理事務王大臣的功過時，允䄉被評為「無功有罪」，不但白忙活一場，反而惹禍上身，終究逃不過一個死字。

現在看來，雍正在這期間對允䄉的指責頗有不公之處。其實說白了，允䄉在負責工部事宜的時候，其目的不過是想節省支出、講求實效，這本是出於公心，但卻被雍正罵為「存心陰險」、「不忠不敬」，實在是「動輒得罪」、無可奈何之事。

總的說來，雍正在繼位之初，還沒有對那些原反對他的兄弟們下狠手，原因是他當時地位尚未穩固，加上西北用兵，後來又有年羹堯案和隆科多案夾雜進來，使得雍正無法集中精力對付允䄉一夥，但等到前面的那些事情都平息下來了，允䄉等人就要真的倒楣了。

雍正元年二月十日，雍正上位不到三個月，便發出警告說：「朕即位以來，外間匪類捏造謠言，妄生議論；朝內則佞臣朋比為奸，結黨營私，蠱惑人心，擾亂國是。朕發遣一人，就有人說朕是在報復舊怨；擢用一人，又有人說朕的恩典是出於私心。允䄉奉命去西寧，屢次推透，怠慢不肯啟程，耽延時日，卻有人為之庇護，代為巧飾。朕所交辦的事情，則顛倒錯謬，以至諸事掣肘。朕懲治一二奸惡的太監，又有人說朕凌逼弟輩，揚言無忌，真是悖亂到了極點！朕即位以來，對那些犯錯的弟兄及大臣無不寬宥，但眾人並不知感恩。百日之內，擾亂朕心者百端！你們不要以為朕寬仁，不嗜殺人，就可以任意侮慢朕麼？你們是不是希望逼朕開啟殺人之端呢？」

　　光說狠話還不行，得拿出點強硬的手腕來。當天，雍正便將允禩死黨蘇努的兒子勒什亨革職，發往西寧隨同允禵效力；蘇努的弟弟烏爾陳也被連累，著一併發往。

　　從雍正二年起，雍正便開始為徹底消滅允禩集團而進行必要的輿論準備。就在這一年，雍正釋出了《御製朋黨論》，其文洋洋灑灑，闡述了雍正對朋黨的獨到看法，並嚴厲指出目前朝廷中還有人搞結黨，對抗皇權，其矛頭直指允禩等人。

　　雍正要求各大臣將這篇文章認真學習，自糾自查，和允禩等人劃清界限。《御製朋黨論》中這樣寫道：

　　朕唯天尊地卑。而君臣之分定。為人臣者，義當唯知有君。唯知有君則其情固結不可解，而能與君同好惡。夫是之謂一德一心而上下交乃有，心懷二三不能與君同好惡，以至於上下之情暌，而尊卑之分逆。則皆朋黨之習為之害也。

　　夫人君之好惡，唯求其至公而已矣。凡用舍進退，孰不以其為賢而進之，以其不賢而退之。或恐其所見之，未盡當也，故虛其心以博稽眾論，然必眾論盡歸於至正。而人君從之，方合於大公。若朋黨之徒，挾偏私以惑主聽，而人君或誤用之，則是以至公之心，反成其為至私之事矣。孟子論國君之進賢，退不肖。既合左右諸大夫國人之論，而必加察焉，以親見其賢否之實。洪範稽疑，以謀及乃心者，求卿士庶民之徒。而皇極敷言，必戒其好惡偏黨，以歸於王道之蕩平正直。若是乎人君之不自用，而必欲盡化天下之偏私，以成大同也。

　　人臣乃敢溺私心，樹朋黨，各徇其好惡以為是非，至使人君懲偏聽之生奸，謂反不如獨見之公也，朋黨之罪，可勝誅乎？我聖祖仁皇帝，御權六十年，用人行政。超越千古帝王，而大小臣僚，未能盡矢公忠。往往要結朋黨。聖祖戒飭再三，未能盡改。

……

在《御製朋黨論》中，雍正逐條指斥朋黨之爭造成的危害性，並歷數了由此而滋生的諸種弊端。雍正還以歐陽修的《朋黨論》為靶子，火力甚猛地駁斥了結黨營私的小人行為。

雍正引經據典地從理論上宣揚了皇帝絕對專權的必要性和合理性，並指出了朋黨的危害性和不法性質。從本質上看，他以君主的身分講述這些問題，多切中時弊，直指朋黨的危害。

由於在雍正二年、三年受到年羹堯案和隆科多案的干擾，雍正這兩年對允禩黨人多為指斥，並沒有對他們下狠手。不過，雍正還是先做了一些掃除外圍的工作，譬如將允禩黨的骨幹貝勒蘇努革爵。

雍正三年又將允禵貝子的爵位革除；同年，將允禩死黨阿爾松阿和鄂倫岱二人發配到奉天贖罪，兩人於次年被誅。更為甚者，雍正連死了的允禩黨人也不放過，比如死於康熙五十五年的阿靈阿，雍正特派人去將阿靈阿的墓碑改鐫成「不臣不弟暴悍貪庸阿靈阿之墓」。

對另外一個允禩黨人的核心人物揆敘，他本卒於康熙五十六年，且被康熙諡為「文端」，但雍正也沒有放過他，將之奪官削諡，墓碑改鐫成「不忠不孝陰險柔佞揆敘之墓」。

在處理年羹堯和隆科多案的時候，雍正還經常借題發揮，時不時地當眾諷刺抨擊允禩一下。比如說到祭祀孝道的問題，雍正重提舊事，說當年允禩母親死的時候，允禩為了沽取孝名，在母親死後的一百天裡假裝悲傷，走路還要二人扶掖，匍匐而行；又在定例外加行祭禮，每次祭奠的死後還要焚燒珍珠金銀器皿等物，似乎要蕩盡產業，以表孝心。

雍正接著又說：「我就搞不明白了，你允禩到底要搞什麼名堂，你說你悲傷吧，喪事完畢後你不但沒瘦，反而長胖了。長胖的原因呢，恐怕是因為允禵、允和允禟幾個同黨以送飯為名，百日內輪流餽送，每天

豬羊就要殺個二三十頭，你們四個人的下人也每日宴筵紛擾，這大家可都是看在眼裡的。允禩這樣做無非是沽名詭詐，無知的人還以為孝順，舉國哄傳，幸好我父皇洞鑑其人，曾在眾阿哥會集處降旨切責允禩說：『孝者唯在誠心，欲沽孝名，即為虛偽，即為不孝，人子不盡孝於父母生前，而欲盡孝於歿後乎？』這就好比一個乞丐，你對他說：『你死後，我為你焚祭金銀萬萬兩』。人家雖然是乞丐，也是想活著的，死了金銀再多有什麼用呢？」

雍正的嬉笑怒罵，不但把允禩說得臉紅一陣白一陣的，各大臣聽後也竊笑不已。等到輿論上造好勢了，外圍打掃乾淨，年羹堯也賜令自盡了，隆科多差不多也搞定了，雍正便要向允禩集團發動最後的猛攻了。

雍正四年正月初五，雍正在西暖閣召集親王、貝勒、貝子、公及滿漢文武大臣開會，會上雍正釋出了一個措辭嚴厲的上諭，其中開門見山地宣稱：「廉親王允禩狂悖已極。朕若再為隱忍，有實不可以仰對聖祖仁皇帝在天之靈者。」

隨後，雍正開始和允禩細細算總帳。他從康熙時期開始算起，把當年允禩爭奪儲位的種種不法行為和對父皇康熙不忠不孝的惡行，從頭到尾數落了個遍，什麼當年父皇生病的時候不聞不問、擅自燒毀父皇的諭旨等等。

說到這裡，雍正話鋒一轉，說自己嗣位之後，允禩「總以未遂大志，時懷怨恨，詭詐百出，欲以搖惑眾心，擾亂國政」。接著，雍正又說自己是如何的百般寬容、諄諄訓誡，並對他委以重任，希望他能痛改前非云云。

說到這裡，雍正突然提高嗓門道：「朕已經是仁至義盡了，但允禩詭詐陰邪，日甚一日！既然允禩要自絕於天、自絕於祖宗、自絕於朕，那宗姓內豈容此不忠不孝、大奸大惡之人？」

雍正先定了個調子，會一開完，允禩便被開除宗籍，其代表皇室的令牌也被當場收繳，逐出宗室，不再受皇室保護。他的同黨，允禟、蘇努、吳爾占等人也受到同樣處分，一併開除宗籍。

更絕的是，雍正說，允禩之所以犯上作亂，主要是受他的老婆唆使。因此，允禩的老婆烏雅氏也被革去福晉的封號，斥回母家嚴行看守。烏雅氏到她的舅舅們家時，雍正還說：「但給她幾間房間居住即可，要嚴加看守，斷不可讓她同外面互通訊息。」

被強迫休妻之後，允禩也是有氣沒處發。這時，他的貼身婢女懇求他去雍正那裡「謝罪奏退」，允禩氣呼呼地說：「我丈夫也，豈因妻室之故而求人乎？！」

婢女聽後，自知無望，當晚便也上吊自盡了。允禩眼看這自己成了孤家寡人，也唯有流涕嘆息。允禩被欺負到這個地步，雍正算得上辣手的。不但允禩的老婆被整治，連允禩的養母惠妃都跟著倒楣。

本來康熙死後對自己的那些后妃作了安排，說那些上了年紀的妃子如果願意的話，可以搬出宮和自己的成年子女居住。惠妃的親生兒子允禔因為被永遠圈禁，當時雍正問她可願去養子允禩府中頤養天年，惠妃和允禩的關係不錯，當下就表示「欣然願往」。

允禩被開除宗籍後，雍正又讓誠親王允祉和莊親王允祿將惠妃接回了幽靜無邊的深宮。允禩在正月初五的會議上被定性之後，雍正四年二月，允禩由宗室親王降為民王，削去其所屬的佐領人員，隨即又革除王爵，交宗人府囚禁於高牆之內，身邊只留兩名老成穩重的太監服侍。

就在這個月底，允禩的老婆被命自盡，雍正還不解恨，命將之焚屍揚灰，徹底消於無形之中。奇怪的是，雍正自己的第三個兒子弘時因從小不學好，當時交與胤禩為養子，雍正後來下諭說：「弘時為人，斷不可留於宮庭，是以令為允禩之子，今允禩緣罪撤去令牌，玉牒內已除其

名，弘時豈可不撤令牌？著即撤其令牌，交於允裪，令其約束養贍。」

但是後來乾隆登基後，曾說：「從前弘時年少無知，性情放縱，行事不謹，皇考特加嚴懲，以教導朕兄弟等使知儆戒。」

據說弘時似乎因對父皇不滿而參與了允禩的集團，試圖奪取儲位，大概也是在這個時候被雍正處死的。處死自己的皇子，在清朝似乎也就雍正幹過。

允禩被拘禁高牆後，雍正的心理強迫症又發作了，他在三月分的時候強迫允禩改名。允禩接到命令後，無可奈何，只得將自己改名為「阿其那」，兒子弘旺被改名為「菩薩保」。五月，雍正又命誠親王允祉和允禟的同母哥哥允祺親自辦理允禟的改名一事，結果允禟被改名為「塞思黑」。

由此，在雍正眼裡便沒有允禩和允禟這兩個兄弟，而只有「阿其那」和「塞思黑」兩個東西，後來的諭旨裡提到這兩人的時候，都是用這兩個代號。

那「阿其那」和「塞思黑」是什麼意思呢？「阿其那」在滿語裡意思大概是指畜類、狗之類的東西，引申出來大概是罵允禩是個狗東西。「塞思黑」也是滿語，意思大概是「可惡的、刺傷人的野豬」，總歸不是什麼好名字，雍正的意思猜想是要把這兩人罵成「豬狗不如」。

至於允禩的兒子弘旺改名為「菩薩保」，似乎沒有什麼惡意，因為當時也有滿人起這個名字的。也有說「阿其那」原義為「去馱著你的罪行吧」；還有說轟趕狗的意思。

當年四月，雍正命都統楚宗和侍衛胡什裡將允禟從西寧押解回京師。五月中旬，當他們到達保定的時候，雍正又傳來命令讓直隸總督李紱將允禟留在保定關押。

李紱接令後，便將總督衙門前的三間小房收拾出來，四面圍以高

牆。李紱將允禩關進去後便將前門封閉，另設轉桶傳進飲食，院子四周則加派官員和兵役晝夜輪班看守。

六月初一，雍正公布了允禩、允禟和允䄉三人的罪狀，其中主犯允禩罪四十條，從犯甲允禟罪二十八條，從犯乙允䄉罪十四條。至此，此案鐵板釘釘，允禩黨人也就此被蓋棺定論，至少在雍正朝是不得翻身了。

允禩的罪狀主要包括：謀刺允礽，希圖儲位；暗蓄刺客，謀為不軌；詭孝矯廉，收買人心；擅毀硃批，悖逆不敬；晉封親王，出言怨誹；辦事不公，顛倒是非；挾私懷詐，遇事播弄；庇護私人，益張羽翼；逆理昏亂，擅操賞罰；含刀詛咒，全無恐懼等等。雍正最後還給他加了個評語，稱其「凶惡之性，古今罕聞」。

關於「含刀詛咒，全無恐懼」一罪，其實是允禩被圈禁之後的罪名。雍正在上諭裡說：「允禩在宗人府拘所的時候還十分囂張，對看守的太監叫嚷著說：『我向來每餐止飯一碗，今加二碗，我所斷不願全屍，必見殺而後已！』」

此時的允禩，也知道自己這一生是不會有任何希望了，他的話意大概是「我決不自殺，就是要讓你雍正來殺我，我頭可斷，但你雍正也要背上屠戮昆弟之惡名！」

雍正似乎也看出了名堂，他說允禩此舉，不過是「欲激怒朕心，務令朕誅之而後已，以玷汙朕名譽於萬一，以洩其忿」。更可笑的是，雍正派人去宣布允禩和允禟罪名時，允禩口含小刀，指天發誓說：「我若與塞思黑再來往，一家俱死！」

雍正聽後很不舒服，他覺得這一家是指愛新覺羅整個家族，似乎也包括他在內。他這時倒還意識到他們是一家人。再說允禟，他這時的日子可真不好過。

監禁期間，允禟的日用飲食不搞特殊化，全部和普通犯人一樣對

待，再也不是那個養尊處優的「九王爺」了。過慣了好日子的允禟哪裡吃得了這苦？他被關押在保定的時候又正是酷暑季節，可憐的允禟很快便被折磨到奄奄一息。

據說胡什裡把允禟押到保定的時候，直隸總督李紱接到人犯後便說：「等塞思黑一到，我即便宜行事。」

後來，李紱「便宜行事」的結果便是將允禟囚禁在這個暗無天日、手足難伸的小屋之內，「鐵索在身，手足拘攣」，「屋小牆高，暑氣酷烈」，有幾次允禟中暑暈死過去，李紱便命用冷水澆醒。

七月二十五日，允禟因為腹瀉虛脫，幾次不省人事，當時也沒有醫生來給他診治。在八月底的酷暑中，可憐的允禟在這悶熱難當的黑屋子裡，悽悽慘慘地結束了他的一生，時年四十三歲。

允禟病危之時，李紱曾向雍正奏報，雍正說：「朕不料其即如此，蓋罪惡多端，難逃冥誅之所致。如有至塞思黑靈前門首哭泣嘆息者，即便拿問，審究其來歷，密以奏聞。」

允禟死後，李紱上奏說：「今已逾七日，不但無有哭泣嘆息之人，亦絕無一人至塞思黑門前。」

允禟身後如此淒涼，恐怕也是和雍正的「即便拿問」之令有關吧。允禟死後，欽差大臣法海將允禟的妻子和家屬從西寧帶到保定，雍正跟李紱說：「此事你莫管，任法海為之。」

雍正的話不知何意，可能是嫌李紱的手段過於毒辣也很難說。就連押送允禟的人也被連累，都統楚宗和侍衛胡什禮等將允禟從西寧押送到保定後，雍正以楚宗、胡什禮先未請旨，卻擅用三條鎖鏈將允禟鎖拿，然後又故意將鎖寬鬆，任其脫卸，斥其明顯是有意欺罔。

另外，有人向允禟投書及允禟與穆經遠來往等事均未奏聞等，最後將楚宗和胡什裡發往阿爾泰等處軍前效力。看來，押解王爺這種事情，

也是吃力不討好的差事。

當年九月初，允禩也在監所中患病，似乎是嘔吐之症，九月初五後，便飲食不進，生命垂危。雍正在得知允禟死後，又聽說允禩快不行了，似乎也心有不忍，他召集了群臣討論，想從寬曲宥允禩，並令人「用心調養」。可惜的是，允禩大勢已去，沒過幾天便也跟隨允禟魂歸西天了。

老八允禩和老九允禟這對難兄難弟，平時關係就很鐵，連死法都很像，一個上吐，一個下瀉，就連死亡時間也相距不過十天。當然，還有一點未必是巧合，那就是兩人的監禁環境想必也都是極為惡劣的。

「天潢貴胄，壽年不永」，雍正說自己在裡面一點責任也沒有，恐怕是說不過去的。清史專家孟森在《清世宗入承大聯考實》裡說：「屠弟一款，尤為世宗所自稱不辯亦不受者。夫不辯是否即受，論者可自得之。」

是的，雍正並沒有親自命令將允禩和允禟處死，是他們自己病死的，正如雍正所說，「自伏冥誅」！允禩和允禟不過是命不好罷了，誰讓你生在帝王之家，又屈居人下？

年輕時的雍正，曾經寫過這樣一首詩，名字叫《七夕》：

萬里碧空淨，仙橋鵲駕成。天孫猶有約，人世那無情？弦月穿針節，花陰滴漏聲。夜涼徒倚處，河漢正盈盈。

可惜的是，人間雖有情，權力卻無情；本是同根生，相煎何太急？平心而論，雍正和允禩都是有抱負、有能力的人才，他們誰做皇帝都是夠格的。但是皇位只有一個，康熙在的時候，允禩不能和他去爭；康熙死了，又怎能和皇兄去爭呢？

所謂動輒得咎，慨難身免。允禩這輩子，可謂是「一生是才無處用，只恨生在帝王家」，他的德才兼備，群臣愛戴，諸多阿哥愛護，反成了不可饒恕的罪過，這也是一種命運的反諷吧。

　　值得一提的是，雍正打擊允禩等人，除了有報仇雪恨的意思外，他也是利用屢興大案的方式來樹立自己的威信，以強化其君權。雍正透過這些血淋淋的例子，使得大臣們只能唯自己的意志為轉移，全無自己的獨立思考能力，這也使得全國的臣工日益奴隸化、被動化。

　　後來隨著軍機處的設立，更是使皇權的專制程度達到了一個新的歷史高度。直到近半個世紀後，乾隆在 1778 年正月的時候釋出了一道諭旨，其中說，就「心術而論」，允禩與允禟「覬覦窺竊，誠所不免，及皇考紹登大寶，怨尤誹謗，亦情事所有」，再次肯定了雍正對允禩和允禟的處理是正確的。

　　但是，乾隆說到這裡的時候，突然口氣轉緩，說允禩與允禟「特未有顯然悖逆之跡，皇考晚年意頗悔之」。因此，「朕今臨御四十三年矣，此事重大，朕若不言，後世子孫無敢言者。允禩、允禟仍復原名，收入玉牒，子孫一併敘入。」

　　乾隆的這句話說得很中肯，「朕若不言，後世子孫無敢言者」。說真的，這麼大的一個冤案，乾隆離得最近，威望最高，如果他都不敢平反的話，後代子孫誰敢？由此可見，乾隆對父親當年骨肉相殘的舉措，還是頗有微詞的。

　　最終，乾隆將他那可憐的八叔和九叔恢復了原名，其子孫也一併歸入宗籍之中，在皇室族譜「玉牒」上載錄他們的名字。雖然晚了點，但也算是為允禩和允禟恢復名譽了。

信任重用十三阿哥

對於眾兄弟，雍正採用兩手策略，打擊一批，拉攏一批。允祉與允祺已經是親王封爵，則賞賜封地。允祐因為腿殘不能外出做事，但他對雍正一直友好，也授其淳親王封號。

尤其是允祥，雍正特殊信任重用，破例直接封他為和碩怡親王，並且加封世襲罔替，允祥成為大清開國以來第八位鐵帽子王。在眾兄弟中，雍正始終與十三弟允祥保持著親密的關係。即使是允祥被康熙圈禁的時候，兩人的交往依然密切。

雍正繼位，立即重用被圈禁多年的允祥，任命他為總理事務大臣，封怡親王。元年設立會考府，命允祥全面負責此項事務。允祥同時奉命管理戶部，成為雍正朝中的棟梁。

雍正之所以如此器重允祥，把財政大權交給他，是因為他深刻了解他這個弟弟的為人。即使允祥權勢蓋天，他也會忠誠於自己，恪盡為臣之道，他是不會得勢囂張的。

雍正上臺後，推行新政，革除舊弊，發號施令的方式多種多樣，有時親自進行，釋出口諭，書寫硃諭、硃批，有時利用大學士或親重大臣頒布旨意。能夠轉傳聖旨的人，在朝中都有極不尋常的地位。如雍正二年冬，年羹堯進京拜見，此時他正為雍正寵信，於是雍正讓他向官員傳達自己的旨意。

允祥就是經常傳旨的親王，雍正不僅讓允祥轉傳旨意，而且特別通知某些官員，有什麼事情、有什麼不方便直接向皇上說的話，直接向怡親王說，與怡親王商量，再由怡親王報告皇帝，轉授旨意。

也就是說允祥經常代表皇帝聽取某些官員的報告，又代表皇帝釋出

命令。奉諭旨出納王命，是參與處理最高級政務的表現。加之允祥與雍正關係最密切，其他王公大臣不能不注意他的態度。

雍正前期，允祥以相當多的精力從事整頓財政、發展生產的事情，雍正對他非常滿意，在贈他的詩中說：「經理謀以需贊畫，疇諮水土奏豐穰。」並說：「怡親王之在戶部，諾岷之在山西，李衛之在滇省，實在是公忠體國，滌弊清源，勞績茂著。」充分肯定了允祥在理財方面的功績。

允祥在整頓國家財政方面造成了重要作用。雍正初期，允祥以親重大臣的身分主持會考府清查經濟。清查涉及吏部所管轄的官員，所以隆科多、朱軾要參加，雍正任命的會考府主管人是允祥、隆科多、大學士白潢、吏部尚書朱軾。

允祥兼管戶部，實際是會考府的主持人。雍正對他說：「你若不能清查，最後朕要親自清查。」

這句話既表示了他的決心，同時也表示把這件事交給允祥負責，辦不好就要拿允祥是問。會考府查出戶部錢糧的虧空，責令有關官員賠補，雍正催逼得很急，恨不得一兩年內虧欠官員都能補交欠帑。

允祥認真領會雍正的意圖，對實際情況透澈分析後採取了許多靈活多變的做法，向雍正請求延緩賠償時間。即使這樣，由於觸犯了貪官和本身並無貪贓而負有主管責任的官員，允祥被攻擊是苛刻斂財的人。但是，他還是堅決地執行雍正指令。

在此項事務中，允祥不僅在追查欠款上做得很出色，深得雍正的讚賞，而且體察民情，發現弊端，向雍正提出了許多建議，併為雍正採納。

允祥提出取消加色、加平等不合理的收費。原來戶部收納地方錢糧時，在規定數量之外，要加徵所謂銀兩成色不足的「加色」費，分量不足的「加平」費。這是巧立名目的多徵多要，目的是貪汙，它無疑加重了老百姓的負擔。

允祥此項建議深得民心，同時雍正又接受允祥在戶部增加三庫主事、庫大使，以增強處理業務能力的建議。「攤丁入畝」是雍正推行新政的一項，允祥在推行中也造成了積極的作用。

允祥為人謙和，身居重位，卻從不嫉賢妒能，「為國薦賢之處甚多」，為雍正廣求人才。向雍正推薦允禮便是允祥極具膽識的一大表現。康熙第十七子允禮一直被雍正認為是允禩黨人，原因是隆科多曾向雍正彙報，康熙去世的那天夜裡，隆科多護送大行皇帝遺體，在西直門大街遇見允禮。

隆科多告訴他先帝命雍正繼位的事，允禮聽了大驚失色，回府之後再也沒有出來。雍正繼位後，懲罰允禮到遵化守康熙陵。允祥更了解允禮，他向雍正舉薦，稱允禮「居心端方，乃忠君親上深明大義之人」。

雍正採納了允祥的意見。雍正二年冊封允禮為果郡王，管理理藩院事務。幾年之後因他實心報國，操守清廉，賜給他親王俸祿，並按親王編排侍衛。不久晉封他為果親王。

以後雍正又任允禮常管工部、戶部事務，任宗人府宗正，辦理苗疆事務。允禮於是成為雍正王朝赫赫有名的凜不可犯的貴族。同時，雍正在宗室中多了一個親信兄弟，對改變他在兄弟問題上的不利形象很有好處。

雍正之所以有此一舉兩得的做法，用雍正的話說是：「朕之用果親王者，實賴怡親王之陳奏也」。

允祥還因推薦李衛而被雍正感念在懷。李衛在康熙末年任戶部郎中，雍正不知其人，後來允祥在雍正面前極力推薦李衛，說李衛人品才能俱佳，可以委以重任。雍正這才把李衛提拔為布政使，雍正三年授為浙江巡撫，成為國家棟梁。

經允祥保薦的人很多，像福建總督劉世明等等。允祥忠正不阿又富

有遠見，當年雍正委任年羹堯為大將軍，命他平定青海叛亂，長時間未見成功，隆科多便從中生事，阻撓朝廷對年羹堯重用。

允祥針鋒相對，對雍正說：「軍旅之事，既已委任年羹堯，應聽其得盡專聞之道，方能早獲成功。」這一建議，堅定了雍正的信心，挽救了西北戰事，使年羹堯專心於作戰。不久青海便傳來捷報。

雍正在推行新政過程中，性情急躁，經常懲治一些官僚，允祥從中分析利害得失，屢加諫阻，避免了雍正的許多錯誤。追賠戶部積欠時，允祥也多次奏請，使雍正作了減免決定。

在政事之外，允祥還主持皇宮和雍親王府邸遺留事務。雍正三年京畿鬧水災，雍正派允祥和朱軾去了解災情，十二月命令他們總理京畿水利。

怡親王認為「水害不去，則田非吾田，尚何營？」因而對此事抱有毅然必行的態度。那是在雍正三年冬，允祥總理水利營田事務，他不避風寒，經過一冬春的實地勘查，從疏通河道、築堤置閘、開引河、開挖入海直河，到區域田土疆界、開挖溝渠，他都詳細規劃，製成水利圖進呈。

經奏準，允祥還設立了營田水利府，將直隸諸河分為四局管轄。他數次親臨指導，修河造田，闢荒地數千里，募民耕種。因治理京畿水利有功，賜御書「忠敬誠直，勤慎廉明」榜。

允祥還聘請南方農民教種水稻。一年初見成效，數年之後，使京畿災荒窪潦地區，變成了千里良田。水災相對減少。雍正五年，直隸水稻豐收，北方民間不習慣吃稻米，胤祥奏請政府撥款按價收買，以鼓勵農民種水稻的積極性。

與此同時，允祥還注意了解全國各地的情況，當他得知「江南水道，自河淮而外，多致淺塞」，每到雨季，河水氾濫成災，他又奏請修復

江南水利，雖未能親自前往，他依據屬下水利人員提供的數據，指導規劃，也收到了可喜的成效，東南數十州縣河流疏暢，獲灌溉之利。

雍正七年，雍正發動對準噶爾部的軍事進攻，設立軍機參與軍務，任命允祥為軍機大臣。雍正對允祥十分信賴，直隸總督李紱因為允祥在督導營辦水利事務，上奏請示是否立檔。

雍正立即批示說：「怡親王辦的事情，哪裡用得著你的府衙來設立檔案以備查閱。你們這些大臣，朕自管放心任用，但成百上千地加在一起，也不如對怡親王一人的信賴。你們必須以此勉勵自己，效法怡親王摒棄私心雜念，忠心愛君，才能贏得像朕對怡親王那樣的信任，才能保全為臣一生的名節。」

允祥審案，堪稱善辨真偽。他主持審理大案數十次，每次審理，疑犯口供都會牽連到許多人，他總是慎重從事，不輕下斷語。他總結審獄的經驗說：「審案的原則，先觀察疑犯的言語表情以洞悉真偽，假如用誠心去打動他，用合理的推斷去折服他，沒有得不到實情的。如果一概刑訊逼供，刑杖之下，何求不得？但這又使冤案難以平反啊。」

雍正稱讚允祥的話是「仁人之言」，命各省有司將此言刻成木榜置於堂署，時時省覽。允祥還承辦了大量繁雜事務。雍正對允祥極為信任，故委任他的事務也很多。如管領漢侍衛，督領圓明園八旗守衛禁兵，養心殿監理製造，諸皇子事務，雍正舊邸事務，選擇雍正陵址等均交給允祥經營。

允祥竭盡全力，事必躬親，烙盡臣弟之道。雍正誇他辦過的事情：「無不精祥妥協，符合朕心。」

雍正四年七月，由於允祥政績卓然，雍正親自寫了一個匾送給他，上面寫了八個字：「忠敬誠直勤慎廉明」，這八個字的評價不可謂不高。也就在這一年，雍正把所有的對手都基本收拾乾淨，他的心情大概非

常之好。

由於允祥被封為怡親王後一直沒有舉行正式的封王慶典，於是在當年十一月的時候，雍正決定給允祥風風光光地搞一次慶典，也藉機慶祝他們的勝利。

當日慶典非常隆重，大學士馬齊為冊封正使，其弟領侍衛內大臣馬武為副使，文武百官群集祝賀，雍正親自宣讀表揚信，場面熱鬧非凡，允祥幾乎已經到了人臣榮耀的極致。

面對雍正的恩寵和賞賜的時候，允祥卻總是表現得無比的謙抑，比如補給他二十六萬銀子，他死活不收，最後只收了一半；給他一個郡王的名額，這樣的好事，一般人本是求之不得，但允祥卻有功不居，有獎不受，一再推辭。

由於政務過於繁重，允祥在輔佐了雍正七年多後，終於在雍正八年的春天一病不起，雍正得知後十分著急，他不但親自過問允祥的治療情況，還經常為之祈禱。

後來，允祥自知餘日無多，他唯恐自己會被埋入雍正替他選好的那塊「中吉之地」，便再次請求將自己的陵墓確定在淶水縣的那塊「平善之地」，雍正沉吟再三，終於同意。允祥怕雍正反悔，便立刻命手下人去那裡取一塊土給他，作為確定陵地的標誌。

當年五月初四，允祥病情惡化，雍正得到訊息後，急忙趕往怡親王府看望。還沒有等到雍正到達，允祥便永遠地閉上了眼睛，走完了他短暫而榮耀的一生，終年四十五歲。

按允祥的年紀，本應該是政治家最黃金的時期，可惜的是，允祥卻就此倒下了。這個每日「殫竭心思」的雍正朝總理或許就是累死的。允祥死後，雍正傷心不已。在允祥去世的第二天，雍正親自到允祥的靈前祭奠，並宣布輟朝三日，併為之素服一月。

這種哀榮是從來沒有先例的，這也說明雍正和允祥之間已經超越了一般的君臣和兄弟關係。允祥走了，正如雍正在祭文中說的，既抱終天之恨，更增同氣之悲，含酸茹嘆，何能自己？

雍正失去了一個最知心的兄弟和最得力的助手，他也感到了從沒過的孤獨和落寞，也許他的一首詩最能展現他當時的心情：

對酒吟詩花勸飲，花前得句自推敲；

九重三殿誰為友，皓月清風作契交。

允祥正因為「純然忠愛」，才贏得了雍正的百般信賴。他恪盡臣弟之道，忠心不二地為雍正既當大臣又當僕人，在雍正前期的政治生活中起了重要作用，為雍正的全力從政提供了較多方便。允祥還有一個特點是不居功，極其謙抑，「每承恩禮，益加謙畏」。這一點，當然為極端強調君權的雍正所喜歡。因此他能保持寵眷不衰。

允祥的謙抑和清醒，恐怕和兩方面因素有關，一是他自幼對雍正的性格作風極其了解，他深知雍正是個好表現的人，決不容許別人搶自己的權力和風頭；其次可能也是康熙四十七年的廢太子事件對他的打擊太大了，由此允祥也謹言慎行，敬恪有加，終其一生。

重新整理吏治

殿撰官王雲綿早朝後回到家中，與幾個朋友作葉子戲，玩了幾局，忽然有一片葉子找不到了，於是大家不玩了，重新喝酒。過了幾天，王雲綿上朝，雍正就問起了王雲綿那天做了什麼事，王雲綿據實以對。

雍正稱讚他沒有欺瞞，從袖中抽出一片葉子，微笑著交給王雲綿，正是那天丟失的葉子。這件事說明了雍正的耳目是果真屬害，無處不有的。雍正八年，就是 1730 年，雍正派御史嚴瑞龍和旗人安某到江南、江西辦事，又命他們順路到浙江，密訪吏治民風、沿海戰船營訊。

打擊科甲朋黨積弊

雍正素以刻薄寡恩、涼面肅殺著稱，他做事非常講究策略，衡重權謀，先思而後行，是一位非常有心機的皇帝。君臨天下，威勢領先，行不行，先放「三把火」。

雍正是改革的急先鋒，他上臺後大刀闊斧，革除積弊，創新機制，積極有為，真是難能可貴。而且，他更有一套治世的心機，這從整治「科甲黨」中，就能看出雍正的良苦用心。

在傳統社會裡，科甲官僚講究師生、同年，朋比風氣尤甚。許多人只知有科甲，而不知皇帝之諭旨；只知有科甲，而不知有「上司之憲檄」。正因為如此，雍正才認為科甲之人居官，一旦作弊，還不如非科甲之人更易查。

　　非科甲者作弊，易於敗露，科甲之人作弊巧詐隱祕，互相袒護，往往不易敗露，其危害更大。由此雍正認為，打擊科甲黨，意義即在「科甲彼此袒護之噁心，實有關於國計民生，人心風俗，是以朕極力化導，訓飭諄諄，必欲盡革此弊，以為久安長治之計」。

　　雍正更指出「科甲黨」的長遠危害：「今督撫已將地方事件料理得很清楚了，這些人卻貪他人之功以為己利，無恥之甚，為國家臣子怎麼可以懷著如此權宜之志以對待君父呢？」

　　謝濟世在參劾田文鏡之後，雍正隨即就指出謝濟世參劾的目的是：「不過欲使天下督撫因循苟且，庸碌偷安，邀眾人之虛譽，保一己之身家，而不為國家實心效力。」

　　爾後，雍正又指責楊名時「性喜沽名釣譽，而苟且因循，置國家之事於膜外」。由此可見，雍正之所以懲治他們，是怪他們不務實政、不辦實事，只知因循守舊，只看重一己名利。

　　楊名時，字賓實，江南江陰人，康熙三十年進士，理學名臣李光地的門生。其入仕時間較雍正朝許多著名官僚如朱軾、張廷玉、史貽直、李紱、魏廷珍等均早，故被科甲文人尊為前輩。而且，楊名時學問精深、品行端方，也深受普通士人推崇。所以他才成了在官僚士人中頗有影響力的領袖人物。

　　然而，雍正從他的政治需要出發，並不顧忌這些，對楊名時這樣身分特殊的官僚心存疑忌，密為防範，進而藉機踐辱，意欲使之聲名掃地而後快。於是，雍正果斷拿楊名時第一個開刀，以此來向整個士林示威。

　　雍正三年，雍正借楊名時被停密奏之機有意刁難，時諭雲貴總督高其倬：「楊名時前日的奏摺，在我看來，他是只知有身而不知有君之人。內製端陽果錠賜你兼有賜楊名時、李衛。楊名時如果具本謝恩，那就罷了；他如果一定再上奏摺，則是不欲受恩。那就不必強賜，即不必與他

罷。他若有口奏求你轉達者，不必應他。大概漢人們著了急，丟了醜，即欲告退，你要著實勸導他可惜朕恩，抑且恐有身家之禍。」

這段話賤辱、刁難、捉弄全都在裡邊了。身為一國之君，如此授機預謀地整治一個老臣，就是因為他作為大位的繼承者，始終有種名不正言不順的惶恐，總害怕別人小看。尤其對楊名時這類前朝老人懷有恐懼，然而越是恐懼就越要想方設法地予以刁難、賤辱和打擊。

雍正責其「明明欲收薦人之功於己，而不肯以用人之柄歸之於上」，「大奸大詐，全無人臣之體」，將其交禮部嚴加議處。更有甚者，在當年五月四日，鄂爾泰、楊名時各具本章慶賀黃河澄清。

雍正將鄂爾泰免議，卻將楊名時議處。並稱：「鄂爾泰公忠體國，其本章錯誤之小節，朕不但不忍加以處分，並不忍發與部議……至於楊名時巧詐沽譽，朋比欺曚，從不實心辦事，毫無親君愛國之心，與鄂爾泰有天壤之別。現在如果以鄂爾泰之事將就推及，寬恕楊名時之過，則賞罰不當，反失公平待下之道。」

很明顯，雍正的上述言行的確是有失公允的，特別是從他對鄂爾泰和楊名時的不同態度來看，更讓人覺得此舉未免過於苛刻。但雍正還是認為若不將其處治，以為眾戒，科甲刁氣實難消除。

因此雍正才對鄂爾泰說：「楊名時五年來，朕以至誠格之，卻不料他竟然狼子野性，毫不知感畏。朕整理科甲積習，他卻挺身而出，樂於做領袖，即一字一言都是暗藏奸詐，一味譏諷文章。今海內李光地等人已去世，像楊名時這種前輩已經很少了。他仗著他從前的威望，一定會堅持這種科甲朋友黨的惡習，抗違我的旨意，即如朱軾、張廷玉現任大學士，也都對他這種人懾服尊重，此人如果不早作處理，反成他千百世的面具不被人知道……此輩假道學，實系真光棍，誠為名教罪人，國家蠱毒，若不懲治，惡習萬不能革。」

作為一名君主，雍正知道在政局可能發生意外的情況下，應該防患於未然，對於潛在的政敵要先下手為強，以削弱對方力量，但這也要以能把握機會、爭取時間、妥善運籌、絕對控制對方作為前提。雍正城府深、心機重、善權謀，因此總能先發制人，並且最終獲得了成功。

建立並完善密摺制度

雍正初政，最值得重視的一項新舉措，就是建立了「密摺」制。所謂「密摺」，其實就是「密奏」，即在給皇帝的奏摺內附奏機密要事，主要是揭發一些貪官汙吏的不法行為以及民情動向等等。

這些密事只有皇帝一人知道，從而使官員們處於相互監督、彼此牽制的情況，人人自危，嚴防官欲的惡性膨脹和腐敗行為，同時也使政權牢牢控制在皇帝手中。

封建君主專制時代，皇帝深居皇宮，與外界聯繫的途徑很少。因此，他們常常擔心朝內外大臣為非作歹，把持重權，覬覦皇位。在這樣的情況下，歷代統治者無不廣布耳目眼線，以期周知庶務，通達隱幽，洞悉臣下的一舉一動。

任何時代的專制政權，都離不開對官員、民眾的監控。在這方面，雍正汲取了歷代王朝的經驗教訓，完善了密摺制度。以奏摺為正式公文的名稱，是起用於清代的順治年間。

在康熙手裡，密摺作為一種實際的政治工具有了進一步發展。不過，密摺有一套完整的運作制度，還得從雍正王朝開始算起。清代君臣之間的「言路系統」大致是這樣的：臣子們上的主要是「題本」和「奏

本」，後來才添上了「密摺」。

凡是彈劾、錢糧、兵馬、捕盜、刑名之事，用的都是題本，要加蓋公印，才算有效力；凡是到任、升轉、代屬官謝恩、講述本人私事的，都用奏本，上面不用蓋印。

題本有兩個阻礙君臣溝通的缺點：一、手續很繁瑣。它規定用宋體字來工工整整地書寫，必須備有摘要和副本，必須由內閣先稽核。送皇帝看過後，又要用滿漢兩種文字來謄寫清楚。如果有緊急的事情，很容易誤事。二、題本要由通政司這個機構來轉送內閣，最後才上呈天子，過目的人多，也容易洩密。

明代的權相嚴嵩，讓他的繼子趙文華主管通政司，凡有對嚴氏集團不利的言論事情，他們都能先於皇帝知悉，隨後報復仇敵，打擊忠臣，銷毀作惡證據，無所不用其極。題本的保密性差，並可能使權臣壟斷朝政，須加以改革。

奏本比題本稍好些，手續不那麼繁瑣，不過，它也得過通政司瀏覽這一關，所以保密性還是不強。密摺就不一樣了，它不拘格式，可以自由書寫，也不用裱褙、提要、副本這些東西，當然快捷很多，而且它可以直接送到皇帝手中，不用透過通政司、內閣，而由皇帝親自來拆閱，保密度很高。

這一條君臣互動的快速通道，對中國歷代繁文縟節的文官政治，無疑帶來了巨大的衝擊。密摺制，實際上不是雍正的發明創造。早在康熙五十一年，已提出「密奏」的辦法：要求朝廷內外大臣在各自向皇帝的「請安」摺內，附奏機密要事，主要是揭發所見官員的種種不法之事，以及民情、政情的動向等。

密奏之事，只給皇帝一人看，其他任何人不得知道。康熙的本意，是針對那些貪官汙吏而行此辦法，並使各級官員處於相互監督之下，而

權力統歸於皇帝之手。

雍正把「密奏」辦法進一步具體化，作為一項制度加以推行。他規定：在京的滿漢大臣、外省的督撫提鎮等中央與地方官員，均實行「密摺」制度。尤其是在京的科道監察官員每人每天上一道「密摺」，一摺只說一件事，不論事之大小，都要據實寫明，即或無事可言，在摺內亦必宣告無事可奏的原因。

密摺幾乎全有皇帝的硃筆批語，叫做「硃批諭旨」，批過的密摺稱「硃批奏摺」。密摺的發展經歷了三個摸索階段：康熙早年上摺奏者多為家奴、親信。密摺內容也大致無機密性可言，大多數為氣候、作物生長情況，臣下謝賜等內容。康熙中葉時，重點才逐漸轉移到這方面來。

康熙曾命令內務府出身、出任江蘇織造的李煦：「近日聞得南方有許多閒言，無中生有，議論大小事，朕無可以託人打聽，爾等受恩深重，但有所聞，可以親手書摺奏聞才好。」作風謹慎的康熙又千叮嚀萬囑咐：「此話斷不可叫人知道，若有人知，爾即招禍矣。」

到晚年，康熙才把這套辦法慢慢發展為監視官場、通報民情的工具，而題奏人也從少數親信擴大到大批的地方官員，並最後公然命令全體中央級的官吏一體摺奏。

康熙五十一年，命令侍內大臣、大學士、都統、尚書、副都統、侍郎、學士、副都御史等，「一體於請安摺內，交應奏之事，各罄所見，見列陳奏」。

在康熙末期，加強密摺的原因是中央和地方官吏朋比為奸、黨同伐異，江南各地又有民眾反抗。這些事本應由地方官報告，但地方官據實上奏的很少。康熙認為這種情況是很可怕的。他曾指出，皇帝如果不能事先預見那些微小的徵兆，則「漸使滋蔓，其弊不可勝言矣」。

康熙晚年已對密摺政治對帝王帶來的方便深有體會。他認為這不但

能使君王耳聰目明，對四方大事瞭然於心，而且諸王文武大臣等，知道有了密摺，不管說什麼話，自然各加警惕，暗自注意。

也就是說，康熙看到了「密摺政治」具有一種心理上的威懾力，負面成本不大，能更有效地「御下」。官員們生怕自己的不法舉動被人寫入密摺，直接為最高統治者洞悉，那時無論如何「官官相護」也無濟於事了。

當然，康熙也知道密摺的實行也有弊端，偶有忽略，就容易被欺騙。但康熙自恃精明，因此「人不能欺朕，亦不敢欺朕，密奏之事，唯朕能行之」。看來，康熙對自己的「聖明」是非常自信的！

不過，就密摺制而言，雍正的手段還是青出於藍的。雍正朝的許多重大改革，都是透過君臣在密摺中商議後，決策並付諸實施的。所言正確，他都採納施行，說得不甚妥當，他就把摺子「留中」，不批轉朝臣，不使任何人知道。如涉嫌報復、誣陷好人，他也能分辨清楚。

因為密摺內容包羅廣泛，既涉及政策的制定和執行，也涉及官員的取捨，所以雍正特別強調密摺的保密性。雍正一再以此要求具摺的人：「……密之一字，最為緊要，不可令一人知之……假若藉此擅作威福，挾制上司，凌人舞弊，少存私意於其間，豈但非榮事，反為取禍之捷徑也……」「……至於密摺奏聞之事，在朕斟酌，偶一宣露則可，在爾既非露章，唯以審密不洩為要，否則大不利於爾，而亦無益於國事也。其凜遵毋忽……」「……地方上風聞事件，從未見爾陳奏一次，此後亦當留心訪問；但須慎密。」

保密與密摺完全一致，保密是寫作密摺的前提條件。這是要求具摺人不要聲張檔案內容，同時要求領受硃批諭旨的人保守硃批的機密，不得轉告他人，更不能交與他人觀看，若私相轉述，即使保密性較小的內容，也是非法的。

　　只有雍正特別指令告訴某有關人員時，才令其閱讀，或轉傳諭旨精神。對於不保守奏摺機密的人，雍正採取了必要的懲罰措施。雍正初年，封疆大吏多半派親屬或親信在京，拆看奏摺，為的是他們了解朝中情況，看此奏摺是不是合適，以便決定上奏與否。對於皇帝的硃批，他們也先行閱讀，以便早作料理和應付。

　　雍正二年，雍正發現了閩浙總督覺羅滿保、山西巡撫諾岷、江蘇布政使鄂爾泰、雲南巡撫楊名時等人的這種情況，決定停止他們書寫奏摺的權力，以示懲罰。

　　楊名時等為此承認錯誤，請求恢復他們的密奏權，雍正也從政事出發允許了。雍正知道，制裁不能成為主要手段，重要的是制定奏摺保密制度。於是，雍正採取了四項措施：

　　一、收回硃批奏摺。奏摺人在得到硃批諭旨的一定時期後，應將原摺及硃批一併上交，於宮中儲存，本人不得抄存留底。奏摺中的硃批，也不得寫入題本作為奏事的依據。

　　二、打造奏摺專用箱鎖。雍正於內廷特製皮匣，配備鎖鑰，發給具奏官員，凡有奏摺，都裝在匣子裡，差專人送至京城。鑰匙備有兩份，一份給奏摺人，一份掌握在皇帝手中，這樣只有具摺人和皇帝二人能夠開匣，別人不能也不敢私開。

　　為具摺人不斷書寫奏摺的需要，奏匣每官員發數個，一般為四個，它只作傳遞奏摺用，凡所上奏摺只能用它封裝，否則內廷亦不接受。有一次，廣州巡撫常賚的奏匣被賊盜去，只得借用廣東將軍石禮哈的奏匣，不敢仿製。

　　三、奏摺直送內廷。奏摺由地方直接送到北京，不同於題本投遞辦法，不送通政司轉呈。若是督撫的摺子，直接送到內廷的乾清門，交內奏事處太監徑呈皇帝；其他地方官的奏摺不能直送宮門，則交由雍正指

定的王公大臣轉呈。

雍正說若小臣赴宮門送摺，不成體統，其實他是為具摺的小臣保密，不讓人知道除了朝廷大員以外有一些什麼人能上摺子。被指定轉傳奏摺的人，有怡親王允祥、尚書隆科多、大學士張廷玉、蔣廷錫等人。

邊遠地區的小臣，還有送交巡撫代呈的，轉呈的王公大臣都是雍正的親信，他們只是代轉，亦不得拆看，具摺人也不向代呈人說明奏摺內容。

四、雍正親自閱看。摺子到了內廷，雍正一人開閱，寫硃批，不要任何人員參與此事。他說：「各省文武官員之奏摺，一日之間，有時二三十件，多或至五六十件不等，都是我親自覽閱批發，從無留滯，也沒有人在左右幫我，不但宮中無檔可查，亦並無專司其事之人。」

雍正批閱以後，一般摺子轉回到具摺人手中，以便他們遵循硃批諭旨辦事，有少量摺子所敘問題，雍正一時拿不定主意，就將它們留下，待到有了成熟意見再批發下去。

關於奏摺制度的作用，雍正作過說明：「我受聖祖仁皇帝的重託，治理天下，只有每天孜孜不倦，勤求治理，力求達到天下太平，但是由於耳目不廣，事情不能全面了解，又何以使臣工知道我的心思，從而達到治理天下的目的呢？所以內外臣工，都讓他們具摺奏事，其中確有可取之處，即見諸施行，而在兩可者，則或敕交部議，或密諭督撫酌奪奏聞。」

雍正把硃批奏摺的作用歸結為兩點，一是通上下之情，以便施政；二是啟示臣工，以利其從政。雍正每日看幾十封奏摺，書寫千百言批語，對其作用自然清晰，不過有的話他不便明說，故未談及。

其實奏摺制度的作用，主要是利於雍正直接處理庶務，強化其專斷權力。事實也證明了這種密摺制是行之有效的。雍正將此具體化並推而

廣之，要求各級官員都應當遵守密摺制，鼓勵他們每天都要上一道密摺，要事無鉅細、詳略得當，雍正看完後都要在上面作批語，從而有因有果，使事情得以解決。

對所呈密摺，雍正是一分為二地看待的：所言正確，他就採納推廣；說得不妥，就把摺子扣在自己手中，並不將其轉給朝臣，這樣就能使官員們放言無忌，不心存疑慮了。

奏摺制度，就其密察官員講，也是一種告密制度。告密，是一般人所反對的，因為這是不正當的。雍正推廣祕密奏摺制後，就出現反對勢力了。雍正在責備楊名時將奏摺硃批敘入題本時，說楊犯錯的根本原因，是其心中以為不當有密奏密批的事。

關於告密，雍正有時並不忌諱，他本人就曾公開講過：「朕勵精圖治，耳目甚廣。」他所說的耳目不外乎四種人。一是科道言官；二是具有密奏權的諸官僚；第三種就指他親自派往各地的侍衛或候補侍衛；第四種就是臨時派遣到各地密訪的官員。

雍正之所以使用密探，是為了獲得真實的情況，使大小官吏不敢做出欺君罔上的事情。但因此也可能導致偏聽偏信、甚至誤信謠言，因此雍正對耳目的話也並不是絕對相信的。

四川巡撫憲德上任之初，苦於無耳目了解當地實情，曾以此向雍正具摺。當時雍正在憲德的摺子上批道：「耳目見聞的說法，我並不以為然，若能用耳目，即道路之人皆可為我之耳目，否則左右前後無非蔽目塞聽之輩。偏用一二人，寄以心腹，並不是好辦法。我登基之初，實一人不識，但那時之耳目甚分且確。近數年來股肱心膂大臣多了，但耳目較前似乎有所不及了。訪察二字，不被人所愚弄更是難事，至於用耳目，唯宜於求新。辨別真偽，方可以言用耳目也。」

密摺之所以被稱為奏摺或密摺，一是因為它的保密，二是因為所奏

內容書寫要摺疊成一定式樣，然後密封上呈皇帝，所以才被稱為密摺。

雍正即位後，為保密起見，立即下令收回前朝康熙帝所有的硃批諭旨，並說：「如果有抄寫、存留、隱匿、焚棄的，日後發覺，斷不寬恕，定行從重治罪。」

此後，雍正為了完善密摺制度，又下令就是自己批閱的密摺，在當事人捧閱後也要立即交上來，不得私自存留，更不能互相傳閱。如有違犯這一命令的必給以重罰。

為了使有題奏密摺資格的官吏能妥善利用這一殊榮，雍正還反覆強調密摺的保密性質，稱密摺的意義是「慎密」二字最為緊要，「君不密則失臣，臣不密則失身」。

雍正的這番話，既有要求臣下保密的意思，也是在暗示自己對有題奏密摺權的臣下的一種信任，這樣一來，就強化了他們的責任心。由此看來，密摺制首先造成了籠絡人心的效果，是雍正馭下有術的又一極佳表現。

既然是密摺，自然要以「密」字為最緊要，因為只有行事縝密了，才能收到出其不意、攻其不備的目的。查嗣庭案發後，雍正曾在李衛的奏摺中批示，要求李衛和杭州將軍鄂彌達火速派可靠親信去抄查嗣庭的家。

由於這是急待執行的絕密命令，因此如果用頒布公文的形式，就有可能使被查抄人獲知訊息，先行做出準備。於是密摺制度就顯示出它的奇妙作用，即密令行事，使人防不勝防，並以此達到兵貴神速的目的。

在雍正看來，不能保守奏摺機密的行為就是非法的。如原甘肅提督路振聲將雍正的硃批中讚揚其弟路振揚的話轉告了其弟，於是路振揚就上表謝恩。

結果，雍正大為氣憤，並就此指責路振揚：「我曾經說過，一切密

諭，如果不是奉旨通知，不許傳告一人，今路振聲公然將朕批諭抄錄，宣示於你，甚屬不合。可見爾等武夫粗率，不達事體也！」

由此可見，雍正對大小臣子保密行為的要求是非常嚴格的，特別是對小臣，雍正的教導更是不厭其煩，這主要是因他考慮到小臣得此密奏榮寵容易擅作威福，挾制上司和同僚，造成官僚間互相猜忌、政治混亂的現象，會對國家政治生活產生不良的影響。

為了實現密摺的保密效果，雍正經過一番深思熟慮後，進一步完善了一套行之有效的保密制度。在雍正的大力推行下，密摺人繕摺、裝匣、傳遞到批閱、發還和收繳都有條不紊地執行了。

雍正規定了密摺所用紙的色澤紙質：素紙，即白紙，用來題寫陳奏性質的密摺；白綾面白紙是大喪時使用的密摺；黃綾面黃紙用於請安或推薦他人為官的密摺。這樣一來，雍正一看到紙質色澤，就大體知道密摺所題奏的性質了。

對密摺的套封也就是外包裝，雍正也作了嚴格的規定。如請安摺套封規定外用雲龍黃綾，內用黃粉箋裱，長六點四寸，寬三點一寸，上下掩首各寬零點五寸；其白摺套封大小與黃綾封同。

雍正還規定了摺匣的尺寸、顏色、裝裱、鎖樣，這樣，密摺就不能造假，其他人也很難開啟密摺，這樣也就不會洩密。由此可以看出雍正不但在處理大問題上能雷厲風行，而且在細枝末節上思慮周詳，謹慎而睿智。

另外，至於什麼人可以直接將密匣交給皇帝本人，雍正都有嚴格的規定。這樣一套完備的密摺制度就初步形成了。奏摺成為正式官方文書，一切比較重大的事情，官員都先透過奏摺請示皇帝，而這種奏摺不透過內閣所屬的通政司轉呈，皇帝的批示完全出自御撰，不需要同內閣大臣商討，這樣奏摺文書由皇帝親自處理，就把內閣拋在了一邊。

正如雍正時內閣中書葉鳳毛所說：「國朝擬旨有定例，內外大臣言官奏摺，則直達御前；天子親筆批答，閣臣不得與聞。」

內閣職能削弱的同時，封疆大吏的職權也有所下降，稍微大一點的地方事情，都要上奏摺請示，秉承皇帝旨意辦理。他們真的成為皇帝的膀臂，由中樞神經來支配，使中央與地方真正融為一體，在皇帝絕對統治下行使國家機構的職能。

學者章學誠曾就此講過：「當時以督撫之威嚴，至不能彈一執法縣令，罣誤之吏，但使操持可信，大吏雖欲擠之死，而皇覽燭其微。愚嘗讀《硃批御旨》，而嘆當時清節孤直之臣遭逢如此，雖使感激殺身，亦不足為報也！」

那時，督府雖威風八面，卻不能隨意彈劾一個小縣令。因為只要小縣令為官清廉，就算督府想排擠他，皇帝在御覽其彈劾奏摺時也能洞徹其中的細枝末節。這充分說明了奏摺制對鞏固皇權造成了至關重要的作用。奏摺製為雍正行使至高無上的權力提供了必要的條件。

密摺的制度化，還能造成令官吏互相監督的作用，即此舉成了雍正控制各級官吏的一種手段。透過密摺，可以在以下三個方面發揮監督作用：

第一，可以藉此命令上級監督下級。雍正二年四月，河南巡撫參奏學道王某，稱其「聲名雖屬平常，猶不至壞」。雍正三年六月，新任川陝總督岳鍾琪在密摺中奏年羹堯被貶赴杭州，說他離陝時，只有數十人出送，都是平日得年羹堯資財的人，並已經全部記下了他們的名字。

第二，可以藉此命令下級密參上司。如雍正三年五月，知府高璇密奏年羹堯為大將軍時威勢赫奕，文武大小官見之無不膽顫，出入用侍衛頂馬擺對。雍正三年六月，浙江布政使佟吉圖參巡撫法海說皇上壞話：「內外所用，俱屬小人，只有年羹堯是豪傑。」浙江按察使甘國奎也參法

海「輕忽主恩，恣行無忌」。

第三，還可以在互不統轄的官員間進行糾察。就在佟吉圖、甘國奎參法海不久，福建巡撫毛文銓即奉密旨訪查佟、甘二人居官操守，結果查得佟吉圖辦理地方事務本事平常，又性情傲慢，待上無禮，所以政令不通，各屬節禮查未收受，錢糧平頭，以及署印謝儀都是要的。甘國奎則日日做坐功，遇有大案讓下屬代審的多，故此常有冤枉，又查得甘國奎執拗自大，上司屬官關係都處得不好，官民多怨。

密摺制其實扮演的角色也即上傳下達、準確提供相關訊息，為決策層提供依據。為了達到這一效果，雍正還設立了專門轉呈接收密摺的機構，由專門的奏事官員來接收轉呈密摺。

這一機構稱奏事處，分內奏事處和外奏事處兩個職能部門。內奏事處負責接收京師內各類密摺；外奏事處則負責接收外任官吏的密摺。這兩個奏事處的官吏皆由雍正的親信御前大臣擔任，專門負責接收、發還等一切事宜。

同時，密摺制度本身還收到了許多另外的妙用。以前雍正看到封疆大吏在陳奏政務時，因限於題本程式和保密性質的局限，很難如實全面地彙報當地情況。這樣，皇帝一來無法徹底了解臣下的隱衷和下邊的情況，二來皇帝的指示也因同樣的原因而不能盡述。於是就產生了皇帝無從決策，下屬無力奉行的怪現象。密摺制則能很好地解決此問題。

雍正在位期間，寫下了千萬餘字的奏摺許可證，堪稱世界奇蹟。雍正從密摺制中鍛鍊出來的才智和思想影響了歷史，使這種帝王文化精神一路沿承下來。

雍正用密摺這種公文形式，使臣下和皇帝之間亮明觀點，然後雙方才能經過討論，決定對策。從公文形式的層面來說，敘述活潑、內容多樣、適應性強的密摺具有解放文體的意義。

雍正對密摺保密所做的努力，是他勤政的表現，也是政治的需要。雍正正是透過密摺這個工具，將百官操於自己股掌之中，實現了對他們的有效管理和監督，更重要的是使專制皇權高高在上，此皆賴密摺制之力。

設定指揮機構軍機處

雍正七年，就是 1729 年，他著手成立了軍機處，並以此開始全面而直接地管理國家各種事務。雍正經過了幾次朋黨之爭和宮廷政變之後，他深知，要將一個慵懶、多弊的社會納入有效管理狀態，使之政令通暢、令行禁止、有條有序，必須建立一箇中央集權與君主專制兩者合一的專制體系。

雍正深刻意識到：國家大事，政治舉措，皆須有一套縝密的管理機制，循規而行。因此，雍正堅定地擴張皇帝權力，搞中央集權制，在設立「密摺」制的同時，他設定了軍機處。

這兩項措施可謂是雍正最具特色的專政策略。他設定軍機處，作為移動的纂述轉達指揮機構，代行內閣職權，為建立和發展專制體制鋪平了道路。雍正之前，歷代王朝都以宰相統轄六部，於是宰相權力過重，使皇帝的權威受到了一定影響。

康熙朝後期，朝廷中黨團增多，黨爭複雜，導致了各自分權、管理混亂的局面。雍正上臺之後，為了鞏固朝政，推行了一系列的改革，例如，改革賦役、整頓吏治、實行重農抑商等政策。雍正皇帝也因此成為歷史上改革較多、較成功的皇帝。

雍正在即位之時，雖然掌管著國家最高權力，但舉凡軍國大政，都需經過集體討論，最後由皇帝宣布執行，他感覺皇權受到大大制約，不能隨心所欲。雍正設定軍機處，正是把自己推向了權力的金字塔頂端。

雍正七年，就是 1729 年，準噶爾蒙古部落的策妄阿拉布坦發動全面叛亂，雍正決定對其發動平叛戰爭。為了使這場戰爭能夠取得全面勝利，他採取了許多措施，設立軍機處就是其中的一項。當年六月，雍正釋出上諭，稱：「兩路軍機，我已經計劃了很久了。其軍需一應事宜，交與怡親王允祥、大學士張廷玉、蔣廷錫密為辦理。」

由此看來，雍正在籌建或辦理某些重大事件前，多採取祕而不宣的策略，只在心中暗自籌劃，此後才交給個別親信大臣來辦理，這正是雍正為人謹慎的最佳展現。

雍正一手設立的政府中樞機構軍機處全稱「辦理軍機事處」。那麼軍機處的性質究竟是什麼呢？當時諸王公大臣並不知曉。因為雍正當時說得明白，即交與三人密為辦理。

軍機處主要職責是輔助皇帝批覆奏摺，草擬詔旨。軍機處的人員由皇帝從內閣、翰林院、六部、理藩院、議政處中挑選組成。在軍機處內設有軍機大臣，也稱為辦理軍機大臣。

軍機大臣從其性質來說，像是皇帝的「祕書」。每天要時刻地隨從於皇帝身邊，皇帝可能隨時召見他們，讓其處理緊急事務。因此軍機處就設在乾清宮內，離雍正的寢宮養心殿非常近。每天凌晨三點左右，軍機大臣就要開始值班，早上如果有緊急公務，雍正也會召見他們，每天至少會召見一次，有時也會好幾次。

軍機大臣張廷玉是雍正時期重臣，雍正凡有詔旨，則命他入內，口授大意，或者當著雍正的面就地完成，或隔著門簾聽雍正交代，寫完之後馬上呈給雍正看，每天不下十數次。軍機大臣的主要職責有三方面：

一是當皇帝要發詔書或擬復奏摺時，由軍機大臣執筆書寫成文，皇帝當面口述，或者按照皇帝的意思寫成文字，再轉發下去；

二是軍機大臣參與商議國家大事。當皇帝遇到難以決策的事情時，就將其告訴軍機處，讓大臣們參與討論，徵求他們的意見。當然最後的決策權還在皇帝本人，軍機大臣不過是提供意見和建議而已；

三是儲存檔案。軍機處負責將各種奏摺以及皇帝處理的批覆都複製成副本，並加以儲存，這是一項非常枯燥而又龐大的工作。

軍機處的設立，巧妙地使內閣的權力、議政處的權力逐步縮小。從表面上看，像是軍機處的權力在增大，但實質上是皇權在加強，軍機處的大臣只有參加議政的權力，卻沒有最後的決策權，因而透過這種改革，實質上是加強了皇權，制約了相權。

對雍正來說，軍機處的設立一開始即不是臨時性的，而是本著長遠統治的需要，穩固皇權比西北用兵一事就更為重要。

因為當時雍正雖已將諸兄弟打倒了，但散布於中國上下的他們的勢力卻仍如百足之蟲，死而不僵，他們與傳統的官僚機構仍有著千絲萬縷的內在聯繫。內閣、六部及議政諸王大臣中仍可能有允禩等人的同情者或同路人。

雍正本人對此當然非常清楚，但他本人畢竟不能把所有官僚機構通通推倒重來。在經過反覆思量後，雍正便只好另起爐灶，重新建立一個可以囊括一切機要權柄又能服從他指揮的由親信人員組成的新機構。軍機處的創設，恰好造成了囊括一切機要權柄的作用。

軍機處算不上是一級機構，它無定員，皆由皇帝根據實際需要隨時增減。最初只有怡親王允祥、大學士張廷玉、蔣廷錫。以後又有增加，最多時也未超過十一人。

被選入軍機處的官員，都屬兼職，不設專職。雍正從閣臣、六部尚

書、侍郎等官員中，選取熟悉政務的人，兼職辦理，稱為「軍機大臣」。依他們原有的品級和地位，排定先後次序，以品級高、資歷深者為「首席」「首揆」「揆席」。

如他們中有的失去原職務，或授予京城外的職務，其在軍機處的兼職則被取消。軍機處的屬員，則由各部曹、內閣侍讀、中書舍人等充任，名曰軍機章京，俗稱「小軍機」。軍機大臣互不統屬，即無隸屬關係，各自對皇帝負責。

軍機大臣地位崇高，卻沒有六部等官員的實權。他們的職責是書寫諭旨，匯綜軍國要務，每天都準備著皇帝有事叫他們。即使皇帝巡行外地，也是如此。具體規定每天寅時，軍機大臣入值，完成當時皇帝交代的事以後，由內奏事太監傳旨，這才各自散去。

但是，每天皇帝召見沒有定時，或一次，或數次。召見時，皇帝賜座，將等著皇帝批改的各處奏摺進呈，等候皇帝欽批，完事之後即退出。凡皇帝的明旨，由軍機大臣擬寫，下發到內閣；凡不宜公開的密諭，經由軍機大臣封交各部後，視事之緩急，或立刻派快馬傳達，四百里、五百里、六百里不等，傳送到各地。

軍機大臣的職責概括起來就是「承旨」，不過是上傳下達，當面替皇帝起草檔案，或記錄皇帝的指令，向有關部門傳達，實際是充當了皇帝的侍從祕書。

軍機章京有滿人也有漢人，負責繕寫諭旨、記載檔案、查改奏議。滿人抄寫滿文，漢人抄寫漢字。這也是文墨祕書性質。軍機大臣和軍機章京身處權力的核心，卻無任何決策權，不能作任何決定，一切聽命於皇帝，完成皇帝交辦的事。

軍機大臣的工作具有高度機密性或稱為絕密。軍機處不屬一般的衙署，它需要保密，並時刻同皇帝直接聯繫，軍機大臣要留在離皇帝最近

的地方，以便隨時而快速地應召入宮。

因此，軍機處便設在隆宗門內，靠近內廷，既與外廷隔絕，以杜絕人來人往洩密，又離皇帝居處甚近，召見便捷。另外，軍機外為樞密重地，除非有特許，不許擅入，如敢私入，或私自會見軍機處官員，會隨時被糾劾論處。

軍機大臣辦公的地點，也隨皇帝的行止而定。如皇帝駐蹕圓明園，其軍機處則設在園內左如意門內；如在西苑，軍機處設在西苑門內。如皇帝出京遠行巡視，途中暫駐處，稱為「行在」，或抵達目的地，其暫居處又稱「行宮」，軍機大臣都隨在皇帝左右，在行宮門「直房」。不管在何處「入直」，都屬皇帝的禁區，離皇帝甚近。

軍機處沒有固定衙署，具有機動性，只有在京城，才有較穩定的辦公地點。皇帝召見軍機大臣議事，都要求迅速、準確、不得遲誤，每件事都有專人祕密行事，發揮高度效率。因此保持了此事的機密性，以致實行了二年有餘，各省對此仍然一無所知。

由此可以想見，雍正幾乎把軍機處看成了自己的一件隨身對象，走到哪裡帶到哪裡。也就是說，軍機處領值班大臣和章京隨時跟隨皇上行動。由此，就更可知軍機處在雍正心目中的地位了。謹嚴免出差錯，小處才見縝密，為了達到保密的目的，雍正真是下了苦心。

軍機處建立初期，既無正式衙門，也無印信。雍正十年春才命大學士等議定軍機處印信。議定後，經雍正批准，該印交由禮部鑄造成形。該印由內奏處保管，印匙則由領班軍機大臣隨身攜帶。

另外，雍正下旨打製了鐫有「軍機處」三字的金牌，由值日章京佩帶。須用軍機處印信時，由值日章京憑金牌到內奏處領取印信，之後，再憑金牌向領班軍機大臣索取印匙，並在數人的監督下，才能開啟印匣取出印信。

　　印信用完後，金牌要交給領班章京，印匙要重新歸還領班軍機大臣，印信則要重新歸還內奏處。規章制度雖然繁瑣，卻又是一套極其嚴密的管理模式。

　　雍正設立軍機處，開始的目的是為了迅速處理軍務，之後才發現這種不經過其他官僚機構，而直接由皇帝組織一個小團隊處理政務的方法更得心應手、快速有效。後來，軍機處的辦理內容不斷擴充套件，機構也不斷發展完善，直至形成固定的編制。

　　軍機處地位煊赫，手握重權。由於這個機構橫空出世，清朝政治格局將為之進行大調整。整箇中央政府決策方式將發生根本的改革。

　　其一，軍機處是皇帝的集權工具。從明到清，廢除宰相制，皇權得到相應提高。

　　其二，軍機處有高度的機密性。展現為對其印信管理極嚴。印信貯存初定由軍機處自貯，為防止私用印信，加強管理，遂改放他處。印信分程式管理，相互制約，互相監督，無論職位多高、權力多重的大臣，都無法私自動用印信。

　　其三，雍正對軍機處管理得特別嚴密。他對軍政大臣的要求也極為嚴格，要求他們時刻同自己保持聯繫，並留在皇帝最近的地方，以便隨時應召入宮應付突發事件。皇帝走到哪裡，軍機處就設在哪裡。雍正每次議事，只會分批獨自會見一名軍機大臣，讓他無拘無束地談自己對工作、對百官的一些看法，以便察言觀色、去偽存真地選用人才。

　　軍機處之設立，經歷了不斷發展和完善的過程。當初是為滿足對西北青海用兵的特殊需要而設，其職責是專辦軍務，以辦事迅速而機密收到了顯著效果。

　　然而，讓雍正始料不及的是，任用軍機大臣，擺脫了朝廷中各官僚機構的牽制，更重要的是，他所發號令可以直接下達到任何地方任何部

門，從而把國家機要大權牢牢地控制在自己手裡。他可以隨意運用權力而不受阻滯。

因此，雍正將軍機處專辦軍務逐漸擴大到國家政務，發揮它在國家政治生活中的指導作用。軍機處創設後，中央體制及其執行機制就發生了重大的變化。

原先經由內閣等部承旨、承辦的事，改為由雍正親書諭旨或口授、軍機大臣承旨撰擬，直接寄發各地。原為朝廷權力中樞的內閣，自此變成有名無實的機構，大學士位階甚高，卻無事可幹。同時，也把清初獨創的「議政王大臣會議」制度置於無用之地，無大政可議，有其名而無其實。每日凌晨三至五點，軍機大臣及軍機章京就要進入值班房。早上如有緊急要務，雍正偶爾也提前接見他們，甚至一日要接見數次。特別是張廷玉，雍正召見的次數就更多，因為張廷玉是專門負責為雍正撰寫諭旨的。

軍機處建立之後，張廷玉就更成了大忙人兒。特別是在大西北兩路用兵時，張廷玉更是從早到晚，甚至到了晚上一、二鼓時仍不能休息。從張廷玉的繁忙情況來看，其他軍機大臣之忙碌也就可見一斑了。正因為這些軍機大臣公務繁忙，一向駁下極嚴的雍正才給了他們許多特別的恩典。例如雍正不時將一些綾羅綢緞、應時果脯、各方土貢、鹿肉山珍等賜給張廷玉、鄂爾泰等親近大員，又命每日入值的軍機大臣、軍機章京隨御膳房吃飯；而滿漢章京下班後還被允許去「方略館」聚餐。如果雍正住在圓明園，那麼就讓這些人在圓明園外值廬用膳，以示恩典。

軍機處成立最初幾年，雍正與軍機大臣商議軍機要務，多以全國尤其西北兩路用兵之事為重要內容，主要是處理戰爭、軍政及八旗事務。

雍正九年，就是 1731 年，雍正認為山東登州是濱海重鎮，所轄地域遼闊，卻只有六千兵丁，怕不夠用。因此命軍機大臣詳細討論，看看是

否應酌情增添兵額等等，不勝列舉。

雍正十年，寧遠大將軍岳鍾琪參劾副將軍石文焯縱敵，雍正對處理石文焯方案舉棋不定，於是令軍機大臣提出處理意見。

同年，西路軍大本營要移駐穆壘，雍正為此選定了六月初四巳時命部隊啟程，並於四月十三日提前命令軍機處通知岳鍾琪，「將一應事宜預先留心備辦，但軍營切宜慎密，以防漏洩」。其他方面的軍政和八旗事務，也多由軍機大臣辦理。後來，雍正才把軍機處的範圍逐步擴大到各種機要政務。因此軍機處的另一項任務就是奉諭旨草擬文書，這也成為此後軍機大臣最經常的一項工作。

清代皇帝的詔令有數種，主要的則是「旨」「敕」「上諭」。其中的「旨」，就是指皇帝批覆朝廷內外官員關於一般事務題本中的一種文書。「敕」，是頒給各地將軍、總督、巡撫、提督、學政、總兵官的一種公文。這兩種公文原來是交由內閣發給六部抄錄，並宣示有關衙門和官吏具體執行，無多少機密可言。

審議、謄錄、儲存公文，是軍機處的第三項工作。每天軍機入值處後，由各軍機章京赴內府領取皇帝下發的奏摺，並分送軍機大臣審議。審議後再向雍正請旨，由雍正決定處理意見。此後，各軍機章京就要將此類奏摺及雍正的處理意見謄錄出副本，並加以儲存。

雍正這樣做的目的，一來是為了儲存各種檔案，二來則是為了便於將來查尋各種數據。無論從哪方面來說，軍機處都發揮了特殊作用，尤其是在集權方面，在削弱乃至排除內閣與議政王大臣會議參與國家政務的決策權後，這些大權皆總彙於軍機處。

而軍機處則牢牢地控制在雍正之手，如「人之使臂，臂之使指」，一切權力皆由雍正自操，軍機處官員真正成了他的辦事人員，唯雍正之命是從。如雍正所說：「生殺之權，都在我自己手中。」

雍正設軍機處，建立了君主高度專制的執行機制，保證了中央集權，實行了政治上與思想上的「一元化」統治，特別是最高層的統治集團維持了長期的穩定與統一，避免了由此而引起的政治動亂和社會的騷動，給百姓帶來了持久的休養生息，推動社會向著繁榮的方向前進。

因此，在當時的歷史條件下，雍正創設軍機處不無積極意義。的確，雍正設立「軍機處」造成了意想不到的效果，以前每辦一件事情，或者有關的奏摺，要經過各個部門的周轉，最後才能夠送達皇上。

其中如扯皮、推諉、拖沓官場陋習使辦事效率極為低下，保密性也差。而自從設立軍機處，擺脫了官僚機構臃贅，使雍正口令可以暢通無阻地到達每一個職能機構，從而把國家大權牢牢地控制在自己的手裡。

比較明清兩代的內閣與軍機處，很明顯，明時內閣，權屬於閣臣，對君權尚有很強的約束力。而清代軍機處雖為政府權力的「總彙」，但其權屬君主，故對君權沒有任何約束力，相反，軍機大臣處於層層制約與皇帝的嚴格監視之下，無不小心謹慎、奉公守法。

雍正是一個有作為的君主，他利用「密摺制」和「軍機處」，鞏固了君主獨裁的政治體制，把封建專制推向了頂峰。

嚴格整頓八旗痼疾

雍正即位之初，將整頓旗務與重新整理吏治聯繫在了一起，為了恢復滿人往日刻苦奮鬥之心，決定整頓八旗。滿人入關，經歷數十年的安逸生活後，八旗子孫依賴朝廷供養，貪圖享樂，不事生產，導致旗務廢弛。

雍正早就對此痛恨不已，一旦政局穩定下來，他就開始了大刀闊斧的整頓工作。對於八旗制度的改革，雍正取消王公管轄，由皇帝直接領導。雍正繼位後任用自己的親信兄弟和王公去管理掌握著軍政大權的八旗機構，使皇權在八旗中得以行使。

雍正任用康親王崇安管理正藍旗的事務，任用皇十七弟果郡王允禮管理鑲紅旗事務。他以為這樣任用親信兄弟和王公管理八旗事務，就能平安無事。但是，雍正在對八旗旗主的使用中，很快就又發現旗主和自己這個皇帝之間存在著很大的矛盾，而八旗內部官員之間也存在著很大的矛盾。旗主諸王同都統等官員的職權難分，往往互相摩擦，不免要常常耽誤公事。

同時管理旗務的諸王因身分崇高，影響自己對旗民直接統治的權力。為了解決這些矛盾，把旗務的控制權掌握在皇帝的手中，雍正又採取了一系列措施，改革旗內的事務。

雍正六年，雍正當機立斷，減少八旗旗主，又取消了信郡王德昭、康親王崇安以及錫保等人管理旗務的權力。之後，雍正又把在八旗中做旗主的王公改名為旗都統。

雍正七年，雍正任命莊親王允祿管理正紅旗滿洲都統事務。雍正十年，就是1732年，雍正又任命平郡王福彭管理鑲藍旗滿洲都統事務。用莊親王允祿、平郡王福彭為八旗中的都統。這些都是雍正將旗務的控制權掌握在自己手中的手段，為的就是加強皇帝的權威。

此外，雍正還嚴禁下五旗諸王勒索外吏。雍正認為，諸王門下人等一旦出任外吏，便成為皇帝手下的政府官員，其身分地位應與原來有所不同。因此，既不許旗主役使其子弟，也不許對其本人肆意盤剝索賄。

雍正即位前夕就降諭宣稱：「下五旗諸王屬下人內，京官自學士、侍郎以上，外官自州牧、縣令以上，該王一旦把其子弟挑為包衣佐領下

官，及哈哈珠子、執事人，使令者非常多，從此以後當停止挑選。其現在行走入內，如果是他們父兄未任以前挑選者，令其照常行走；但如果是他們父兄既任以後挑選者，都要查明撤回。或有過犯該王特欲挑選之人，著該王將情由奏明再行挑選。」

雍正元年，雍正又指出：「凡旗員為外吏者，都被該旗都統、參領等官所制。自司道以至州縣，於將選之時，必勒索重賄方肯出結諸部。及得缺後，復遣人往其任所，或稱平時受恩，勒令酬報，或稱家有喜喪等事，緩急求助；或以舊日私事要挾。下五旗諸王不體恤門下人等，分外勒取，或縱門下管事人員肆意貪求，種種勒索多得數不勝數，以致該員為此而絞盡腦汁，不能潔己自好。凡虧空國庫而被罷免的，原因多在於此。」

在這段話中，雍正指出，下五旗諸王不體恤在外省做官的門下，向這些門下過分勒取錢財，或縱容管事人員向他們大肆搜求。為了除此弊端，他一方面允許這些被革職的官員上告，同時為了消除這些官員不敢上告的心理，准予他們封章密參。

一年後，就有人上告八旗貴族星尼勒取屬人王承勳幾千兩銀子，雍正得知此事後，在上諭中說：「星尼不過一個八旗貴族，而王承勳不過一個州縣官，勒取數目便已達數千兩之多。如果主人是王爺，屬人為地方大員，則不知更要多少了。」

他就此事警告王公，若不悔改，必將旗內王府佐領下人一概裁撤，永不敘用。雍正在削弱旗主權力、改變王公與屬下私人關係時，還整頓八旗旗務，對八旗的機構、體制、工作作風等方面的改革，主要有：

一、創設八旗衙門，集體辦公。

雍正朝之前，八旗都統等官各自在家裡辦事，一應行檔案案堆貯家中，無人登記、管理，存在很大的積弊。元年九月十五日，雍正下令：

「現今八旗並無公所衙門，你們可以在官房內，揀皇城附近選擇八個地方，立為管旗大人公所，房舍也不用十分寬大。」

二、嚴格要求當值官員盡職盡責。

雍正發現，有些都統、副都統，憑自己資格老、功勞大，於旗務並不辦理，唯以曾經效力作為資本。因而雍正規定：「若有人擅自不來辦公，必將派人署理，代行旗務。而且八旗輪流，各當值一日，處理日常公務。值日大臣職名，應提前開列具奏。」

三、創制八旗新例。

八旗則例，年久失修，雍正即位後，雖然對旗制多有改革，但並未形成新例，旗員也多不執行，因此沒有法律約束力，臣下處理事務散漫無羈、無所遵循。

針對這種情況，雍正三年，就是 1725 年，令八旗大臣在原來的《現行則例》基礎上，根據現實八旗情形，命允祿、鄂爾泰等人分別編寫上奏，後編成了《八旗則例》《綠營則例》及《世宗憲皇帝上諭八旗》十三卷、《世宗憲皇帝上諭旗務議復》十二卷，《世宗憲皇帝諭行旗務奏議》十三卷。

雍正十二年，雍正又修訂了《戶部則例》，新例中的條款對旗民要求甚為嚴格。例如，條例要求旗民重視有關服飾、用具之定例。雍正諭令八旗大臣、步軍統領衙門、都察院衙門嚴行稽查，如有服飾、用具不按品級、不遵定例者，即行嚴懲。

四、嚴厲打擊不法旗人。

為懲治不法旗人，於雍正二年，就是 1724 年，在京城八門各設旗人監獄，犯罪的旗人照例關押、監禁。

雍正五年，雍正諭令：「八旗都統及內務府總管等，內府莊頭及鄉居統一旗人，如果有窩藏逃盜在家者，地方官差役搜捕，有抗拒者，即將

窩家一併拿究。」

雍正還於四年八月決定：旗人犯軍流等罪者，也按照漢人之例發遣。雍正五年（1727 年），又設立重、輕和犯婦三大監牢，足以看出雍正對旗人的管理已經甚為嚴格。

五、開設宗學。

宗學是民間同一宗族之內為教育本宗族子弟而設立的學校。雍正二年間，雍正下令設立宗學，按八旗的左右兩翼各設一所宗學，招收宗室子弟入學學習。宗學學習滿文、漢文，演習騎射，由政府按月發放銀米紙筆。雍正每年親派大臣考試，按成績優劣給予獎懲。雍正七年，由於宗學不能容納所有愛新覺羅氏子弟，又予各旗設覺羅學，招收覺羅子弟學習文化、騎射。雍正這樣做，目的有二：

一是紈褲子弟年深日久享受特權，滋長了驕奢之風氣，所以設學教育後代，「鼓舞作興，循循善誘」，使後代「改過遷善，望其有成」。

二是宗室中一些人員各懷私心，互相傾軋，把骨肉視為仇敵；更嚴重的是他們「要結朋黨，專事專營」。要改變這種惡習，須從教育開始。

可見，雍正之所以興辦宗學，是為了消除八旗後患，預防宗室朋黨的再起。雍正在位期間，為了解決八旗的種種痼疾，逐步對旗務進行了嚴格的整頓，健全了規章制度，約束了八旗旗民。整頓旗務，既鞏固了皇權、打擊了朋黨，同時，又提高了滿人的文化素養。這不僅是政治上的勝利，也是文化上的勝利。

雍正在整頓八旗制度的同時，也加強了對太監的治理。種種歷史經驗和教訓的感染訓誨，使得雍正懂得如何制馭太監。他既不寵後妃，又不使用太監，後宮因而有序，不亂朝政，對國家的安定有著一定的幫助。

在繼位初年，雍正就嫌太監們多半不懂規矩，從一些小事上找太監們的毛病，要求太監經過御座時要表現出敬畏的樣子，對諸王大臣也要

恭敬，見了諸王大臣必須起身站立，行走時要給諸王大臣讓路，並不許光頭脫帽，也不許在椅子上斜坐。

雍正把太監的官職限定在四品之下。雍正元年九月諭令，將清廷專門管理太監的機構敬事房的大總管授四品官職，副總管授六品官職，隨侍等處的首領授七品官職，其他宮殿各處的首領授八品官職。

雍正四年六月，對有官職的太監實行加銜制，規定敬事房正四品大總管為宮殿監督領侍衛，從四品大總管為宮殿監正侍衛，六品副總管為宮殿監副侍衛，七品首領為執守侍衛，八品首領為侍監衛。雍正八年六月重新規定：太監官職不分正從。

雍正一方面給太監頭目授職加銜，以便安撫使用，另一方面，又把太監的官職嚴格限定在四品以下，意在防止太監干預朝政，是避免僭越的具體措施。雍正廣為宣諭，嚴禁太監干預外廷事務。

順治朝，曾命工部鑄成「鐵牌」一塊，立於宮中交泰殿內，上書：

中宮太監以後但有犯法干政、竊權納賄、囑託內外衙門、交結滿漢官員、超分擅奏外事、上言官吏賢否者，即行凌遲處死，定不姑貸。特立鐵牌，世世遵守。

雍正對先祖此諭十分看重，他命人將「鐵牌」上的敕諭抄錄多份，在宮內各處懸掛。雍正親自安排張掛的這些「敕諭」，就像一個個警告牌，告誡太監須安分守己、不可越雷池一步。雍正還屢發諭旨，嚴令外臣不得鑽營太監，大小太監不得欺瞞矇蔽。

雍正三年，有個叫傅國相的掃院人監向奏事太監劉裕打聽，有一廢官，欲求復職，不知是否保奏的事情。這是違法的，劉裕本應上奏，但他沒有這樣做，只是告訴了總管太監，總管太監也沒有奏聞，就把這件事放在一邊了。

但是，世上沒有不透風的牆，沒有多久，雍正就得知了此事，很是

憤怒。他頒布諭旨說：「從前內外惡亂鑽營之人紊亂法紀，我早就對此很清楚，凡事不得欺瞞隱蔽，有鑽營者斷不寬恕，若被拿獲，務必從重懲戒正法。此案內大小太監，遇事並不奏聞，甚屬可惡，將總管太監並奏事太監劉裕問明情由，凡有關涉此案人犯俱行鎖拿，查問明白。」

雍正如此嚴肅地對待和處理這一起不太嚴重的太監事件，目的在於防微杜漸。雍正還透過法律條文，限定太監的行為規範。他針對太監中發生的問題，制定了許多「治罪條例」，這些「條例」在後來逐步得到了進一步的完善。

其中有《太監犯賭治罪條例》《逃走太監分別治罪條例》《太監和女子自戕自盡分別治罪條例》《太監私藏軍器治罪條例》《太監偷竊官物治罪條例》《太監偷釣園庭魚蝦治罪條例》《太監越訴治罪條例》《太監輕生將首領等分別治罪條例》等等。這一系列「條例」，對太監是一種嚴格的束縛，使其不敢輕舉妄動。

雍正認為年紀大些的人拉入宮內充當太監不好管教馴服。為此，於雍正元年二月間，透過副總管太監李成祿傳達了一道上諭：「以後十七歲以上太監不必收。」對宮內收取太監的年齡的上限作了新的規定。另外，對賞出去的太監，必要時雍正還要收回。

雍正八年，統管西北軍務的寧遠大將軍岳鍾琪進京陛見，雍正為鼓勵他用心效力，賞給三名太監，讓他帶回西安軍中役使。在這前後，岳鍾琪自己也買了幾個太監。

到了雍正十年，岳鍾琪因用兵不力，被革職囚禁。雍正這時又想起了兩年前曾向岳鍾琪賞賜太監之事，他傳諭理署陝西巡撫史貽直，命他「查明送京」。

史貽直遵旨查驗，奏復說：「查岳鍾琪家內，現有皇上賞給太監三名，又有岳鍾琪自己買的太監三名。現一併委員伴送進京。」

這六名太監，於是又成為雍正眼皮底下的僕役。太監作為封建皇權下的畸形附屬物，其本身包含著必然的腐朽性。歷數各朝各代受到君王賞識的太監，多是寵極奸生。

雍正對這點看得很清楚，他對太監管束嚴格，做到使用而不寵用，力防太監的驕橫。雍正再三重申，太監必須遵守一定的禮節規矩，對主子務需畢恭畢敬，時時處處表現出忠誠。

雍正元年六月雍正發現有的太監不懂規矩，打掃之時，拿著笤帚，從寶座前昂頭走過，沒有表現出敬畏的意思。在雍正的眼中，奴才就是奴才。為此他諭令：「凡有御座的地方，太監要懷恭敬之心，急走而過。」

同年八月十三日，雍正再次申明太監與朝臣見面的禮節：諸王大臣官員入大內，坐著的太監必須起身站立，正在行走的太監要讓路。以往，從宮中放出為民的太監，往往潛住京師。為防止其利用特殊身分惹是生非，雍正嚴諭清理。

雍正四年八月初九日，雍正頒諭說：「內務府放出為民的太監，並諸王貝勒等門上放出為民的太監，潛住京師的不少，這些人都是平昔怠惰不守本分之人，既經放出，不許仍留京師居住。」

雍正又明確指令：「著九門提督預行出示曉諭，速令他們回原籍。如此曉示後仍潛住京師的，可以視作生事妄為之人，九門提督差役嚴拿，內務府亦責令番捕查緝，從重治罪。」

針對有的太監犯罪獲遣後，到外地仍招搖撞騙，雍正諭令，日後凡有此類太監人犯，即於當地正法。

雍正七年，就是 1729 年，十月初八，雍正透過內閣頒發諭旨說，從前由京城發遣邊地的旗人、太監等，常有沿途勒索地方、強橫不法，且捏造流言、蠱惑大眾的事。

雍正指出，這些八旗包衣、宮中太監等人犯，本獲發遣重罪，可是一旦到了外省，眾人不知其來歷，甚至認為是朝廷得力之人，又見他們妄自尊大，於是群相畏懼，避其凶焰，隱忍應付，任其勒索，導致這些凶犯更加肆行無忌。

針對這種情況，雍正在諭中明確規定：以後由京城發遣邊地的人犯，倘若經過州縣及安插地方，或凌虐解役、勒索驛站，或行凶生事、造作謠言、不安本分、不守規條，本管解役應該立即稟明地方官，詳報督撫，據實具題，於本處即行正法。

雍正不僅對太監本人的要求、管束、懲處是嚴格的，而且對其家屬親友也從不袒護。

雍正了解到，有的太監親屬，常常倚仗家人在皇帝身邊當差而做出些非分的舉動，地方官若要懲治，他們就逃到京城。為杜絕這種現象，雍正於四年八月傳諭總管太監：凡有太監親屬被地方官查拿潛逃京師的，行文到內務府，即按例發落，不必奏聞。

為了約束太監家屬，雍正四年八月初一日，雍正專門向吏部、戶部頒諭：「直隸地方……太監親戚家屬散處州縣……太監的父兄弟在地方不無生事，本人卻未必盡知。可令該州縣，大事照例詳報總督具題，小事徑報內務府，內務府傳該太監曉諭，令其自行約束，如仍不知悔改，內務府即酌量懲治。」

此諭頒發後，雍正擔心，或許會有地方官藉此苛求太監家屬，便又於同月初九日下旨：「地方官或許有不諳事務，藉此苛刻太監親屬的，這也說不定，倘有此等情節，亦令太監親屬據實告知本太監，也允許呈明內務府諮查，務使各安其分，不致少有偏徇。如此，不僅太監親屬不敢生事，而地方官也不得有意沽名苛刻。」

雍正的這些細緻考慮，還是較全面的。另有這樣一件事，也多少表

明了雍正不庇護太監的態度。

雍正四年八月十六日，直隸巡撫李紱奏報導：「大城士民向來刁悍，因為那裡的子弟多充內監，目無官長。」

接著，他談到：「這年夏秋之季，大城有幾個太監的家屬糾集數十名鄉人，前往縣衙，謊報受到水災。」

知縣李先枝認為，該地積水還造不成災害，予以駁回。結果，這些鄉人便喧鬧縣堂，毀壞門棚，後被當地兵役拘拿七八人。此事報到朝廷，雍正為糾正太監家人往往仗勢橫行而不把地方官放在眼裡的風氣，明確指示：「當嚴審定擬，以懲直隸惡習，不可袒護。」以表示他不做太監的保護傘。

雍正汲取歷史經驗教訓，嚴格地確定了太監的奴僕地位，對太監這個特殊隊伍的管束是十分嚴屬的，建立了一套太監管理制度；他要求太監只可忠勤服役，而不可惹是生非，對太監用而不寵；同時，又透過懲處太監來打擊政敵，穩固帝位。

雍正統治期間，太監沒能大興風浪，這與雍正的種種限制和有效管理不無關係。

勤奮處理國家事務

雍正是一個希望自己很有作為的皇帝，他要向世人證明，他是一個有能力把大清管好治好的人，從而說明他的確是最佳的皇位繼承人。為此，他不是隻在繼位之初才表現得非常努力，而是一以貫之，從不懈怠，確實是一個難得的治世之君。

雍正的勤政一開始就非常自覺，處理朝政，自早至晚很少有停息的時候。大體上是白天同臣下接觸、議決和實施政事，晚上批覽奏章，不敢貪圖輕鬆安逸。

雍正六年夏天，雍正曾寫有《夏日勤政殿觀新月作》詩一首，此詩說的是這一年酷熱，他很想放鬆自己去多休息一下，但一想到前賢的箴言、帝王的職責，就打消了此念，不敢浪費一點時光，又勉勵自己警戒驕盈，去努力從事政事、批覽奏章。詩中表達了雍正對勤政的決心的感慨：

勉思解慍鼓虞琴，殿壁書懸大寶箴。

獨覽萬幾憑溽暑，能拋一寸是光陰。

絲綸日注臨軒語，禾黍常期擊壤吟。

恰好碧天新吐月，半輪為啟戒盈心。

雍正本人勤政，對大臣也要求勤政。五年時，雍正命朱綱為雲南巡撫。朱綱辭行時，雍正說：「我剛登上皇位的時候，跟下面的大臣們沒有多少人見過面，我費了太多的辛苦，精心挑選人才，辦事自朝至夜，沒有一刻敢懈怠，這是因為我心中只以國家大計為重，不敢愛惜自己的身體。我作為皇帝是這樣勤奮，你們督撫身任封疆之責，我又怎麼能任爾貪圖逸樂？你務必把我這些話記在心裡，不要做一個失職的巡撫。」

雍正的務實、勤政、事必躬親作風，與其說是一個政治家、改革家必有的素養，不如說是一種責任心，為己為人，為國家。雍正既懷萬民於心，又想一展宏圖，他必須得用自己的努力去實現。

首先，雍正非常勤於學習，是善於借鑑的皇帝，知識廣博，閱歷豐富。他曾說：「三代夏、商、周以下，那些英明的皇帝皇后，或繼世而生，那是幾代教育的結果；或間世而出，那是經過艱苦努力的結果，這樣才能使天下太平、人民生活富足，也才能使自己青史留名，好的施政

綱領成為後世的模範。大凡守業的皇帝，如果不能勤奮學習前朝的治國經驗，那就很危險了。」

這段史論是雍正腹中才學的表現，也說明他善於總結歷史、懂史的目的是在於汲取歷朝歷代的治國經驗，致力於改善和強化統治地位，這是相當可貴的。

雍正的確博學，對歷代功臣知道得很多，他尤其對唐朝的魏徵大加讚賞。魏徵曾進諫唐太宗，上「十思疏」，希望君王知足自戒，不要大興土木讓百姓不得安寧，而且謙虛謹慎，始終如一，辨別諍言諂論，謹慎施行刑法。

雍正認為魏徵的君臣論治，很值得本朝汲取，於是親書魏徵的「十思疏」，置於屏風，朝夕誦讀，又親書多幅，頒賜給田文鏡等寵臣，以便君臣共勉其勵。

雍正還曾賜戶部「九式經邦」的匾額，並以《周禮》賜文給戶部，說明對《周禮》很是通熟。「九式」是說用財的節度，雍正認為戶部若按《周禮》九式之法施行用財的節度，對當朝的經濟財政定會有利。

雍正文思敏捷，於日理萬機之中，往往親自書寫硃諭、硃批，少則精簡為十餘字，多則上千言，都是一揮而就。他的硃諭書寫很工整，文字也流暢而且間有口語，卷面一字一字地寫得十分整潔，很少塗抹。

比如，雍正在給年羹堯的硃諭中說：

使臣中佛保回來所奏之摺，抄來發於你看。未出爾之所（料）略。但你臨行之奏，待他來人輕談之論，朕少不然。朕意仍如前番相待，何也？今換人來矣，想策妄疑根敦，於事無益，二者朕總是在推心置腹，不因彼變遷而隨之轉移，總以無知小兒之輩待之，體理復彰，你意為何如？再其所請求之事，逐款當（如）何處，將你意見寫來朕看。他如（此）待留羅卜藏丹津（青海叛亂首領）之意，你意如何？他的人來，

一路上仍加意令其豐足感激，可速諭一路應事官員知悉。再他又向藏之諭，此信未必也。可速速詳悉逐條寫奏以聞。特諭。

從這個諭批看來，完整百餘字中，只抹去一個「料」字，改為「略」字，再則加了「如」「此」二字，別無塗畫。雍正執政十三年，以漢文寫的硃批奏摺多達兩萬兩千多件，以每件硃批平均為一百字計算，字數就有二百二十多萬字。如果文思不敏捷，語言不流暢，是不可能寫得出的。

在處理國家事務中，雍正更是認真細緻。下臣的疏忽大意和草率，或者掩飾過失，偶露形跡，總會在他的精細之中被發現出來。雍正元年時，年羹堯上奏一個摺子，大學士已經議復，後來蔡珽又有相同內容的奏摺，大學士沒有察覺，又行上奏。雍正注意到後，立即批評大學士們漫不經心。

雍正五年時，浙閩總督高其倬就福建水師問題連著遞了兩個報告，因為路途遙遠和其他原因，後寫的奏報卻先到了北京。雍正閱覽之後，見奏摺上有句續報的話，當即追問是怎麼回事。

雍正七年，署理浙江總督摺奏偵查甘鳳池的事，雍正閱後批道：「前既奏過，今又照樣抄奏，是何意見？」雍正處理事務不但細緻，而且往往對人和事都很詳盡地進行了解。

雍正三年，他在河南巡撫田文鏡的奏摺上硃批詢問，向田文鏡了解年羹堯向河南運送資財的去向，又問河北鎮總兵紀成斌的為人。

到了五月初六日，田文鏡便具摺回奏，向雍正報告說已派人了解年羹堯的問題，並且談了對紀成斌的印象。年羹堯在年底被賜自縊，紀成斌在雍正十一年，就是 1733 年，被斬於軍前，想來田文鏡肯定沒說年羹堯和紀成斌二人的好話。

這次雍正和田文鏡用密摺交流情況、交換看法，前後共計二十天，工作效率在當時是很高的。不僅對外地官員如此，對於京師的奏摺，雍

正處理得也不慢，絕不因是眼皮底下的事而稍有拖延。

　　為了提高辦事效率，雍正大大削弱了「六科」的權力並加強了政務監管。「六科」，是歷代封建政體中的一個行政衙門，其官吏稱給事中。它的職責就是傳達皇帝的命令，並負責檢查下面執行上諭的情況。

　　具體地說，六科是專門負責將皇帝批閱的奏章從內閣領出，然後謄抄清楚再發給各有關部門具體執行。它不僅有轉發批奏檔案的權力，而且還具有「封駁權」，也就是說，假如六科認為皇帝的命令有欠妥當，就有權將這個命令原文封好，重新打回內閣。

　　此外，六科還負責稽查六部，稽核各類事務的執行狀況。倘若六科認為各部門在執行過程中有意拖延遲誤，就有權對它們進行參奏。因此，六科給事中所理之事，雖職位不高，但權力範圍卻非同小可。

　　有鑒於此，雍正即位不久，就決定削奪六科的權力以加快各種政令的順利執行。為此他說六科的掌印給事中責任緊要，因此給事中人選應交督察院共同揀選保奏。

　　此後，雍正又命令督察院派定了六科給事中人員，並命令督察院從六科中各科不掌印信的給事中裡選拔出二人，出具考語，繕本題奏。這樣一來，六科給事中實際上就成了督察院的一個附屬部門，與督察院中的監察御史沒有什麼不同了。

　　有人評價雍正此舉是輕重倒置，不按規則出牌。事實上，雍正是故意將重者輕之的。正因為其重要或緊急，才力圖下達順利，使之減少羈絆；只有這樣，才能使給事中們無法抵制皇帝的命令，使各項政令得以迅速傳達，使皇帝的金口玉言受到絕對的尊崇。

　　雍正一方面貶低了六科給事中的權力，與此同時，又加強了督察御史的許可權，向地方上也派遣各類巡察御史，命令他們負責督察各類政令的實施情況，並負責考核各地官吏的任職狀況。這樣一來，巡察御史

就有欽差大臣的味道了。

雍正削弱了六科給事中的諫議權，相應地加強了督察院對所有官吏的監察力度，兩者相輔相成，既是雍正強化皇權的兩個側面，又是雍正馭下有方的一個最佳展現，提高了辦事效率並加強了政務監管。

雍正認為：「國家設官分職，各有專司，而總攬萬機，全在一人之裁決。」他甚至在《御製朋黨論》中，把反對他躬理細務的人歸之為朋黨，說：「懼怕皇帝的監察，還一心想著要矇蔽我的耳目，好達到他們為所欲為的私心。」

看來，雍正也並非是精力過剩或剛愎自用，究其原因，他把所有的權力都收到自己手裡，是對別人不放心。此外，雍正處事非常幹練果決。雍正五年六月，因為交廷臣所辦的事務廷臣沒能及時辦理。

雍正大為生氣，說：「我整天坐在勤政殿裡，不顧暑熱地想辦理事情，為什麼諸大臣對我交代的事務抱沉默態度，不來回奏？若不能辦，何以不講明原委？若不想辦的話，乾脆交給我，我來替你們辦。我現在責令你們把因循遲延的問題回答清楚！」

還有一次，新任御史鄂齊善、曾元邁值班時早退，大學士馬爾賽奏請皇上把他們交部議處。雍正對馬爾賽說：「不要按常規處罰。他們是新進小臣，還敢這樣怠惰，如果不嚴加教導，就不能警誡那樣越禮偷安的人了。」

雍正的處罰辦法是：命令鄂爾善、曾元邁兩人每天到圓明園去值班，日未出時到宮門，日落以後才准散班。這一招果然靈，很快就扭轉值班人員的懶散作風。

雍正的思想是：「遇到事如果毫無定見，那天下就沒有可辦的事了。」

雍正認為，遇事要很快拿定主意，不能瞻前顧後、左顧右盼、莫衷

一是、猶豫不定，認準了的事就馬上去做。這就是雍正剛毅果斷的性格，他要求大臣也這麼去做。

雍正五年，雍正硃批指出閩浙總督高其倬辦事優柔寡斷，於是寫了一段話來訓勉他：「我看你辦理事務的態度，必先將兩邊情理都分析清楚，找出其中的利害，剛想興此一利，而又慮彼一害，再欲除彼一害，而又不忍棄此一利，輾轉游移，毫無定見。」

雍正還說：「如果這樣，天下無可辦之事矣。人之處世就像走路，可是不可能自始至終盡遇坦途順境，既無風雨困頓，又無山川險阻，所以古人多詠行路難，這是很有深意的。凡舉一事，他人之擾亂阻撓已不可當，自己反而前怕狼後怕虎，百端交集，如蠶吐絲，以縛其自身！」

最後，雍正說道：「世間事，要當審擇一是處，力行之，其餘利害是非，一概不要左盼右顧，一切擾亂阻撓，不為纖毫搖動，操此堅耐不拔之志以往，才可能成功。從事後結果看，害者利矣，非者是矣。無知阻撓之輩，不屏自息矣。現在你卻不然。一味優柔寡斷，猶豫不決，我很擔心你不可勝任，這可是有關國家用人之得失啊！」

這段話，與其說雍正在教導部下，不如說是雍正在勉勵自己。教訓手下不要優柔寡斷，其義是在說明自己剛毅果斷。雍正性格的剛毅果斷，表現在政治上就是決策果斷。對一件事情的利弊，一旦有所把握，就作出裁決。

雍正在推行新政策和整頓吏治期間，大批地罷黜不稱職官員，同時破格提升了不少人才，別人批評他提拔和罷免官員都太快了，但雍正對此毫無顧忌，堅持到底。正是雍正的堅毅果斷，才使得他的許多重大的社會政策能延續下來。

雍正是個終生十分勤奮的皇帝。他向朝臣們說：「我受先帝重託天下，晝夜小心翼翼，寢食不安，天下事務不論大小，都想處理清楚。我

並不是想為自己留下好名聲，只是繼承列祖開創鴻基，體仰先帝付託至意，為社稷之重，只能勤勞不懈。」

因為雍正能以身作則，垂範於下臣，所以大小官員們也都以他為榜樣，勤政不懈。

雍正可以算得上是歷史上最勤政的一個皇帝。他經常引用俗語「不是閒人閒不得，閒人不是等閒人」，並說：「乃至今日，如何圖得安閒？既有責任在身，非勤不可。」

經過多年努力，雍正終於帶出了一支勤政的官員隊伍。雍正夙興夜寐、事必躬親，的確是歷代帝王勤政的表率。

尊崇孔子文化思想

雍正對孔子的尊崇，超越了前代帝王，能做人所未做，言人所未言，留其特性於後世。雍正元年三月，雍正追封孔子先世為王。他說：「天地君親師是人人所至為尊重的，而闡明天地君親大義的則要靠教育，教育又以孔子為最優，所以自己自幼讀書，就極其崇敬他，但孔子既被尊為『大成至聖先師』，已脫離人臣的封號，沒有辦法再尊稱了。」

因此，雍正決定追封孔子五世先人。把他們由前代封的公爵，改封為王爵。雍正二年，雍正將「幸學」改稱「詣學」。他在舉行臨雍釋奠禮以前，諭告禮部，說過去帝王去學宮，稱做「幸學，這是尊帝王之巡幸，本是臣下尊君的意思，但「朕心有所未安」，以後凡去太學，一應奏章記注，「將幸字改為詣字，以申崇敬」。

同年六月，曲阜孔廟發生火災，燒了大成殿及兩廡，雍正命工部堂

官趕去興修。雍正三年，雍正終於想出尊孔的新花樣，命對孔子的名諱像對君主一樣都要予以敬避，凡地名、姓氏都須加以改易。

雍正四年，雍正親書「生民未有」四字匾額，懸掛在天下學宮。為曲阜孔廟書寫「德冠生民，道隆群聖」對聯，並書大成殿榜額，還應衍聖公孔傳鐸之請，親自為《聖蹟影象》作序文，又親祭孔子。

過去帝王在奠帛獻爵時，從不行跪拜大禮，雍正徑行下跪，事後告訴禮部和太常寺官員，他不按照儀注所定行禮沒有錯誤，因「若立獻於先師之前，朕心有所不安」。

雍正是把孔子真正當做老師來對待了。雍正五年，定八月二十七日為孔子聖誕，其典禮規格同於康熙聖誕節，下令這一天禁止屠宰，命天下虔誠齋肅。孔子誕辰祀典，過去本為中祀，至此改為大祀了。

雍正八年，雍正以聖廟執事人員沒有爵秩，不足以光大祀典，因特設執事官，三品的二員，四品的四員。這些人員由衍聖公在孔氏子孫內揀選，報禮部備案。

同年十月，曲阜孔廟大成殿修成，「黃瓦畫棟，悉仿宮殿制」，所用器皿，也全由宮中頒出，用銀一百一十五萬兩。雍正命皇五子弘晝、淳郡王弘景前往參加落成告祭典禮，弘晝回京覆命，奏報孔林圍牆傾圮，雍正又遣官往修。

雍正如此尊孔，自有他的認識與想法。他說：

至聖先師孔子以仁義道德啟迪萬世之人心，而三綱以正，五倫以明，後之繼天御宇兼君師之任者有所則效，以敷政立教，企及乎唐虞三代之隆大矣哉。聖人之道，其為福於群黎也甚溥，而為益於帝王也甚宏，宜乎尊崇之典與天地共悠久也。

又說：

若無孔子之教，則人將忽於天秩天敘之經，昧於民彝物則之理，勢

必以小加大，以少陵長，以賤妨貴，尊卑倒置，上下無等，幹名犯分，越禮悖義，所謂君不君，臣不臣，父不父，子不子，雖有粟，吾得而食諸？其為世道人心之害尚可勝言哉！

使為君者不知尊崇孔子，亦何以建極於上而表正萬邦乎？人第知孔子之教在明倫紀，辨名分，正人心，端風俗，亦知倫紀既明，名分既辨，人心既正，風俗既端，而受其益者之尤在君上也哉！朕故表而出之，以見孔子之道之大，而孔子之功之隆也。

雍正毫不避諱，講君主從孔子學說得到的利益最多，所以才極力尊崇他。孔子思想，教人各守本分，君君臣臣父父子子，只要三綱五常一實現，沒有犯上作亂的，君主的統治就安穩，帝王從中當然就受益最多了。

過往人們只講遵循孔子名教，使風俗端淳，於民有益，不懂得對君主的好處更大。而他體察到了，並且公開地講出來，這有他坦白的一面，更重要的是在孔學與維護君主統治的關係上，他比大多數統治者的認識來得深刻。

銳意改革

一波未平，一波又起。不久，河南學政張廷璐到開封監考，眾監生暗中串聯，開始實施罷考計劃。與此同時，武生範瑚還把少數應試者的試卷搶去，當眾撕毀，以此表示對士民一體當差制度的抗議。

這一事件發生後，總督田文鏡、巡撫石文焯迅速向雍正作了彙報。

雍正認為地方上出了這樣的事情，應該「整飭一番，申明國憲」，他打算殺雞儆猴，透過對個別風頭人物的打擊，使其他人懾服。為此，雍正特派吏部侍郎沈近思、刑部侍郎阿爾松阿趕赴河南處理此事。

勤於理政勵精圖治

雍正即位的前幾年，多次表示要勤於理政。西元 1723 年，京口將軍缺出，雍正命一個李姓官員署理，大學士票擬時誤將張天植擬用為副都統署理京口將軍，事情被發覺後，大學士們自請交吏部議處，雍正因此教導他們認真辦事，並自雲自己年富力強，可以「代理」大學士所應為之事。雍正二年，雍正向朝臣講：

仰荷皇考詒謀之重大，夙夜祗懼，不遑寢食，天下幾務，無分鉅細，務期綜理詳明。朕非以此博取令名，特以欽承列祖開創鴻基，體仰皇考付託至意，為社稷之重，勤勞罔懈耳。

雍正深感維持清朝江山責任重大，而新繼大統，對臣下不熟悉，需要勤政治理。五年，雍正把他比較欣賞的疆吏朱綱用為雲南巡撫，在朱

綱陛辭時，雍正與他作了推心置腹的長談，講到繼統初期的心情和情況：初御極時，諸臣多未識面，朕費無限苦心，鑑別人才，辦事自朝至夜，刻無停息，唯以天下大計為重，此身亦不愛惜。

其實，雍正勤於理事，不僅是初期政事沒有頭緒情況造成的，更重要是他健全奏摺制度，又創設軍機處，把輔臣進一步降低為「幕僚」，使自己一身兼國家元首和行政首腦兩重職務，事務自然更加繁忙了。

雍正處理朝政，大體上是白天同臣下接觸，議決和實施政事，晚上批覽奏章。從早至晚，少有停息，即使在吃飯和休息的時候，也是「孜孜以勤慎自勉」，年年如此，寒暑無間。雍正六年夏天，他寫《夏日勤政殿觀新月作》七律一首：

勉思解慍鼓虞琴，殿壁書懸大寶箴。

獨覽萬幾憑溽暑，難拋一寸是光陰。

絲綸日注臨軒語，禾黍常期擊壤吟。

恰好碧天新吐月，半輪為啟戒盈心。

雍正因早年夏天中過暑，以後形成畏暑心理。這一年酷熱之時，本想休息，但一想到前賢的箴言、帝王的職責，就不敢浪費一點時光，又勉勵自己警戒驕盈，去努力從事政務。次年，雍正又作《暮春有感》：

虛窗簾卷曙光新，柳絮榆錢又暮春。

聽政每忘花月好，對時唯望雨均勻。

宵衣旰食非幹譽，夕惕朝乾自體仁。

風紀分頒雖七度，民風深愧未能淳。

因此朝夕戒懼，不敢怠惰，時序的變化雖大，也無心欣賞花木的繁榮。晚間，也是雍正緊張的時刻，批覽奏摺，常常到深夜，搞得精疲力盡，他常把這種情形書寫在臣下的奏摺上：

日間刻無寧晷，時夜漏下二鼓，燈下隨筆所書。

燈下所批，字畫潦草，汝其詳加審視。

燈下批寫，字跡可笑之極。

又系燈下率筆，字跡更屬可笑。丙夜燈下逐條省覽，一一批示矣。

因燈燭之下字畫潦草，恐卿慮及朕之精神不到，故有前諭，非欲示朕之精勤也。

石硃批是雍正勤政的最好展現。這一做法他一直堅持下去，雖然雍正八年以後，石硃批分量有所減少，但他的勵精圖治的精神仍然貫徹其間。雍正處理事務，非常認真。臣下的疏忽大意、草率從事、掩飾過失，往往在他的精細之中被發現了。雍正元年，年羹堯奏一摺，大學士已經議復，後蔡有同樣內容的摺子，大學士沒有察覺，又行上奏，雍正注意到了，批評他們疏忽大意。

同年，禮部侍郎蔣廷錫等書寫追封孔子五世王爵詔，將「重道」二字誤寫，雍正看題本時發現了，把蔣廷錫等叫到跟前，告誡他們：「勿謂此等本章無甚緊要，朕不詳覽，嗣後當甚之。」

雍正五年，浙閩總督高其倬連著就福建水師問題作了兩個報告，因路途遙遠等緣故，後寫的摺子先到，雍正見了，因上有續報的話，追問是怎麼回事。可見他不放過每一個細節。

雍正七年，署理浙江總督性桂摺奏偵稽甘鳳池事，雍正閱後批道：「前既奏過，今又照樣抄謄瀆奏，是何意見耶？」

具奏人忘了這是重複奏報，日理萬機的皇帝對其前摺倒印象很深。福建巡撫劉世明沒有及時對雍正的訓令作出反映，雍正可不是說了話就置於腦後的，於是新的訓飭就發生了：「朕日理萬機，刻無寧晷，費一片心血，親筆訓誨之旨，竟一字不復，想汝終日在醉夢中矣。」

雍正就是這樣孜孜不倦地處理他的事務。他說：「朕於政事，從來不憚細密，非過為搜求也。」

　　確實，他不是為挑蔣廷錫、高其倬、劉世明等人錯誤，而是他本身辦理認真，並以此嚴格要求臣下。雍正在對朱綱說了他不惜自己身體健康地勤政之後，接著又說：「朕之不少圖暇逸者如此，爾等督撫身任封疆之責，朕又豈肯任其貪圖逸樂？務宜勉勵為之，無為溺職之巡撫。」

　　要求臣下和他一樣緊張忙碌。他不許官員設立戲班，主要原因是怕他們貪汙腐化、敗壞風俗，再怕他們廢弛公務。雍正五年六月，雍正因交廷臣所辦事務不能及時處理，大為生氣，他說：「我整天不顧暑熱，只想辦理事情，為什麼諸大臣對交代的事情抱沉默態度，不來回奏，若不能辦的話，何以不講明原委，若不想辦的話，乾脆交給我，我來替你們辦。現在責令你們把因循遲延的問題回答清楚。」

　　次年二月，新任御史鄂齊善、曾元邁值班早退，大學士馬爾賽請把他們交部議處，雍正批示不要按常規處罰，他們是新進小臣就這樣怠惰，若不嚴加教導，就不能警戒那些越禮偷安的人了。因此命令他們每天到圓明園值班，日未出時到宮門，日落以後才准散班。

　　雍正勤政，加上他的一套行之有效的行政辦法，所以他辦事非常迅速。他每日召見大臣，議決事情。當西北兩路用兵時，每天面見軍機大臣數次，晚上也不例外。他審閱官員的本章、奏摺，處理及時。

　　如在豫撫田文鏡三年四月十七日奏摺上石硃批，詢問年羹堯向河南運送資財的去向和河北鎮總兵紀成斌的為人，五月初六日田文鏡具摺回奏，報告已派人了解年的問題，談了對紀的印象。

　　四月十七日至五月初六日，頭尾算上才二十天。他們君臣的筆談，就進行了一個來回。五月二十六日，田文鏡進一步摺奏年、紀二人的情況，雍正閱後在硃批中又詢問道員佟世的為人。

　　同一天，田文鏡還進呈一謝恩摺，雍正也寫了硃批，到六月十三日，田文鏡就見到這份石硃批，隨後於二十一日對佟世問題作了奏報。

這一年五月小，二十六日至下月十三日，共十七天，開封到北京的路程有一千六百里，來回共三千二百里。

這些奏摺，都由田文鏡家人呈遞，那樣就不可能像驛站傳送公文，一天可以三四百里，四五百里，所以這十七天，主要是路上來回占用了，不用說，雍正隨收到隨批閱，隨即發出。

雍正就是以不過夜的原則批閱臣下摺子，因而很快掌握了情況，處理了事務。雍正十年七月初八日，禮部侍郎張照為他祖父張淇呈請設立義莊和請求旌獎，三天後，即十一日，雍正批准了請求，命禮部議奏旌表，十月十三日大學士張廷玉題請給張淇封典，十五日雍正即予認可。

關於張淇的封典、兩次題本，雍正都在兩三天內答覆了，並不因平常的事情而拖延。他如此迅速處理事情，可見他的行政效率之高。雍正事事必躬的態度，惹出了一些不同的看法。

雍正二年年初，福建巡撫黃國材上奏，認為細微的事情不必專摺奏聞，只須報給六部，由他們彙總具題。還有人認為雍正大小事一齊抓，煩苛瑣細，他們希望人君不要親理庶務。

雍正對此作了一番解釋，就黃國材的奏議說，他是效法康熙六十餘年的勤政精神，所以「朝乾夕惕，事無鉅細，親為裁斷。」

他強調正富年輕力壯之時，不可稍圖暇逸。他說勸他的人也可能有愛君之意，但不知他的脾氣，如果大家都效忠為國，事情辦得有條理，就是封章堆疊，也樂於披覽，不以為勞，若眾人苟且塞責，以致事務廢弛，日無一分封章，心理反倒不安。

表示他絕不圖暇逸而減少對政務的處理。五月，他進一步說明皇帝躬親政務的必要性：「國家設官分職，各有專司，而總攬萬機，全在一人之裁決，因此天子不能端默高拱，必須綜理庶務。」

七月，在他《御製朋黨論》中，把反對他躬理細務的人歸之「朋

黨」，認為那些人「畏人君之英察，而欲矇蔽耳目，以自便其好惡之私」。這樣一來，再沒有人勇於非議親理庶務了。雍正從政，日夜勤慎，戒備怠惰，堅持不懈以朝乾夕惕自勵、自詡。年羹堯把「朝乾夕惕」誤寫為「夕陽朝乾」，他以此作為整治年的理由，雖借題發揮，但亦有因。

造就一批有用的忠臣

雍正在執政中，始終把用人看作是治理天下的根本大事，而把其他方面都看作是枝葉。他曾明確表示：「治天下唯以用人為本，其餘皆枝葉事耳。」

康熙末年，康熙皇帝認為自己已經功成名就，於是失去了早年積極進取、變革圖新的精神，加之晚年身體衰弱，使他倦於政務。康熙晚年，他曾說：「今天下太平無事，以不生事為貴，興一利，即生一弊。古人說多一事不如少一事，就是這個意思。」又說：「治天下務以寬仁為尚。」

不生事、維持現狀致使康熙晚年的社會積弊越來越多，也越來越嚴重。其中最主要的是朋黨之爭和官吏的貪贓枉法。雍正即位後，力圖革新前朝積弊，在政治上開創一個嶄新的局面。但積弊太多、太久，該從哪裡入手呢？雍正選擇了一個最關鍵也是最根本的方面，就是用人。

雍正在《悅心集·書蘭芳亭》中說：

蘭之香蓋一國，則曰國香。士之才德蓋一國，則曰國士。

自古以來，歷代帝王與大臣們都十分注意理財，認為理財最關乎國計民生，只要倉廩充實，百姓各樂其業，國家自然會太平無事。但雍正

對此卻有不同的看法。

有一次，雍正對諸王大臣們說：「從古以來帝王治理天下，都說理財、用人兩件事最重要，但是我認為用人的重要性，更在理財上面。如果能夠做到用人得當，還擔心財政整不好嗎？其他政事辦不好嗎？」

雍正在處理江蘇巡撫尹繼善的奏摺上，也曾批寫說：「我作為皇帝的責任，不過是提拔任用你們這樣的幾個總督巡撫。」

雍正之所以把用人提到如此重要的程度，是有其理由的。他曾大喊理財難，這是因為他執政初年，國庫存銀告匱，不足兩千萬兩，而國家每年支出浩繁，怎樣才能增加財政收入，量入為出，曾使他大費苦心，有時還不得不蒙受吝嗇小氣的惡名。

但是後來，雍正透過三四年的大力整頓，任用能臣清理虧空，理順官民關係，保證賦稅的正常徵收，很快扭轉了財政困窘的局面。所以，雍正直觀地看到，凡事都必須透過人去辦理，如果選用得當，諸事皆理，反之，什麼事也都是難辦的事。

同樣，在「人治」和「法治」的關係上，雍正很重視法律制度的建設，注意「以法治國」；然而，更強調「人治」，認為從來有治人，無治法，有治人，即有治法。

法律也是人制定的，得到有能力的人，則自能因時因地制宜，應時宣教，必然達到法治的境界。否則，如果用人不當，善法也會變成惡法。更何況，法隨時隨地而變，譬如人有疾病，必然因症投藥，若藥不對症，好藥也會害人。

雍正明確下令：要求各省督撫愛惜人才，在對部下進行彈劾時更應當謹慎。若因為查人不明誤將一個有用的人才罷了官，那就比誤薦一個不肖的官員所造成的危害還要大。所以，雍正在給雲貴總督鄂爾泰的御批中寫道：

天下唯以用人一政為本，其餘皆枝葉事耳。覽汝所論之文武大吏以至於微弁，就朕所知者甚合朕意。但朕不過就日下目力之所見，斷不敢保其必也。賢卿之奏，非大公不能如是，非注意留神為國家得人不能如是，非虛明覺照不能如是。朕實嘉之。但所見如是，必明試以功，仍當以臨事經驗方可信任，便經歷幾事，亦只可信其以往，仍留意觀其將來，萬不可信其必不改移也。上智之資，從古難得。朕前批諭田文鏡，言用人之難有兩句，可信者非人何求，不可信者非人而何求。不明此理不可以言用人也。朕實如此法用人，卿等當法之，則永不被人愚矣。卿等封疆之任古諸虞也。闔省窺伺，投其所好，百般千方厭其不善而著其善，粉飾欺隱何所不致。唯才之一字，不能假借也。凡有才具之員，當惜之教之，朕意雖魑魅魍魎，亦不能逃我範圍也，何懼之有？既至教而不聽，有真憑實據時，處之以法，乃伊自取也，何礙乎朕意？卿等封疆大臣，只以留神用材為要，庸碌安分潔己沽名之人，駕馭雖然省力，恐誤事。但用材情之人要費心力方可，若無能大員，實不如用忠厚老成人，亦不過得中醫之法耳，非盡人力，聽天之道也。

因為重才、愛才，雍正會對官員因材、因地、因事、因時，隨時加以調整，及時訓誡。雍正接見大小官員時，或小規模地集體會見，或單獨引見，他絕少裝腔作勢，擺萬乘之君的架子，而是態度和藹、言語真誠，有針對性地問寒問暖，詢問家世、年齡、籍貫、履歷、特長等，先消除引見人的心理恐懼。

有時，他雍正也談自己，暴露個人的心跡，說話很隨便。然後，雍正再進入正題，說明為什麼用你，甚至經誰保舉的也明告於人，告誡人們要效命於皇帝和國家，要存天子的用人臉面，要立心向上，爭做名臣、做好官，甚至聲稱「將相本無種」，以此鼓勵人、鞭策人。

很多時候，雍正還探問他們家庭有沒有負擔，雙親年齡多大了，如

果需要養親，有時還破例予以照顧。有時談得高興了，雍正還會當面加以獎勵，直接說出對某人的印象看法，不時賞給一些先皇的御用物品，或宮中的御用品，或其他能派上用場的藥品、布匹、衣物、書籍等。

對臣下大膽提出的要求，雍正往往立即做出決定，大多都滿口答應。透過一番交談，雍正很容易使來人感恩戴德，這種例子多得很。應該說，雍正透過面見途徑對臣下進行感情投資，既是一種出色的籠絡術，又不能單純視為籠絡，因為他的言行往往是出於真誠的。

在君臣的祕密通訊奏摺中，雍正更是針對不同之人進行訓誨、鼓勵、關心、指示或批評。其言辭坦率真摯，感人肺腑，文字富有色彩，多是口語化，甚至粗話連篇，雖不雅，卻能使具摺人感到親切。可以說，密摺及硃批是雍正聯繫皇帝與身居外地的封疆大吏感情的重要紐帶。

過去，人們很懷疑雍正生前公布刊刻的那八千餘件硃批奏摺的真實性，認為皇帝不太可能對臣下御批那麼多的知心話和關切語，把《硃批諭旨》與原摺進行對比，發現所刊刻的硃批諭旨的確有改動的地方，但主要是糾正錯誤、整齊格式、潤飾文字等方面的文字性的修改，以及涉及當朝人物評價等問題時因忌諱而修改處。

雍正的籠絡術不僅細膩，而且誠懇，私人感情的成分多有，但並不是不可示人的。他透過對臣僚無微不至的關懷和頻繁的賞賜，大大溝通了君臣間的感情。有的官員生病或身體不好，雍正總是表現出極大的關心，或擇醫前往療治，或賜藥，或告知良方。

年羹堯得寵時雖系壯年，但卻心血兩虧。雍正得知情況後，特賜「天王補心丹」等名貴藥物，並一再囑其愛惜身體，不要勞心於無用處。

田文鏡得到雍正的重用時，已是六十多歲的人了，前幾年身體還勉強維持，但六七年後，健康一年不如一年，感冒時發，左腮頰腫痛，時而出膿。雍正特命河南按察使陳世倕就近診治，陳世倕以懂醫術著名，

他給上司治病自然容不得馬虎。

李衛體質與其魁梧的身軀不相稱，曾多次吐血，雍正認為他是急於報效、用心太過所致，多次告誡他應量力而行，戒除煩躁和急脾氣，同時特派醫生加以診治，至於用其八字卜算其壽考，雖有些滑稽，卻說明皇帝對寵臣是何等的關心！

新貴唐執玉自以為才拙，政事不如人，但抱定以勤補拙的古訓，雖身患疾病，卻理事如常。雍正很欣賞這種精神，對他越格提拔。唐執玉在代理直隸總督時，患病不求醫，雍正特命懂醫的宗人府府丞冀棟前往診治，並賜人蔘，傳諭道：「愛養精神，量力治事。」

實際上，雍正不但對寵臣這樣，而且對其他人也是很關心其身體健康的。除非有的人裝病偷懶，或借病引退，則視情況另眼相待，如蔡珽在四川巡撫任上，以眼疾請求療養，雍正就直破其奸巧之心，批評蔡珽自己就熟諳醫道，自然知道眼病用不著閒居休養。

雍正曾派一個叫留保的滿族侍郎去浙江辦事。留保慮事很周，臨行前又摺奏雍正，請示去浙江是不是還要辦其他的事。雍正在留保的奏摺上批道：「聽說你至今還沒有兒子，可在浙買一兩個婢妾回京。」這樣的硃批倒是很少見，很親切，很有人情味，又十分有趣。

留保到了浙江後，杭州織造隆升聞知皇帝叫留保在浙買妾，因此就將一個叫奴奴的女子贈送給留保。於是世間傳說留保奏旨娶妾，以為不世之榮，可見雍正很善於關心下臣。

雍正對人才的重視還表現在善於納言。俗語說：良藥苦口利於病，忠言逆耳利於行。雍正在位時能接受臣下諫言，知錯能改，展現了一個君王的大度。如他自己所言：「朕生平不怨天，不尤人，唯有自省自問而已。」

兩廣總督孔毓珣因與年羹堯交往過，向雍正謝罪。雍正安慰他：「是

我自己無識人之明，誤寵匪類，正自心裡悔恨呢，又怎麼好意思牽連你們這些無辜的人。」正因為有他此一句話，與年羹堯有過來往的官員才安心了。

封建體制下的官員任免，往往牽一髮而動全身，引起朝野動盪，因此，在拿權傾一時的年羹堯開刀之後，面對人心惶惶的官場，雍正當機立斷，安撫人心，這一招也是十分有效的。

雍正雖然性格剛毅果斷，但也有遇事吃不準的時候，雖然下臣的建議正確，也往往一時得不到支持。雍正四年九月間，甘肅巡撫石文倬建議在該地開爐鑄造制錢，以禁絕私錢，無奈雍正並不批准。

同年十一月，石文倬再次奏請開爐鑄錢，雍正了解情況後就改變了態度，在石文倬的摺子上果斷批示道：「禁止製造私錢一事，確實像你所說的，錢法既清，而民用也足夠了，你說的很有道理。那時我想全面考慮一下，所以沒有很快決定，今已批准部議了。」

雍正起初猶豫不決，是不了解情況，後來證明自己的猶疑不當，當即就改，也不失為一位明主，也足可見雍正是有理性的皇帝，能夠審時度勢並懂得寬仁。雍正繼位時，曾封朱軾為太子太傅。到了第二年，又命朱軾兼吏部尚書，賜詩「忠豈唯供職，清能不近名。眷言思共理，為國福蒼生。」雍正三年，雍正又命朱軾為大學士。當時，雍正正在考慮諸臣建議，將「耗羨歸公」，因為徵收糧食運輸時有損耗，在正額徵收之外加收若干叫耗羨，歸公即是將耗羨部分全部歸入正額徵收數。

朱軾怕耗羨之外再加耗羨，就連連上書反對。雍正一再反駁，朱軾立場始終不改。作為起初的寵信之臣，朱軾常與雍正唱反調，不安於位，以病乞休。

雍正挽留他說：「如果你真病得很重，我怎麼可能極力挽留？如尚可醫，你又怎麼忍離開我而去。」

朱軾聽罷感激涕零，從此不再有去意，但性格仍不改變，常直諫皇帝，雍正也不以為意。

太原知府金鉷也反對耗羨歸公，雍正卻很快提升他為廣西按察使，又擢為巡撫。金鉷建議把州縣分為衝、疲、繁、難四類，依據分類情況任用官吏，此議為雍正採納。後來，金鉷又以清查反雍正的流言而得雍正的信任。

侍郎沈近思也反對雍正火耗提解，雍正也並不嫌惡，卻賜詩讚他：「操此寒潭潔，心同秋月明。」沈近思反對雍正崇佛，雍正也並不為意。沈近思死後，又追加他為禮部尚書、太子太傅，遣官往祭，令吏部派司官經理喪事。

另一反對耗羨歸公的御史劉燦，雍正起初認為他有私心，改授刑部郎中。後見劉燦「居心尚屬純謹」，於是升之為福建汀漳道。雍正五年，劉燦因漳州政府及屬縣倉米短少，揭報督撫，文書被府縣截回，他氣得以頭撞壁。福建陸路提督丁士傑密參他浮躁、有失體統。雍正保護他，說他是感恩圖報心切而失禮，沒有過錯。

雍正曾就下臣對他納諫問題向大臣們作過表白：「我並不是一個文過飾非之人。人非聖賢，孰能無過。你們只要是真心指摘我的過錯，我心裡很高興。『君子之過也如月之食，人皆見之，及其更也，人皆仰之。』改過是天下第一等好事，我樂意這麼做！」

考察官員並量才而用

　　雍正在與各級官員相處時，為了顯示「君臣家人一體」的仁君之心，對臣下捨得感情投資，目的是最大限度地籠絡人心，驅使臣僚為朝廷和天子奔走效力。可以說，其施展的統治術是高明的，花錢少而效益大。

　　對現任官員如何合理使用，歷代相積的經驗很多，雍正的認識和做法也不外乎這些。但他的確煞費苦心，雍正常常說，「為政之道，首在得人」，力求做到人盡其才，才盡其用，量才任使。

　　怎樣才能知道某人是「上哲之資」，抑或中才、庸才，「下愚不移」？雍正的基本經驗，概括起來就是「察色、聽言、觀行」六個字。

　　所謂「察色」，就是利用引見之機，運用經驗和命相「原理」，觀察某人屬哪類人：是「老成」，還是「孟浪」？是「忠厚」，還是「柔善」？

　　雍正常自誇耀，自己看人，往往能夠看到別人見不到的細微隱祕之處。

　　所謂「聽言」，有三個途徑：

　　一是在召見面談中親耳聽其言，屆時，雍正往往有意無意地問幾個問題，看其人是否有見識，是否有上進心，是否屬逢迎奸猾之輩。在雍正一朝，文武大臣自不必說，僅就武官而言，自副將以下游擊以上，大部分聲名稍好一點的，都面見過皇帝；

　　二是聽取各方面言論，廣諮博採。雍正初期，很多官員都是靠內外大臣保舉後，再經引見察言觀色，同時徵求有關人尤其是該官上司的意見，最後綜合輿論任官的；

　　三是透過密摺觀察中級以上官員，看其是否周知所轄地區或營伍的利弊，所提建議或方案是否有識見，等等。

所謂「觀行」，就是看某人實際任職的政績，既察其言，又觀其行；既看其過去和目前表現，又必須看其未來發展態勢，總要有意識地試用一段時間，再決定升降調轉。

李衛是雍正朝的一位「督撫模範」。他並非科甲出身，雍正用他是看到他品性耿介、操守廉正、勇敢任事，是實行新政的難得之才。雍正繼位前，李衛原在戶部任職，官職雖微，卻敢揭上司之短。因此雍正即位後便起用李衛為雲南布政使，兼管鹽務。

當時鹽務極難管理，雍正給他這份差使，也算是對他的考驗。李衛到任後，利用布政使之權，嚴厲整頓鹽政、堵塞漏洞、揭發貪員、懲罰汙吏，使雲南鹽務肅清。

雍正對此非常滿意，稱讚李衛是「國家衛器」，當即調升他為浙江巡撫，那時他才三十八歲，是清代少見的年輕疆臣。李衛是個「粗人」，他生得膀闊腰圓，武功很好，但文墨不通，奏摺多讓人代寫。

耿介過頭，往往不合法度，做司馬官時，往往直稱上級「老高」「老楊」；火氣上來，會痛罵一頓。後來又多次參奏大吏，因此多遭人忌恨。許多官員上摺告他「狂縱傲慢」。

對此，雍正一方面好言為他辯護，向參奏者說明李衛「大節不虧」「秉公持正」「實心任事」「勇敢廉潔」。同時不厭其煩地下旨警告李衛不要「任性使氣」「滿腔冰炭」，讓他修習涵養，戒驕戒躁。李衛的習性終生也未改多少。但雍正用其大節，始終信賴，將他加官至刑部尚書、兵部尚書、太子少傅。

雍正在剛做皇帝的前兩三年有過教訓，過分相信大臣們的保奏和本人的誇誇其談，片面相信自己的判斷力，結果，許多人或者改易節操，或者無所作為。年羹堯及其追隨者的大案敗露，對雍正的刺激很大，他在各種場合表示後悔不該輕信人言。

後來，雍正與寵臣鄂爾泰交換用人觀點時，曾寫道：「不僅要靠眼睛看，還必須要用辦事來考察，臨事經驗方可信任。即經歷幾事，亦只可信其已往，猶當留意觀其將來，萬不可相信他一定不會改變。」說明其政治經驗多了，用人知人就越來越聰明瞭。雍正能奪取皇位，最重要的先決條件是他善於識人用人管人。正所謂人才是本，雍正把身邊大大小小的官吏牢牢地控制在他手中，為他所用。他要求臣下忠誠，有公心。公生明而廉生威。

雍正說：「小事小料理，不可因小而不放在心上；大事大振作，不可因難處而畏懼不前。如果真能像這樣真心奉行，以忠正二字感化，用不了多少年，壞人也會變成了好人，而百姓不感念我這種恩德，不畏懼國家法令而仍去成群為匪，我認為沒有這種道理。」

首先是「忠」。擁有一顆忠誠之心是歷代君王對大臣們的基本要求。要想使一個國家乃至社會團體、單位長治久安，就必須起用具有忠誠品質的人才，「忠」乃創業之本。一個國家沒有「忠」的基石做鋪墊，那麼這座大廈就有傾塌的危險。

雍正即位之初，皇室勾心鬥角、人心惶惶，加之各地百姓揭竿而起，在這風雨飄搖的危難時刻，任用「忠臣」就成為雍正從政的當務之急。這時，雲南巡撫張允隨上奏摺說：「臣之愚昧，咎實難辭。茲蒙聖恩，不加譴責，硃批訓飭，感懼交併，措身無地。臣本駑駘，受恩深重，唯有益加奮勉，竭盡心力，以圖報稱於萬一。」

雍正在張允隨的奏摺上御批道：「為大臣者當以國家內外一體視為己任，才不負『大臣』二字。若但以區區一身一任為計，在內者不知體外，在外者不知顧內，文武不相關切，上下不知愛恤，甚至於將鄰省視為膜外，同寅觀如陌路，滿漢分為兩途，兵民作成二事，豈大臣大人之居心也？若如此器量偏淺，不識輕重者，皆大明不義，不知利害，乏廣遠襟

懷之輩，當深以為戒。為大臣必務為大人，『大』者，無不包容，無不周遍；普天下視為己任，先天下之憂，後天下之樂，方不愧『大臣』二字也。勉之」。

雍正這段話的意思是批評張允隨「器量偏淺」，襟懷不夠廣遠。做大臣者，應該把國家內外看成一個整體，不應該總為區區一身考慮。「為大臣必務為大人」，說得好！「大人」者，胸襟廣遠，包容萬事，先天下之憂，後天下之樂，這才不愧對「大臣」二字。

檢驗一個人的忠誠與否要從零碎小事開始，雍正就是這樣一個細察臣心的高手。例如戶部郎中李衛，官微身賤，然而雍正從細微小事中發現他和提拔他。

當時有一位親王在管理戶部，每次收錢糧一千兩時，加收平餘十兩以挪以私用，李衛知道後就勸這位親王改正，然而這位親王仗其權勢，根本不把李衛放在眼裡。於是李衛便在戶部大堂設一個錢櫃，專收多餘錢財，並在櫃子上標明「某王贏餘」，把這位親王搞得非常難堪，便就此罷手。

在這件事中，雍正相中的正是李衛對自己的耿耿忠心，對工作恪盡職守，於是馬上任李衛為雲南鹽驛道，二年升布政使，三年任浙江巡撫。李衛連升三級，可謂青雲直上，仕途春風得意，一時間在朝廷內引起強烈反響。

雍正期望官員們要勇於付出而不求回報，「但盡臣節所當為，何論君恩之厚薄」。實際上就是要臣子們擁有「鞠躬盡瘁，死而後已」的高風亮節。正因如此，官員們對君主忠誠的深淺程度成為雍正提拔任用官員的一個重要砝碼。

其次是「公」。萬事「公」為先，這才是一個集團事業成功的關鍵。在雍正的眼裡，好的官員和人才，就是要辦起事來「公」字當頭，不徇私情，做任何事情都要總攬全域性、胸懷團體，放眼前景而不去斤斤計

較個人一時一地的利害得失。

山西巡撫石麟上奏：「雍正七年十一月初三日齎摺把總趙尚觀回晉，恭捧到皇上賞賜哈密瓜一個。臣隨跪迎至署，恭設香案，望闕叩頭謝恩祗，領訖。伏念臣一介庸愚，荷蒙聖恩，畀以撫晉重任，寸長未效，乃蒙殊恩異數，疊沛頻施，有加無已。臣感激難名，愈深惶悚，唯有朝夕黽勉，殫竭駑駘，以冀仰報高厚於萬一耳。」

雍正御批道：「操守乃為官之本，本立諸道自生。上天之善惡唯在公私二字，為國即為公，為己即為私，一涉私為自身利害計，使善事亦不能仰邀上天神明之鑑佑，何況其非善乎！若不貪利沽名作威作福，一派大公致身於國，何往何為而不蒙福也！試行看。鄂爾泰、田文鏡等，無他奇異伎倆，不過根本上見得透、立得定耳，當勉之者。特此諭，亦令蔣洞知之。」

大吏石麟奏謝賞賜哈密瓜這件事，雍正卻給他上了一堂哲學課。操守落在「善惡」二字上，善惡又落在「公私」二字上。「若不貪利沽名作威作福，一派大公致身於國，何往何為而不蒙福也」。最後回到現實中來，指出鄂爾泰和田文鏡之所以恩寵不衰，沒有什麼奇招，只是他們認準了一個「公」字，立定操守而已。

其三是要「誠」。唯「誠」才能辦實事，對皇帝忠心，不欺君，而且能把事情辦得穩妥，令皇帝滿意。為了使官吏們大公無私不徇私情，雍正曾明確表示：「凡秉公持正，實心辦事者，雖疏遠之人而必用；有徇私利己、壞法亂政者，雖親近之人而必黜！」

貴州巡撫張廣泗給雍正上奏摺道：「臣自入仕以來，並未瞻仰大顏。原擬於巡勘苗疆事畢，特疏題請趨覲明前，適值督臣鄂爾泰奉有諭旨，著令赴京陛見；現在署督臣高其倬尚未到任，臣又不敢冒昧遽行。敢再懇我皇上俯賜，准臣或俟督臣鄂爾泰陛見回任後再啟程赴京；或俟署督

臣高其倬任事三兩月後，諸務就緒，臣於明春二三月內赴京，得以瞻謁天顏，恭聆聖訓。」

雍正的御批為：「明知鄂爾泰進京陛見，高其倬新署不諳，而奏請來京，實不解汝居何心志也！睹汝諸凡奏對，大不似初任時矣。莫移原志。務誠之一字要緊。將鄂爾泰之指訓時刻不可遠，一心法效其居心行事方好。」

張廣泗雖為封疆大臣，但從未見過雍正一面，故要求適當時候進京陛見。按理說，這於情於理也說得過去。但雍正卻認為督臣鄂爾泰被召見回到京城，新署高其倬還不熟悉業務，這種時候奏請進京，動機不純，提出為官者「務誠之一字要緊」。

此外，雍正還對大臣有「能」的要求。雍正提拔重用一批如允祥等才能政績俱佳的寵臣，他們才智過人、能力出眾，在同行中出類拔萃、脫穎而出，為雍正穩坐朝政奠定了堅實的基礎。

「忠、公、誠、能」四而合一，雍正是深諳此道，將四者有機地滲透到治理朝政的各個方面，實行除舊布新。同時，「忠、公、誠、能」的用人法則為雍正造就了一批寵信和忠臣，他們在歷史的舞臺上各顯身手，書寫了雍正王朝的輝煌篇章。

廣泛招納有用的人才

雍正在用人方面，在遵循祖制的前提下，進一步豐富、完善各種成例；在具體操作上，又往往突破現行制度，通權達變，靈活運用，形成了量才任職使官宜其所，任人之長不強其短，破格用人、唯才是舉的改

革家的用人風格。

清朝入關立國以來，集歷代文官制度之大成，對文官的選拔、任用、品階、考核、迴避、終養、封贈、承蔭以及待遇、升轉、懲罰、致仕等，都形成了嚴格而明確的制度體系。武官錄用、選拔、任用、獎懲等也逐步制度化。

就制度而言，雍正做了某些變革。為肅清官吏的來源，他大力淘汰各級學校中衰老不稱職的儒學教官，而用會試落第舉人中的優秀人才充實教職隊伍。同時慎選各省學政，以督責表率一方。另外，對各級學校生員，加強管理，建立獎懲激勵制度。

雍正為了廣泛造就人才，還創設了「覺羅學」「咸安宮官學」「八旗教場官學」「八旗蒙古官學」等，如此，便為宗室和八旗人員開闢了一條進身之路。同時，雍正除允許八旗人員參加漢文考試外，還特設八旗滿文、蒙古文的翻譯考試，中試者分別獲得秀才、舉人、進士出身，以濟實用。

雍正還採納侍講學士戚麟祥的建議，特開「醫學」科，以網羅天下名醫，為國家主要是為宮廷效力。對於優點突出、毛病也明顯的人，雍正的做法特別值得稱道。

譬如，眾所周知的寵臣、浙江總督李衛的缺點很明顯：此人性情粗野，沒文化，大字不識一鬥；恃才傲物，抗拒上司，以好惡為美醜，以喜怒為是非；還常常把密之又密的硃批宣揚於眾，以示坦率，因受皇帝數十次批評才稍有收斂。

這些毛病，雍正都完全清楚，認為李衛秉性如此，讓他脫胎換骨般改變那是很困難的。但是，正像鄂爾泰評價李衛的，李衛除如雍正所說「狂直不謹」外，長處甚多，其行事實心實力，毫無瞻顧；心地頗正，人品頗高，是個可以造就的難得之才。

雍正非常同意鄂爾泰的評價，認為李衛長處勝其所短，將來歷練得成熟了，或許可以希望他成為全才。打破不合時宜的成例和束縛人才成長的資格限制，破例破格使用人才，是雍正用人的風格。

過去，出身資格界線顯然，高者高就，低者低就；資格再分正途、異途，涇渭分明，異途出身受到歧視。用人成例牢不可破，官吏都論俸升轉，論資排輩；地緣、親緣迴避；該嚴格執行的得不到執行，應具體問題具體處理的，又格於成例，不講究靈活性；官員遭父母喪而「丁憂」，不管是否事需其人，都必須開缺去官「守制」等等，不一而足。

雍正用人，在適當考慮資格和成例的基礎上，往往破格用人，其例證不勝列舉。他曾囑咐鄂爾泰，「不必拘定成例」，對特遣去的人，可以酌量人地相宜者，大膽量才使用。

雍正欽定的人中，像李衛、宜兆熊等「文盲」，尤其是捐納出身的李衛，可位居內外大臣之列；非科甲出身的田文鏡，可官至總督，節制數省；大學士高其倬、河運總督齊蘇勒、貴州布政使申大成等，雖年逾七十，但都精神健旺，均照常供職，或調換適當職位，而不受輿論干擾。

而像岳鍾琪、馬會伯、韓良輔、劉世明、郝玉麟等人，原來是提督，但又有治理地方的才能，後都以武改文，做了總督或巡撫。雍正用人還特別有人情味。

楊宗仁請將其子道員楊文乾調湖廣侍奉父母，結果，雍正不顧迴避例，加楊文乾以按察使銜遣往湖北；田文鏡沒有兒子，奏請將在湖南湘潭縣做縣丞的女婿調往河南，雍正滿足了其願望；張廷玉、鄂爾泰同列為軍機大臣時，二人之子都在軍機處做章京。

至於破除陳規，越級用人的情況更多，參將張耀祖受到召見後，雍正看他是老練武官，不出一月，竟授副將，再而總兵官，連升兩級！雍正談到自己的用人經驗時，說：「朕用人原只論才技，從不拘限成例。」

又說：「唯期要缺得人，何論升遷之遲速，則例之合否耶？」

這就是雍正用人的中心思想，也就是大膽使用有才幹的人，在使用的同時加強對他們的駕馭和教育。而老實本分的好人不能重用，因為用人是為讓他們替國家辦事，不是用不能勝任的人貽誤國家政事。

雍正依據他的政治革新思想，確定了新的用人方針，他對用人的準則、官員的考核，反覆慎重考慮，形成了他的用人風格和特點。他任用的官僚，不像他的父親康熙。

康熙對人比較寬厚，官僚隊伍相對穩定，任職較為長久；雍正時人事變動頻繁，一些官員來去匆匆，有的微員驟升大僚，而一些大吏被逐出政治舞臺，這些看似混亂，其實卻自有章法。

雍正三年，雍正在向諸王大臣解釋用人變化迅速的原因時說：「事無一定，又不可拘執，有時看起來好像在翻舊案，卻不知道其中實有苦心，所以或者有時一個職位上匆匆換幾個人，或者一個人而忽用忽舍，變化很快，其實一切都是為了把事情辦好。這都是我隨著時機的不同而進行調換，實在是不得已的事情。」

「總欲歸於至是」，想把事情辦好，因而在用人上顛過來倒過去，以求人和職結合得當。這是一般的用人原則。

雍正五年，他說得就更清楚了：「我現今的用人之法，也只能是暫行一時，將來自然仍舊歸於聖祖當初定下的模式。我看到官吏們往往懈怠瀆職，吏治只按老規矩來，專以累積為勞，卻失去了改革創新的銳氣，不得不大示鼓舞，以振作群上萎靡之氣。等到大家都知道自己奮勉、治行改觀時，自然另有裁處之道。」

在當時情況下，雍正選人方法主要有兩種：

一種是設立和藉助科舉教育制度把可造之材送進政府機關培養和訓練。注重培養館閣人才，使他們日後能成為輔佐國家的王公重臣。這主

要是指選翰林。

雍正說，選翰林就要把那些人品、學問都很優秀的人儲備充實到中央政府的樞要部門去鍛鍊。為此，雍正還特地設立了朝考制度。即對每次殿試中舉的進士再進行一次考試，由皇帝親自主持，從中選出最優秀的人選，委以提拔和重用。這個制度後來一直實行了下來。

另一種方式是注重在實踐中儲備從事具體工作的實幹人才。比如河防水利，雍正就經常講：「是通曉河務人員不可不預為儲備也。」時常選拔優秀的官員到治河第一線去學習治水之術。在用人一事上，雍正的確是不拘一格的。只要有能力又實心辦事，就可以破格錄用。

雍正時常慨嘆：「天下唯人才難得！」人才既難得，就要加大拉攏人才的力度，為此雍正主張舉薦賢才時不能懼怕嫌疑，就算至親，只要確有賢能，也要大膽舉薦；對那些不肖之徒，一定要揭發他，不要怕因此遭到他們怨恨。假如你知道某人不肖卻不揭發，那就是朋比為奸了。

在賢和才的取捨上，雍正還有更深的考慮。自從西晉創立者之一司馬昭對僚屬提出「清、慎、勤」三項要求之後，歷代封建統治者都把這當成標準。但是人們對於「清慎勤」產生許多誤解，把畏縮不前、不敢負責當作謹慎，把精力放在瑣屑事情上當作勤勞，把刻薄當作是清廉。

雍正不被傳統束縛，尤其是不贊成對「清慎勤」的淺薄理解。他在論述巡撫的職責時說：「巡撫一官，其實要求很多，並不只是能清、慎、勤三字便可勝任的。用人雖不求備，但到督撫這一級必須全才，才不至於有所貽誤，若無包羅通省之襟懷，統馭群僚之器量，即為不稱職。」

雍正又進一步說：「凡事當務大者遠者，若只想著就區區目前這點事務，以盡職任而已，那就肯定會顧此失彼，當努力勉一大字。」雍正把廉潔奉公、忠誠謹慎、勤勞王事，視作對高級官員的基本要求；另外還要求他們胸有全域性，目光遠大，能夠駕馭屬員，即要兼有才能與忠於

職守的品德。

署理湖廣提督嶽超龍在奏摺中表示：「只有以身作則來率領下屬，教育他們，才可能報答皇上高厚之恩。」

雍正告訴他，身為提督大員，以自身的模範行動帶領下屬清正廉潔固然很好，但若不能將軍隊訓練好，把從前的弊病革除掉，這樣的人品行再好，也不過像個木偶人，被耍弄者擺弄，表現出各種動作，自己沒有主動性，怎麼能造成他所擔任的職務的作用？

雍正以這個標尺衡量湖南巡撫王國棟，認為王國棟有忠誠盡責的心願，但沒有能力做好巡撫的工作。雍正以「清慎勤」三個字來衡量，承認王國棟具有這種品質，然而他的識見平常，不能擴充套件，所做的事情於地方沒有害處，也沒有好處，這就是不能勝任，故而在雍正二年，將王國棟調到京城另行安排工作。

雍正以王國棟「心有餘而力不足，清慎勤三字朕皆許之，然不能擴充識見，毫無益於地方，殊不勝任」將之內調，並以此教育其後任趙弘恩。雍正提出用人要用有才之人。雍正看到一些有才能的人未免恃才傲物，與那些庸愚聽話的人不同，不容易駕馭，但是他認為不必懼怕他們，應當用心去掌握他們。

雍正在這裡尤其注意的是「惜之、教之」的思想，他明白，人才難得，對已經湧現出來的幹才，儘管他們有缺陷，應對他們加強教育，幫助他們改正過失，以充分發揮他們的才智。

鄂爾泰見到雍正的硃批後，於十一月十五日具摺陳述自己的意見：「可信、不可信本來在於上級，而能用、不能用卻在於自己。忠厚老成而缺乏才能的，可信而不可用；有聰明才智卻不聽話的，可用而不可信。朝廷設官分職，就是為了讓他們辦事，並不是讓他安身立命，只要能做事，那都可用，雖小人當惜之、教之；但辦事不力的，都是沒用的人，

就算人品再好也當移之、置之。」

直隸巡撫李維鈞考察吳橋知縣常三樂，說他操守廉潔，但懦弱無能，難當此任，打算將其改任不理民事的教職，報吏部審批。吏部認為，既說常三樂生性懦弱，那就肯定有事實根據，而李維鈞又不實指糾參，不予批准。李維鈞感到常三樂清廉並無劣跡可議，但不稱職，不便留任，不知如何處理才好，特請雍正裁奪。雍正回說：「這事很好辦，乾脆就將他拿下算了。」

有德無才的官，在雍正手下難以得到重用。雍正任用有才的官員，自然對年老多病的官員表示反感和不能容忍。雍正元年，在指示湖廣總督楊宗仁越格薦人的同時，要他考察屬員，將「貪婪酷劣及老病無能向來苟且姑留之輩，盡數糾參」。

雍正十一年，他又責備兵部堂官沒有將年力衰邁的郎中阿爾哈圖、瑪紳進行清理。他說：「此等人員留於部內，不但於部務無益，且礙後進之階。」

因而命他們按原職退休，同時傳諭各部院衙門：「如章京、筆帖式內有此等年老衰邁、人平常者即行奏聞，以便清除。」

雍正對老病而無能的官員的態度，更能從對官員正常考核的大計、京察、軍政中表現出來。大計是對地方官進行考察，三年舉行一次，由地方官對屬員作出考核類別的評定。京察是考核中央官員，辦法是四品以上官員自己作出鑑定，報告皇帝，由皇帝作出裁斷，五品以下官員由吏部考核。軍政是對武官考察的制度。雍正後期考核情況如下：

雍正八年，對奉天及直隸等七省的地方官進行考察。選出卓異官二十八名，查出貪官一名，浮躁官十二名，年老官五十五名，不謹官三十六名，罷軟官十三名，有疾官二十六名，才力不及官三十四名。

雍正九年，對在京的朝臣進行考核，結果查出浮躁官一名，年老官

一名，不謹官四名，罷軟官三名，有疾官六名，才力不及官六名。

雍正十年，對武官進行考察，結果選出卓異官三名，查出貪官兩名，年老官三名，有疾官二名，才力不及官一名。

雍正十一年，對浙江等十省的地方官吏進行考察，結果選出卓異官二十二名，浮躁官十七名，年老官五十六名，不謹官三十六名，罷軟官二十三名，有疾官二十四名，才力不及官三十一名。

雍正十一年，對直隸及直隸總河的官吏進行考察，結果選出卓異官一名，浮躁官四名，年老官二十二名，不謹官二名，罷軟官二名，有疾官三名，才力不及官八名。這些考察，都照例處理了。

雍正元年時，雍正曾批諭湖廣總督楊宗仁說：「如遇有為守賢能之員，即行越格保題，以示獎勵。」

說到條件，雍正說：「國家用人，但當論其賢否，不當限以出身。朕即位以來，亦素重待科甲，然企賢無方，不可謂科甲之外遂無人可用，倘自恃科甲而輕忽非科甲之人，尤為不可。自古來名臣良輔，不從科甲出身者甚多，而科甲出身之人，亦屬見有蕩檢逾閒者。」

對一般科舉出身的官員，雍正倒是愛挑剔、不輕信的。這些科甲出身、科舉入仕的人有不少都是咬文嚼字、此外並無所長的書呆子、書蟲，中看不中用。經過了嚴格細緻的考試，皇帝親自出題、親自改卷，錄用之後，把他們放在重要職位上，派他們治理地方百姓。

雍正對科甲出身的官員中的無能庸才最為反感，大概是因為自己有受騙之感、辜負皇恩之忿吧，所以總是愛找碴、愛挑刺，一旦找出過失，必予以懲治。

雍正五年，雍正命浙江觀風整俗使王國棟為湖南巡撫，要他到任後不要犯偏袒科目、姑息紳衿的毛病，要他嚴參一兩個科甲出身的庸員，重懲數名敗檢不肖的劣生，並說「要讓他們知道你的治理方式才好。否

則那些同學、老鄉們走你的後門，拜訪送禮，絡繹紛紜，那你就應酬這些都忙不過來了。」

因此，雍正在山西巡撫石麟奏謝聖訓教誨並陳以前酌量題補將備各員來當緣由摺中批道：「朕從來用人，只論人才，原未科定條例。若材優合例者，上也；材優不合例者，中也；若人劣而不合例，豈可乎？不但用非其人，乃開汝等督撫自作威福之權矣。更不可也。觀汝此奏未悉朕旨，復批諭知之。」

雍正這裡所說的「例」，主要起一個比照的作用，但不是框子。既合規範又才幹出眾，當然最好；有才幹但不太合規範，一樣可用，關鍵是看他是不是有真才實學。雍正看重的是真才實學，以實察人，而不務虛，所以被他選中的人，到職位上之後都能勤勤懇懇、腳踏實地工作。

總結雍正的用人思想，可以概括為以下三條：

一是用人只論其才能，不受陳規舊例的限制，可以越級提拔，可以不太注意滿族、漢人的區分。

二是對廉潔奉公、勤勞、謹慎而無才能及創造性的類似「木偶」的官員，可以信任，但是絕不可以重用，以免耽誤政事。

三是對有才能而有傲慢等毛病的人，不要因為他們的短處而棄才不用，當然也不能放縱他們，要對他們加強教育，希望他們克服弱點，更好地發揮才乾的作用。

清人龔煒評價雍正的用人之道是歷史上帝王中最出色的：

登進不拘一格，則懷才者興；遷官不以年資，則宣力者奮。假以便宜，然後責其效，任事無掣肘之患；予以養廉，然後責其清，外官無虧空之憂。以民社為不可輕，政必先於試可；以官方為不可忽，法不貸夫貪殘。故政舉刑清，民安吏戢，真可謂萬世法也。

龔煒所言雖有阿諛奉承的嫌疑，但也道出了雍正是善於用人的。

重用自己的得力幹將

從爭奪皇位到治理天下，雍正得力於他手下的一批親信。其中鄂爾泰是雍正最得力的幹將。雍正朝中，像鄂爾泰這樣的官員非常難得。他本人有功於清代歷史的發展，同時他的出現也表明了雍正的用人之道：在君主的絕對獨裁中，能容納建不世之功的人物。

鄂爾泰，字毅庵，滿洲鑲藍旗人，二十歲中舉人，進入仕途。此後二十餘年官場不得意，只出任了內務府員外郎這樣的小官，四十二歲的時候作詩自嘆：「看來四十猶如此，便到百年已可知。」對前途悲觀失望。

就在這個時候，作為親王的胤禛，找鄂爾泰辦事。鄂爾泰卻以「皇子宜毓德春華，不可交結外臣」，予以拒絕。就是這次接觸，使得明察的胤禛認識了鄂爾泰，認為他剛直不阿，是忠臣的材料。

及至胤禛繼位，召見鄂爾泰，稱讚他：「你能以郎官之微，而敢上拒皇子，說明你守法甚堅，今命你為大臣，肯定不會受他人之請託。」於是命其為雲南鄉試副主考，四個月後將他越級提拔為江蘇布政使。雍正不計前嫌，以才能用人，表現了君王豁達大度的氣魄。

而鄂爾泰也不負眾望，在雍正初政的治理整頓中政績突出，因此於雍正三年九月升為廣西巡撫。赴任之時，雍正仍覺此人尚可大用，又追其署雲貴總督事務。鄂爾泰不僅是個「督撫模範」，而且是個出色的政治家，推行「改土歸流」就是一個有力的證明。

同時，鄂爾泰還很明白用人之道，常與雍正談論使用人才，講才職相當，講設官為辦事而非養閒人，講珍惜與教育人才，這些都是用人唯才的經典之論，雍正非常賞識。

鄂爾泰並且有識人之明。在雲貴任兩省總督時，他大膽提拔小兵士

哈元生，賞識當時並不出眾的張廣泗，並委以重任，使之建功立業。鄂爾泰有句名言：「大事不可糊塗，小事不可不糊塗。若小事不糊塗，則大事必至糊塗矣。」說的是要明辨大是大非、重大局。

張廷玉很佩服鄂爾泰的見識，稱他說的那句話「最有味，宜靜思之」。鄂爾泰後任雲貴總督，尹繼善也稱之「大局好，宜學處多」。鄂爾泰因「公忠」被雍正所識，也因「公忠」被雍正委以重任。

他常以此勉勵自己，奉「公忠」為原則。他對新任雲南巡撫朱綱說：「皇上用人行政，無甚神奇，只是一個至誠，事事從上體貼下來，以一貫萬，一切刑賞予奪皆聽人自取，而了無成心。如果無欺，雖大過必恕；設或弄巧，雖小事必懲。我輩身任封疆，只需實心實力地為地方兵民計，即所以酬恩，即所以自為，一切觀望揣度念頭皆無所用，一並不能用。」

鄂爾泰認為臣下只要誠心對待皇上，事情沒有辦不好的，沒有不得到皇帝賞識的。即使稍有疏忽，也會得到皇帝諒解。雍正讀到鄂爾泰的這段話，從中看到了鄂爾泰忠誠之心，批示道：「我是含著眼淚看你這段話的。你可真算得上是我的知己，如果你見識不透澈，信念不堅定，那就不能、也不敢這麼辦事。我心裡真是為有你這樣的臣子而慶幸。」

雍正經常向群臣誇讚鄂爾泰「君官奉職，願秉忠誠，此專心為國，而不知其他者」。他與鄂爾泰感情非常好，私交甚厚，使得這對君臣之間有點朋友的味道。

雍正三年冬，鄂爾泰去雲南任職，身體有些不適，雍正竟命他乘御輿前往。鄂爾泰恢復健康，雍正高興地說：「朕與卿一種君臣相得之情，實不比泛泛，乃無量劫善緣之所致。」

雍正過五十大壽，與群臣舉觴慶賀。鄂爾泰遠在西南未能出席，雍正深以為憾，特地選了宴會中的食物，寄往雲南，猶如與鄂爾泰同在一

個宴席上共享美味了。

鄂爾泰接到食物後，立即上表謝恩，說他不知如何才能把內心的感激表達出來，只有天地神明才了解臣的這種虔誠的心情。雍正如此酬忠，鄂爾泰也知恩圖報、肝腦塗地、在所不惜。

張廷玉和鄂爾泰同為雍正寵愛的大臣，但各有不同。鄂爾泰受雍正重用後，忠心耿耿、敢作敢為，以濟世為己任，常以諸葛亮自命，想要大展宏圖、垂名青史。

這二人，一個恭廉默做，一個進取不輟，但都忠於雍正。雍正也能很好地駕馭他們，讓他們各盡所能。這也展現了雍正不拘一格用人才的思想。

張廷玉，安徽省桐城縣人，他的父親是大學士張英。康熙三十九年，二十八歲的張廷玉中進士，開始走上仕途。

雍正繼位不久，就命張廷玉協辦翰林院掌院學士，晉為禮部尚書。此後張廷玉因勤於政事，官職屢有升遷。七年，任軍機大臣，加少保，八年賜輕車都尉。

雍正臨終前，張廷玉與鄂爾泰同為誥命大臣，並下遺詔命他得享太廟。整個清代中，僅張廷玉一名漢族大臣得享太廟，可見其深為雍正寵信。

張廷玉身兼數職，工作繁忙。雍正有時一天之內三次宣召張廷玉，並且習以為常，每次宣召又幾乎是刻不容緩的要事。從內廷出來，也一刻不得閒。下屬官史請求批示和批閱檔案的，常常有幾十甚至上百人。這樣一來，張廷玉經常在轎中、馬上都得聽取彙報，批覽文書；晚上次到家裡也不能休息，點上兩支蠟燭以辦完當日沒辦完的事，並辦次日應辦之事，盛夏之夜往往忙到天至二鼓才就寢，有時躺在枕頭上想到某事某稿未妥，馬上披衣起，親自改正，到黎明時交代書記繕錄之後上

交雍正。

張廷玉辦事勤勞，謹慎用密，雍正對這一切一清二楚，所以曾說張廷玉和鄂爾泰二人「辦理事務甚多，自朝至夕，無片刻之暇」。張廷玉確實是把全部精力都投入到雍正所交給的各項事務中去了。所以雍正稱譽他為「贊猷碩輔」。

雍正辦事效率極高，常常面諭大臣諸多事情，有很多大臣不能逐一記清楚，於是傳達和執行時不能準確展現雍正的意圖。雍正在召見地方大臣時，時常命他們在回任時給本省或路過地方的官員轉述旨意。而這些人聆聽時，有的聽不清楚，有的甚至遺忘，雍正又不好責怪他們。

這樣的問題嚴重影響著政務的開展，雍正為此費盡腦筋，後來終於發現張廷玉草擬的聖旨，很精確地表達了自己的本意。於是張廷玉便承擔起了這一重要的文字工作，而且十分出色，屢獲雍正的表揚。

張廷玉另一方面的功業，在於他創設了軍機處的規章制度，使軍機處成為中樞機關，影響了清代歷史。

雍正七年，軍機處設立，張廷玉同怡親王允祥、大學士蔣廷錫一起擔任軍機大臣。軍機處的一切規章制度，主要由張廷玉制定。張廷玉定下規則：諸臣陳奏，常事用疏，自通政司上，下內閣擬旨；要事用摺，自奏事處上，下軍機處擬旨，親諭硃筆批發。

從此內閣權力開始轉移到軍機處，大學士必須擔任軍機大臣，才能參與政事。自雍正開始，皇帝詔令的傳達「密且速矣」，「其格式乃張文和所奏定也」。

雍正視張廷玉為股肱大臣。有一年張廷玉身患小病，雍正對近侍們說：「連日來我感覺肩膀痛，你們知道嗎？」近侍們吃驚地問緣故。雍正說：「大學士張廷玉患病，不就像我肩膀疼一樣嗎？」

雍正給了張廷玉優厚的酬勞，以賞其功，籠絡其心。雍正五年，賜

給他一所價值三萬五千兩的典鋪。八年又賞銀兩萬兩，張廷玉辭謝不受，雍正對他說：「你難道不是大臣中我最得力的嗎？快快領賜，不要謙讓了。」

在怡親王允祥死後，鄂爾泰加入軍機處之前，張廷玉在所有朝臣中，是雍正最信賴的。雍正曾御筆親書「贊猷碩輔」的匾額賜給張廷玉，以表示對他的褒獎。

雍正還賜給張廷玉對聯一副，其辭曰：「天恩春灝蕩，文治日光華。」這副對聯是雍正與張廷玉君臣關係的真實寫照。張家獲此皇恩後，年年都把它作為春節的門聯。此聯後來為官民所普遍襲用，以表達歌頌聖上和希冀皇帝賜恩的願望。

雍正另一位寄信的大臣是田文鏡。

田文鏡，康熙元年生，監生出身，無科舉之名，二十多歲時，到縣衙做了個小書吏。直到康熙去世，已經六十一歲的田文鏡還僅是個默默無聞的小京官。

雍正即位後，田文鏡奉命去華山告祭，途經山西時，見各處饑民流離，而山西巡撫德音卻上報山西無災、家給豐足。德音是滿洲親貴，無人敢犯，田文鏡則仗義執言，回京覆命時，據實彙報，參奏德音欺瞞聖上。

當時官員們一般採取瞞上不瞞下的辦法，互相包庇，愚弄皇帝，而田文鏡破此舊俗，忠君不欺，立即得到了雍正的歡心，任命他為山西布政使，前往賑災，並且罷了德音的職。

田文鏡到達山西後，雷厲風行，很快取得了抗災實效，穩定了局面。事隔半年，雍正又調田文鏡到河南任職。田文鏡在河南推行新政，成為治世能臣，備受雍正的信任和寵愛。田文鏡是雍正一手提拔的官員，即使有過錯，雍正也給予保護，這樣寵待他自有緣由。

　　田文鏡一心為國，毫不瞻顧，不避嫌疑。這是雍正欣賞他的第一個原因。雍正元年，河南黃河決堤，造成大災，田文鏡以布政使到任，決心修河治本，但卻遇到了極大困難：河南官僚、地主拒絕出資當差。

　　田文鏡募夫募捐成了難題。於是密奏雍正，請求改變成法，修河伕役按土地攤派，「紳衿裡民，一例當差」，這成了雍正王朝「紳民一體當差」的藍本。

　　田文鏡在推行新政方面，用力最勤，成效最明顯，這也是雍正欣賞他的主要原因。田文鏡在任以來，清查積欠，實行耗羨提解；打擊貪官汙吏，保證府庫充盈；懲治不法紳衿，平均賦役，調節了紳衿與國家、與平民的關係，緩和社會矛盾；推行保甲法，加強對人民的控制，強化了治安。

　　雍正在全國掀起反貪除陋的大規模運動，田文鏡堅決執行，先後參奏二十二名河南的州縣貪吏，收回四十餘萬兩貪款，查出隱瞞不報的田地 2500 餘頃，取得的成績為全國各省之首。

　　田文鏡在河南行事刻薄，屢遭攻擊和議論，雍正都有力地保護了他，因為雍正深知，田文鏡與他與新政休戚相關。雍正支持他，不是孤立地把他看作一個人，看作田文鏡個人，而是視之為「巡撫中之第一人」。

　　雍正如此評價：「若各省督撫皆能如田文鏡、鄂爾泰，則天下允稱大治矣。」

　　所以，雍正肯定的是田文鏡的行政展現了自己振刷數百年頹風的革新精神和政策，肯定的是他雷厲風行、施行嚴政的手段。雍正知道對田文鏡的評價，關係到對他的用人和行政的看法。

　　雍正在田文鏡奏摺上寫道：「你的對就是我的對，你的錯就是我的錯，其間有何區別？」雍正還在自慚用人不當時說：「假如諸臣之中，不

得田文鏡、鄂爾泰，則朕之罪將何以謝天下也！」他們真是君臣一體、魚水難分。

雍正褒獎田文鏡，既是支持這個寵臣，也是堅持自己的政治，為自己的政治辯護。雍正為了表示寵待田文鏡，將他從隸屬的漢軍正藍旗破例提拔入正黃旗。

正藍旗在下五旗，而正黃旗是上三旗。雍正多次保護田文鏡是為了用其所長。但這樣的君臣關係在歷史上實屬少見。可見雍正用人十分自負，並懂得寬容之道。

田文鏡死後，雍正給他的評語是：「老成歷練，才守兼優，自簡任督撫以來，府庫不虧，倉儲充足，察吏安民，懲貪除弊，殫竭心志，不辭勞苦，不避嫌犯，庶務俱舉，四境肅然。」

正因為如此，雍正下旨稱田文鏡為「模範督撫」。此外，還有李衛、岳鍾琪等人，都是雍正的得力幹將。至於年羹堯、隆科多等人，只是一時炙手可熱的人物，雍正奪位有賴於他們的全力支持。雍正雖也寵過他們，但最終因他們背道而馳，雍正不得不過河拆橋，剷除了他們。雖落「兔死狗烹」罵名，但在這專制皇權下，誰人不是如此？

雍正從眾皇子中脫穎而出，一躍成為一國之主，得力於他的一大批心腹和智囊團的協助。與其他皇子相比，他最為識人用人，這是他奪儲勝利的一大法寶。而雍正登上皇位後，更是把用人發揮到了極致，從而使他身邊聚集了允祥、張廷玉、鄂爾泰、田文鏡、李衛、傅鼐、蔣廷錫等人。

大力鎮壓人民起義

雍正年間，農民、工匠進行了多種方式的鬥爭；雍正仇恨人民運動，一概予以殘酷鎮壓。社會下層的各種反抗鬥爭也此起彼伏。

康熙六十年，就是西元 1721 年，臺灣朱一貴的起義雖然當年就失敗了，餘眾卻在大陸繼續活動。福建上杭人溫上貴在臺灣被朱一貴封為元帥，即返回家鄉組織群眾。朱一貴犧牲後，他轉移到江西萬載，聯繫棚民，準備攻打縣城，雍正元年被知縣施昭庭偵破，就與前來鎮壓的清兵格鬥，三百餘人英勇犧牲，溫上貴被俘遇害，雍正命給施昭庭議敘。

溫上貴的同伴裘永錫等逃亡，清政府嚴行緝捕。又在萬載、瑞州一帶增設同知、游擊，加強對該地區的統治。溫上貴的族弟溫廷瑞繼續進行反抗活動，任命沈子榮為大將軍，溫淘濱、溫庭奉為軍師。他們夜聚曉散，操練武藝，打造兵器。

雍正十一年，趙弘恩署理兩江總督，重申對溫案的通緝令，次年二月，被溫廷瑞委任為千總的溫坤生向清朝政府自首，溫廷瑞等於是遭逮捕。雍正得到報告，說「蔓草不除，逢時勃發」，憂慮於溫上貴黨眾活動的長久性，要求趙弘恩繼續「嚴飭搜緝，務盡根，毋使一匪漏網」。

湖南辰溪人謝祿正於康熙五十九年開始組織反抗隊伍，占據山谷。雍正四年，清軍一千多人前來鎮壓，謝祿正等奮起抵抗，雍正指責湖廣提督趙坤等「因循疏忽，縱盜養奸」。

不久謝祿正被捕，殘遭凌遲，妻子罰沒為奴，同伴陳彬臣等被殺，張如茂等被充發到三姓地方為奴。溫上貴和謝祿正分別組織了一部分群眾，準備武裝起義，正在醞釀中，就被雍正政府鎮壓，但從他們與清軍對陣情況看，已構成武裝暴動性質。

江西興國縣佃農於康熙間組織會館，反對地主撤佃轉佃，於康熙五十二年就是 1713 年取得一定成功。會館保持下來，每到分租季節，就以收成只有七八成，不許地主按原額取租，地主若不答應，就率眾搗毀他家房屋，收回已取的地租。

雍正初年也是這種情況。佃農林其昌反對田主、舉人曾霖的退佃，曾霖告官，林其昌邀集同夥，乘曾霖出門之機，在路途中將他痛打。江西巡撫邁柱獲知後，嚴酷鎮壓，拆毀會館，解散農民組織，地主分子因而慶幸「頑梗無自逞也」。

江蘇崇明縣地主對佃農的剝削花樣很多，每年收夏、秋兩季地租，還要轎錢、摺飯、家人雜費等附加地租。雍正八年五月，地主催收麥租，迫使佃戶反抗，拒絕交納，商人罷市聲援。

夏君欽等撰寫傳單，貼於街市，揭露大地主施大受與崇明鎮總兵施廷專聯宗，送金帛美女，倚勢勒逼佃戶交租。浙江總督兼管江蘇盜案的李衛認為這是佃戶圖賴正租，聚眾滋事，惡風斷不可長，一定要捉拿為首之人，嚴加懲治。

雍正說：「崇明邊海要地，刁風尤當禁遏。」

雍正支持李衛的做法，同時把施廷專調離崇明，免得他同不法豪紳相勾結，使事態擴大。佃農和地主的對立，是構成封建社會基本矛盾的因素，興國、崇明農民反對撤佃和抗租，反映了農民要求耕地和反對地租剝削的要求。

約在雍正元年冬天，山西萬泉縣農民幾十人，衝破關閉的城門，進入縣城，焚燒衙署，抗議知縣瞿某的橫徵暴斂。瞿某及其幕客、家奴跳牆逃跑。巡撫諾岷一面參劾瞿某，一面令平陽知府董紳捉拿群眾首領。

董紳調綠營兵和民壯二百人去農村拘捕，憤怒的群眾拿起刀劍，操起火器，把官兵幾乎全部殺死。董紳親自前來，發誓不傷害群眾，只要

他們交出三個人來，給官府一個面子，就可以完結，對交出的人，董紳寫了文書，保證不加殺害。這樣才把事情了結。

雍正四年，就是 1726 年，福建安溪人民反對追徵屯地欠銀，舉行罷市，浙閩總督高其倬逮捕為首的群眾，嚴刑打死，雍正支持他，說「應如是懲治，以警刁頑」。

約在雍正六年，安徽唐繕等抗糧，發動罷市，打鬧公常，抗糧，把矛頭直接指向清朝政府的賦役剝削。

雍正四年五月，廣東米貴，群眾搶米廠，到衙門評理，打傷前來阻攔的軍官和士兵，參加的人中還有駐防士兵。

雍正認為情況嚴重，派兵部左侍郎塞楞額馳赴廣州，會同署理廣州將軍阿克敦、巡撫楊文乾審究。五年春天，湖北人民因去年水災，春荒無食，結夥找富戶強借糧食。

雍正要求署理湖廣總督福敏「竭力懲治，以振其頹風」。勒借和搶糧，是農民群眾強行收回部分被剝削的勞動成果。蘇州的踹匠，是碾布作坊手工工人，多是來自江蘇南北和安徽的失業農民，人數眾多，雍正時期達到兩萬餘人。

他們工價微薄，還受作坊包頭的盤剝和壓迫，並受清朝政府的嚴密控制。他們入坊要有保人，被政府編入保甲，白天做工，夜間被關閉在作坊，駐防兵丁日夜不停地在附近巡察。

踹匠若投河、自刎、自縊由保人及親屬領回屍體，不得告官。踹匠不堪坊主與政府的壓迫，又無家口拖累，不斷進行鬥爭，所謂「凡遇盜案發覺，常有踹匠在內」。

康熙九年，就是 1670 年，踹匠竇桂甫因米價上漲，發動停踹，要求增加工錢，勒令破壞罷工的店主程美請戲賠禮。康熙三十二年，踹匠羅貴領導「齊行增價」抗爭，撕毀清政府的鎮壓告示。

雍正與他們繼續戰鬥，雍正元年，踹匠欒晉公、徐樂也聚眾，預備於五月五日奪取倉庫，若遇官兵即行戰鬥，失敗就逃亡海上，正在準備中，被包頭吳景範獲知告官，三十五人被逮捕，雍正政府殘酷地屠殺十三人，欒晉公、徐樂也逃亡，清朝政府多年搜捕，均告失敗。

雍正七年，即 1729 年，欒晉公的姪兒欒爾集與段秀清等人拜把結盟，遭到巡營把總的迫害。同時，松江府嘉定縣踹匠王朝也在進行反抗活動。

蘇州絲織業發達，機工很多，他們同踹匠一樣進行反對作坊主機戶和清朝政府的鬥爭，聯合起來停工，要求增加工錢，作坊主請求地方政府干涉。

雍正十二年，蘇州府長洲縣發生「禁機匠聚眾叫歇勒加阻工一案」，地方政府豎立「永禁機匠叫歇碑」，迫使機工停止反抗。兼管江蘇督撫事務李衛、署兩江總督史貽直、江蘇巡撫尹繼善為了有效的統治踹匠、機工以及其他各界人民，加強對蘇州、松江的管理，聯名向雍正提議：設立專事「彈壓」的官員，適當改變地方駐軍的規制，嚴格實行關汛的巡邏，進一步規劃稽察治安的方法。雍正認為這條建議很好，同意實行。

雍正六年，戶部寶泉局鑄錢工匠潘士花等人集合抗議官員扣工食錢。雍正說：若匠役曾為工食事稟過監督，責在監督，「若不曾稟明，輒敢聚眾喧嚷，則刁風斷不可長，應將匠役人等嚴加治罪」。

內務府佐領每年所需錢糧，康熙中為三十餘萬兩，雍正初增了一倍多，至七十餘萬兩，雍正為減少開支，於雍正二年十月，命削減內務府佐領披甲人數，佐領下人見奪其錢糧，數百人到參預此事的廉親王允、內務府總管李延禧家中吵鬧，步軍統領阿奇圖派兵捉拿首領。

雍正說這件事是辦事人經理不好，將管理內務府總管事莊親王允祿罰俸三年，革去常明、來保內務府總管，後者還枷號三月，鞭一百，以

平眾怒，同時把鬧事的佐領下人中一部分人分發雲南、貴州、四川、廣西，另戶安插當苦差，若原系奴僕，則給該處兵丁為奴。這件事，是八旗下層的反抗活動。

雍正五年七月，河道總督標下參將興王政剋扣兵餉，激起兵丁交甲退伍。雍正命將興王政革職拿問，同時嚴懲鬧事兵士：「至該營兵丁等果有被屈情由，理應赴上司衙門控告，何得倡率喧譁，目無法紀。」

著嚴提究審，「將為首者按律治罪，其願退名糧者，具著革退兵丁，押回本籍，令該縣嚴加管束，不許復生事端，倘再有過犯，從重懲治」。以上，有農民的反對地租和賦役剝削；有城市居民的搶糧，也即所謂民變；有工匠的抗爭，可稱為工變；有旗下人的鬥爭，可視為旗變；還有士兵鬧退伍的兵變。

這些事變，規模不大，但涉及各種職業的人，可以說社會下層中不滿雍正朝廷的力量，以一定的方式表達了他們的態度。

極力打擊貪汙腐敗

雍正時時提醒告誡自己：「要富民富國，首先便是整頓好吏治。」而要整頓好吏治，最根本的是打擊各種貪汙腐敗現象。康熙末年，由於立儲問題未能解決，導致朝廷內外都忙於結黨，忙於尋找將來的天子。

康熙為此事也是心力交瘁，無力應對其他朝政，因而康熙後期的朝政非常混亂，官吏貪汙，吏治腐敗，並因此錢糧短缺，國庫空虛，造成很多嚴重的社會問題。雍正當皇子時深知這一點，他上臺後就要堅決地糾正這種情況。

錢糧虧空是當時一個大問題，主要出在官吏貪汙上。雍正即位之時，按照慣例，新皇帝即位要大赦天下，其中也包括對一些貪官汙吏的赦免，雍正認為這樣做，會助長貪官汙吏，讓其繼續侵占國家財產，因而他下令除去此條中對貪官汙吏的豁免。

這充分地表明瞭雍正對官員們貪汙行為的憎惡，也是他對官吏們進行整頓的第一步。雍正在即位前就對虧空和貪汙問題非常清楚，他曾說：「歷年戶部庫銀虧空數百萬兩，朕在藩邸，知之甚悉。」

雍正元年十二月十三日，他下達了全面清查積欠錢糧的命令給戶部，讓各地嚴格執行，查清何項虧空，原因是什麼，所有虧空三年內必須補齊，且不許苛派於民間。因上司勒索及公用者分別處分。屬侵欺貪汙者，賠補外還要懲辦主犯。

隨後，雍正在中央設立會考府，由怡親王允祥和大臣隆科多負責將清查進行到底。會考府是中央的審計機關，各部、各省皆由其督責。會考府查出戶部虧空二百五十萬兩，雍正令戶部歷任堂官、司官、部吏賠一百五十萬兩、另一百萬兩由戶部逐年彌補。

清查中涉及高級官員，雍正也決不容情。當時有許多郡王、貝子將家產拿到大街上變賣賠補虧空。對有些貪汙多的官僚，雍正就抄其家，以家產抵空。

地方上的清查更為雷厲風行。因虧空，許多省級官員被革職、查封、抄家。對贓官，採取嚴厲手段，抄家之外，命其親戚代賠。凡虧空贓官，一經揭露便予革職。各省被革職罷官的官員多達三分之一，有的達到一半。因此，社會上說雍正「好抄人家」。

雍正卻認為抄家是必要的，並對此作出了解釋：「若聽憑貪官汙吏靠巧取豪奪得來的財貨損公肥私，那國家還有什麼法律尊嚴可言，又靠什麼來治理百姓？況且對這些犯法的人，原來就有抄沒他們家產的法律條

文，所以我才按照法律規定，抄沒了他們的家產，並準備把這些不法所得用在國家需要的地方。」

雍正此舉是決心從上到下、從裡到外全面清查所有的貪官汙吏。這是一場極其艱難而又巨大的鬥爭。康熙時期，康熙雖然也察覺了吏治的腐敗，但是考慮到牽一髮而動全身，便一再忍讓下來。

而雍正卻是一個不能容忍腐敗的人，再艱難的改革他也要推行下去，何況此時正是他即位之初，想要大幹一番事業的心理，也促使他下定決心要一幹到底。

雍正曾對允祥說：「你如果不能清查，我肯定要另派別的大臣；若大臣再不能清查，那我就親自來清查。」

雍正四年，大規模清查江西省的錢糧虧空。當時江西巡撫裴律度明明知道各府州縣倉谷虧空很多，但卻隱瞞不報，對下面的貪汙官員也是極力包庇。長此以往，虧空局面難以改變。

雍正對此極為惱火。雍正命已調任的裴律度留於任所，將前任布政使張楷、陳安策發往江西審訊。

雍正又認為，現任巡撫都立無論做人還是當官都太軟弱，只是喜歡沽名釣譽，不能完成清查虧空這麼艱鉅的任務，因此決定特派吏部侍郎邁柱到江西，徹底檢查全省錢糧多年的虧空問題。與此同時，雍正命令從別的州縣挑選出幾十名官吏，火速奔赴江西。

清理的結果出來以後，雍正馬上命令裴律度及歷任藩司補償倉谷的虧空。特派官員異地清查虧空情況，讓他們互相監督，這是雍正慣於使用的狠招，屢試不爽。

雍正在打擊貪汙、清除腐敗這件事上，取得了舉世矚目的成效，同時也表現了他澄清吏治的勇氣和心智。

由於措施得力，三年後，各省清償了大部分虧空：直隸總督李維鈞

在雍正三年八月上奏，稱該省欠銀共四十一萬兩，到當年年底已償還二十萬兩；如河南省巡撫田文鏡在雍正二年的奏摺中寫道：「我不遺餘力地責令各州縣官吏互相監督舉報，嚴肅執法，希望徹底查明虧空問題，使政府分毫不少地收回被貪汙的錢糧。」

會考府在雍正的大力支持下，取得了顯著的成效，查辦案件五百五十起。在查辦案件時，遇到許多皇親貴族，對這些人的貪汙行為，雍正也是一視同仁。

例如，在查辦內務府虧空的案件中，牽涉到自己的一位皇弟，雍正斷然令其將貪汙的銀兩賠償。無奈之下，皇弟只好將家中的古董玩器拿到大街上摺賣，以此來補償虧空的銀兩。

另外一位皇弟被責令賠償數萬金，後來為補足賠償，竟被查抄了家產。雍正如此大刀闊斧地對這些身分高貴的皇親進行查辦，使地方上的其他虧空案件查辦起來，就方便得多。

被革職查辦並查封家產的地方官吏，有湖廣布政使張聖弼、糧儲道許大完、湖南按察使張安世、廣西按察使李繼謨，直隸巡道宋師曾、江蘇巡撫吳存禮、布政使李世仁、江安糧道王舜、江南糧道李玉堂等等。

清朝的法律，對挪移的處罰較輕，對貪汙的打擊則重。因此，許多官員在被查出有貪汙情況後，往往多想辦法巧立名目，將貪汙所得報作挪移，想藉此免於重罰。

但雍正對此類官員的作為瞭如指掌。他明確指出：「借挪移之名，以掩其侵欺之實；全於萬難掩飾，則以多者為挪移，少者為侵欺，為之脫其重罪。似此相習成風，以致劣員無所畏懼，平時任意侵欺，預料將來被參，亦不過以挪移結案，不致傷及性命，皆視國法為具文，而虧空因之日益多矣！」

為了對付貪官們鑽空子，雍正採取了釜底抽薪、聲東擊西、避實擊

虛的策略。他一反常態,首先從挪用公款一事抓起,命令那些貪官先清償被挪用的公款,此後再抓他們貪汙的罪證。

這樣一來,就使那些貪官再也無法巧借挪移之名掩蓋貪汙的事實了。為了能使虧空的錢糧追回,雍正採取了追償的辦法,並且責令親戚有幫助賠償的義務。

這一規定的提出是因為雍正發現許多貪官將自己的家產偷偷地寄藏在宗族親戚的家中,以此來逃避查封。採用親戚追償的辦法,就大大地遏制了貪官的這種僥倖心理,使他們低頭伏法。

在當時官吏貪汙成風的情況下,他這種不拘成規的做法卻收到了顯著的成效,有力地打擊和遏制了當時的貪汙風氣。其銳意進取,首抓吏治的作風對後世產生了極其深遠的影響。除了抄家索賠這一手段外,與抄家同時進行的另一舉措是罷官。而以前的做法卻不是這樣,將貪官繼續留任,以便其想辦法彌補虧空。

雍正對這些貪官十分清楚,繼續留任他們,必然是將新的虧空來補償舊的虧空,根本不能解決問題。凡是貪官,一經被查出,雍正就將他們革職離任。

雍正曾對此解釋說:「虧空錢糧各官,若革職留任催追,必然導致連累百姓,因此不可復留原任;若已清還完畢,尚可為官者,由大吏奏請。」雍正對待貪官的警告是:「做官貪婪不法,必毀自己體面。」

雍正採取了一系列有效措施,那就是「株連法」。雍正認為有的贓官會把贓物寄藏轉存到宗族親友處,因此,他在命贓官賠補虧空的同時往往還要抄沒該官親友的家產。這種措施雖好,但株連太廣,又有可能傷及無辜,非常不得人心,招人憎惡。因此,雍正在實行這一政策後不久,就把它停止了。

「禁止代賠法」。在追贓的過程中,有些官吏往往指使下級官僚和地

方百姓代為償債。雍正在得知這一情況後，明令禁止這種代賠行為。雍正元年，新任直隸總督李維鈞曾奏請雍正批准由該省官員幫助前任總督趙弘燮清還虧欠。對這一奏請，雍正不但沒有批准，還說縱使州縣官富裕，只能替地方上興利除弊，卻不能替他人償補虧空。

此後，雍正又發現了許多地方劣紳與貪官勾結，利用提留復任而魚肉鄉民的事。因此，他斷然採取了另一舉措，犯案官員決不能留任。此後，禁止代賠法實施後，由於某些官員貪汙數額巨大，知道性命難保，因此畏罪自殺的事情時有發生，雍正決定對畏罪自殺的官員加重處理。為此，雍正強調：「這些人是料定官職不保，不如自己以一死抵賴，為子孫留下錢財。」

正是因為雍正採取這種查封貪官家產、補償國庫的辦法，使得國庫日益充足起來。三年時間，雍正基本上清理了康熙以來的所有積欠，充實了國庫，打倒了一批貪官，又震懾了其他的官吏，造成了很好的教育和威懾作用。

重拳打擊官場陋習

雍正除了極力打擊貪汙犯罪之外，他還決心革除官場上送禮這一陋規。在養廉銀制度實行之前，地方官吏中的下屬，必須按一種陋規向上司送一定的數量的禮金。若上司本人身兼數職，下屬就必須同時奉上幾份禮物。山東巡撫黃炳向雍正提出了革除此項陋規的建議。

雍正立即發出上諭，明令禁止欽差大臣接受地方官吏的餽贈，同時還禁止了各省督府借收禮之機向各州縣攤派的行為。河南巡撫石文焯率

先執行了雍正的命令。

雍正在推行耗羨歸公的同時，考慮到若不革除規禮陋習，各州縣官吏勢必還會在耗羨之外另行加派以奉獻上司，因此他下令：「所有司道規例、府州縣節禮，及通省上下各衙門一切節壽規禮，盡行革除。」這就是說，全省大小官員，此後再不必為上司送各式各樣的禮了。

此後，繼任河南督府的田文鏡，也是以身作則，不收規禮：「家人吏役約束頗嚴，門包小費一概謝絕。」河南有一些特產，如開封府的綾、綿、綢、手帕、西瓜，歸德府的木瓜、牡丹、冬棗、石榴，懷慶的地黃、山藥、竹器，汝南府的光鴨、固鵝、西絹，平原州縣的麥豆，水田州縣的稻米，附山州縣的木炭、獸皮、野雞、鹿、兔等類，上司強令該地方官交納，成為土例。

田文鏡一概不收，嚴行禁止地方官交送。田文鏡能堅決抵制官場送禮風，並因此備受雍正賞識。雍正知道，並不是所有的官員都能像石文焯、田文鏡一樣以身作則、剛正清廉。

為此，雍正決定對那些收受賄賂的官吏加大處理打擊力度。他不但將犯事的官吏處以重罪，同時還株連到其上司。這就是說，下級犯罪，與上級督察不嚴有著必然聯繫，因此犯事官吏的上級也應該一併受到株連。

雍正的這一招雖有些過激，但卻使地方大員無不戰戰兢兢唯恐受到株連。因此，他們便再不敢聽任下屬胡作非為了。這正證實了田文鏡向雍正提出的那個建議：「欲禁州縣之加耗加派，必先禁上司，欲禁上司，必先革除陋規。」

由此看來，雍正在革除陋規的過程中，用的正是打蛇先打頭、擒賊先擒王的策略。在取締陋規的同時，雍正還加強了對中央官員的約束。以前，地方官在向戶部交綱納錢糧時，每一千兩稅銀中要加派二十五兩

所謂的「餘平銀」和七兩「飯銀」。

雍正意識到這也是滋生腐敗的一個源流，因此在即位之初就下令減去「餘平銀」的十分之一，以緩解地方上過重的財政負擔。耗羨歸公後，允祥曾建議雍正取消「餘平銀」和「加色銀」，並同時杜絕地方官短交或以「潮銀」抵充足色紋銀的行為。

如果實行這一辦法，可以有效地制止主管國庫的官員與地方官員侵蝕私分國家錢糧的圖謀。雍正認為這個建議有理有據，立即批准，取消這種加派專案。

加派被取消後，雍正又開始向「部費」開刀。所謂「部費」就是指各衙門在向吏部陳奏各項事務時，如不交納一定數額的禮金，吏部就不批准予以實行。其他各級衙門也有類似的現象。甚至新設立的會考府，本是打擊貪汙清理錢糧的部門，但其中的個別人也暗中收取這種部費。

「部費」涉及到雍正早期的寵臣之一隆科多和雍正的政敵允禩。他們當時都是會考府中的實權人物。因此，雍正同他們的較量更是用盡心機，既鬥智又鬥勇。

為此，雍正也作出了明文規定，指出各省總督、巡撫、提督、總兵必須對「部費」這一不良現象嚴加禁止，倘有人督察不嚴，將從嚴治罪。至此，官場送禮風才有效地被遏制住了。

另外，當時假幣的流通，不但破壞了雍正政府的貨幣制度，同時也擾亂了國家正常的經濟秩序。因此，雍正必須採取斷然措施堵死漏洞，制止民間私自鑄錢業，這樣才能保障國民經濟持續而健康地發展下去。

為了打擊私自鑄錢業，雍正開始向各省督撫施加壓力，要求他們必須對私鑄犯罪活動密訪查拿，嚴刑禁止，不得使奸徒漏網，並聲稱「如若官員不實力辦理，定行從重治罪」。

接著，雍正又命令刑部制定出一套嚴禁私自鑄錢的條例，隨後又親

自定出了因私鑄而銷毀官制銅錢的懲罰條例，其內容大概為：定例毀化制錢本犯本該管地方官並鄰居都照私鑄例治罪，除銷毀新鑄官錢者仍照私鑄例治罪外，如有毀化小制錢者，其該管地方官，若知情者與本犯同罪，不知情者亦照私鑄例降三級呼叫，房主鄰居不分知情與不知情，亦照私鑄例枷號一個月，杖責一百，發配一年。

從這個懲罰條例來看，雍正所用的懲罰手段顯然過分嚴屬，由於「該管地方官並鄰居房主照私鑄例治罪」，地方官和私鑄罪分子的左鄰右舍必然會因懼怕受到懲處而隱瞞實情。

推行新的廉政制度

除了清查虧空、淨化官場風氣之外，雍正還實施了另外兩次改革，那就是耗羨歸公和養廉銀制度。雍正大力打擊官場中的貪汙現象，必然會堵住許多官吏的生財之道，使他們處在生活艱難的境地。而當時中國官吏的腐敗，地方政治的廢弛，實際上也是由官吏待遇微薄造成的。

當時，清朝官吏的俸銀在中國歷代封建王朝中幾乎是最低的。清制規定文武百官的俸薪是：一品銀一百八十兩，二品一百五十五兩外，還有俸米，銀一兩給米一斛；而且，外任文官還沒有俸米，武官更低於文官。

這樣，一個九品小官所得的俸祿相當於一個地主出租五十畝地所收的地租，如此微薄的收入，又怎麼能使各級官吏養家餬口呢？由此可見，當時清朝官吏的貪汙應該說有迫不得已的，而雍正在打擊貪汙的過程中，也發現了這個問題，於是決定採取一種新的舉措，以提高官吏的

生活水準，這就是建立所謂的養廉銀制度。

養廉銀制度和耗羨歸公是密不可分的。所謂耗羨，是自明代以來各地方政府實行的一種不成文的稅收政策。由於明清兩代官吏薪俸低薄，所以，歷任統治者為了增加官吏收入，允許各級政府在為國家收取正稅的同時，額外再增加一層附加稅，而這層附加稅，就是用來提高各級官吏的收入以及用做地方辦公費用的，這就是所謂的提耗羨。

這就給各級官吏帶來了鑽空子的漏洞。他們往往任意增加附加稅，並私自截留，中飽私囊，從而造成了亂攤派現象，給勞動人民帶來沉重的經濟負擔。清時的趙申喬曾感慨地寫道：「唯橫徵私派，黃禍尤烈！如收解錢糧，私加耗羨；解費雜徭，每浮額數……」

雍正在當政前，就對吏治敗壞、貪汙納賄成風的問題有了深刻的了解。所以，雍正在即位後不久就指出：「朕觀古之純臣，載在史冊者，興利除弊，以實心行實政，實至而名亦歸之。古曰：『名者，實之華也。』今之居官者，釣譽以取名，肥家以為實，而雲名實兼收。不知所謂名者，果何謂也！更有仕宦之初，頗著廉名。及身躋大位，則頓易其操，古人謂之巧宦，其心事豈可問乎！」

雍正的這番話，不但解釋了名實兼收的本意，同時還一語道破了某些人做官的目的，揭露了他們貪婪不法的本質，可謂見解深刻、體察入微。對此，雍正不得不採取一系列措施來解決上述問題。除攤丁入畝和清查虧空、打擊貪汙外，雍正所採取的措施就是提耗羨、設養廉。

「耗羨歸公」，就是把各州縣徵收的原本是由州縣支配的開支用銀全部交到省裡，再由省裡按一定比例發回地方。把所有的耗羨都交上來以後，州縣官們知道多徵對自己也沒有好處，也就不會出現濫徵的情況了，老百姓的負擔也會相應減輕。

這樣既加強了中央的控制能力，又可以減輕老百姓的負擔，於國於

民，都是好事。耗羨歸公之後，雍正規定了它的三大用途：一是發給官員養廉銀；二是彌補地方錢糧虧空；三是留作地方公共事業和辦公費用。

在雍正初期，相當部分的耗羨銀用在了補償地方錢糧虧空的方面。此後，虧空基本上被補足後，這部分費用就被轉到了地方官員的養廉上。

所謂「養廉銀」，顧名思義，就是從耗羨中撥出一部分用於官員的私人生活和衙門公務開支的銀兩。更確切地說，就是把官員養起來，保證其在豐衣足食後廉潔奉公，不再貪汙受賄、魚肉百姓。

水至清則無魚，人至察則無徒，雍正對此看得非常透澈，因此他在實行耗羨歸公的同時就說：「我怕耗羨歸公之後各級官吏斷了財路，會更加勒索百姓，所以決定從耗羨中拿出一部分獎金分發給各級官吏作為獎勵，以杜絕貪汙現象。」

此後，隨著各省錢糧虧空逐漸彌補清楚，地方官吏廉銀亦隨之不斷增加。另外，在這一個過程中，雍正也逐步將養廉銀的發放規範化、制度化了。

耗羨歸公的提出有效地杜絕了官吏的私徵錢糧之路，使吏治得以澄清。養廉銀制度就是給足官員的生活、辦公費用，不許他們貪汙，保證廉潔奉公。

耗羨歸公的推行也使官員失去了自行支配的耗羨銀，杜絕了餽贈上司的財路，各級官員只有依靠朝廷的俸祿，如此來保障吏治的清廉。這三項大事同時進行，使官場上貪婪勒索的風氣習慣和腐敗的吏治大為改觀。

到雍正十二年，地方各級官吏所得的養廉銀數量，已超出了正式薪俸的幾十倍甚至上百倍。例如：原督撫的薪俸僅為一百八十兩左右，其養廉銀卻高達一萬五千到三萬兩不等。原州縣官吏的薪俸僅為四十五兩左右，其養廉銀卻高達四千到六千兩不等。

地方官吏的問題雖解決了，但京官的俸祿低微的問題更顯得突出了。考慮到這一矛盾如果不能及時加以解決，勢必難以杜絕外任官員向京官送禮的現象。

為此，雍正決定給吏、戶、兵、刑、工五部尚書、侍郎發雙俸，並給漢人小京官加俸銀若干。這就使京城內外的一切官吏都嘗到了改革的好處，再沒有對耗羨歸公一事評頭論足的了。

雍正有言：「安民之道，唯以察吏。諸卿果能秉公，毫不瞻顧、沽譽姑容，則吏治必清，天下大治……」「……世間事不過擇一是路力行之，利害不管，是非不顧，一切阻撓擾亂之無知庸流，毫不能動此堅忍不拔之志，方能成事也……」

政治腐敗離不開經濟腐敗，而整個社會面貌與之清濁對應。政治經濟面貌與國民精神的面貌是一體的。雍正在實行清查虧空、耗羨歸公、養廉銀製三項措施後，還一舉打擊了恣意加派、接受規禮、貪婪勒索等官場惡習，以肅清政治、穩定人心。

雍正的這一做法，可謂是慮事周詳、統觀全域性、恩威並重、賞罰分明，清查虧空，反貪必須養廉，否則無從附著。高薪養廉，雍正這一招抓住了大多數人做官為發財的本質，讓他們拿在明處，而無需偷偷摸摸。這就從根本上堵住了某些貪官汙吏的退路，使他們再無苛索百姓的理由。

雍正在位雖然時間不長，但是卻進行了諸多的改革，使康熙後期的混亂局面為之一新。他整頓吏治，清查虧空，並建立了養廉銀制度，使得朝政立刻暢通無阻，為大清的興盛打下了基礎。

實施重大仁政制度

　　什麼是賤民？中國古代號稱士農工商、四民平等，但社會上的四民之外，別有賤民，即地位特別低微的社會群落。他們或因民族異同，或受政治迫害，或因社會上莫名其妙的陋習，被列入賤籍，終生不許脫離，也不允許和正常人通婚，不容許參加科舉考試，只能從事一般人不願幹的職業，還不能自由改變身分。

　　解放賤民雖是仁政，但是未實施之前，經常也不會有太多人去提及，好像這是一個不存在的群體！因為賤民只是一個少數、弱勢的邊緣群體，亦即一個偏於「沉默」的群體，他們的痛苦沒有表達的途徑，一般人們也不去理會。他們是被侮辱和輕蔑的一群人，也是被遺忘的一群人！中國號稱以仁治國，但歷代都產生與人道原則相違的賤民，遲至雍正一朝才給以法律上的完全革除，這不能不令人生出中國社會改革過於遲緩的感慨。

　　雍正元年三月，監察御史年熙上書請除豁山西、陝西樂戶的賤民的賤籍。晉陝樂戶的祖先原是明朝永樂帝奪天下時，堅決擁護建文帝的官員，永樂成功後，除了迫害這些政敵本人，關的關，殺的殺，還將他們的妻女罰入教坊司，作為官妓，世代相傳，久習賤業，以作為對政治異議者的殘酷懲罰。

　　這些賤民想脫離卑賤處境，但因身陷樂籍，政府不許，而地方上的紳縉惡霸更以他們為蹂躪對象，也不容他們跳出火坑。他們的苦難已持續了幾百年，卻不能得脫。

　　年熙奏疏說，這些人實際上都是忠義之士的後代，卻沉淪至今，無由自新，太悲慘了，請求雍正開豁他們的賤籍，准許他們改業從良。年

熙是年羹堯的長子，雍正又把他賜給隆科多為子，這時他的生父年羹堯還在川陝總督任上，而山西也是年羹堯的勢力範圍。

年熙的建議可能跟他生父商量過，他同雍正關係又不一般，也可能事先了解雍正對這個問題的態度，所以投其所思，有此動議。他的條議上呈之後，雍正十分贊同，便令禮部議行。

大臣們秉從旨意，說：「壓良為賤，前朝弊政。中國家化民成俗，以禮義廉恥為先，似此有傷風化之事，亟宜革除。」

雍正就批准樂戶改業從良。同時命各省檢查，有如此賤民一律准許出賤為良。於是其他省區的賤民也得開豁。值得一提的是，樂戶除籍之議很可能是發於年羹堯，而得到雍正的大力支持。

因為年羹堯犯罪後，署理山西巡撫伊都立參劾他，說他將皇上乾綱獨斷的樂戶出籍的事據為己功，且向澤州樂戶竇經榮索取謝銀十萬兩。年羹堯辯白說改樂戶為良，是「聖主首端風化」，哪裡敢掠為己功云云。

山陝樂戶削籍的同時，雍正命令除豁京中教坊司樂戶。清初定製，凡是重要場合的奏樂，均由教坊司演奏。雍正命樂戶從良，另選糧通音樂的良人，充當教坊司樂工，專職演奏。這使教坊司的樂人改變了屬籍，成為良人的職業了。

雍正七年，雍正又把教坊司改為和聲署，由內務府管理，官員由內務府、太常寺、鴻臚寺官員兼任。「教坊司」改名為「和聲署」，就說明它是良人充役的良人機構，名實相副。

這一改，進一步鞏固了樂戶除籍的成果。不過，賤民的種類十分多，除去樂戶之處，還有浙江的惰民、廣東的旦戶、徽州的伴當等等。僅僅解放樂戶還是不夠的。

雍正元年七月，兩浙巡鹽御史噶爾泰趁著樂戶削籍之機，上奏摺請求豁免浙江紹興府惰民丐籍。惰民的來源是宋代罪人的後代，已有數百

年的歷史。惰民籍屬丐戶，不得列於士農工商四民的名籍，是為賤籍，不許改變。

他們從事的職業是士農工商所不願乾的，男子作小手藝和小買賣，塑造土牛、木偶、編機扣、捕蛙龜、賣湯餅，或者當吹鼓手、演戲、抬轎子，女子則做媒、當伴娘、賣珠、做接生婆。

他們從事的是服務性的工作，光從「惰民」這個名稱就可以看出社會對他們的歧視。所謂的服務業，卻被當時農業社會所鄙視，社會地位十分卑賤。

政府不許惰民讀書應舉，不能做官，不得充當吏官、裡長，不准與良人通婚，也不得與良人平等相處。作為一種侮辱性的習慣，賤民們的居住地區、房屋式樣、穿著打扮、行路乘車等方面，都有規定，不能隨便改變。

因此惰民同樂戶一樣，毫無任何政治權利，沒有人格尊嚴，是最受侮辱、損害和壓迫的人群。噶爾泰認為應給惰民自新之路；請求照解放樂籍的前例開豁。

雍正命禮部議奏。禮部認為捕龜、賣餅、穿珠、做媒是貧民餬口職業，假如削除其籍，就是不許他們再做這些事，他們反倒無法為生了，不同意削籍。

雍正說除籍「亦繫好事」，禮部不要反對了，於是令惰民放棄原來職業，別習新職，脫離丐籍，轉為民戶，按照良民納稅服役。此外，在江南蘇州府常熟、昭文二縣有種丐戶，他們的籍屬、社會地位與浙江的惰民完全一樣。

雍正八年，江蘇巡撫尹繼善以他們業已「化行俗美，深知愧恥，欲滌前汙」，請求循樂戶、惰民事例，除其丐籍，列入編戶。雍正同意了他的請求。

雍正五年，雍正親自提出安徽寧國府「世僕」、徽州府「伴當」的從良問題。他說：「近聞江南省中，徽州府則有伴當，寧國府則有世僕，本地呼為細民。其籍業下賤，幾與樂戶、惰民相同。又其甚者，譬如二姓，丁戶村莊相等，而此姓乃系彼姓伴當、世僕，彼姓凡有婚喪之事，此姓即往執役，有如奴隸，稍有不合，人人皆得加以毆楚。迨訊其僕役起自何時，則皆茫然無考，非實有上下之分，不過相沿惡習耳。此朕得諸傳聞者，著果有此等之人，應予以開豁為良，俾得奮興向上，免至汙賤終身，且及於後裔。」

文中指出的「伴當」「世僕」這兩類賤民，許多不是由於政治因素或債務關係淪為賤民，而是出於「茫然不可考」的因素，是一種地方陋習演變的結果。

雍正這裡提出讓這些賤民從良有兩個好處，第一是使他們「奮興向上」，也就是說，除去其自卑感、悲苦感，給他們有過正常社會生活的希望；此外，也給他們的子女以平等的地位，不致於一生下來就低人一等。這兩點也是十分符合儒家樂生、平等的人倫道德的。

雍正命令安徽巡撫魏廷珍查核，提出處理意見。魏廷珍議請區別對待如下：紳衿家典買的奴僕，如果有文契可考，還沒有經過贖身者，本身及其子孫俱應聽從主人使役；即便已經贖過身，其本身及在主家所生子孫仍應有主僕名分；奴僕在贖身之後所生子孫，與原主沒有也不應再有主僕名分，准許豁免為良；年代久遠，沒有文契，也不受主家豢養的，通通不許以伴當、世僕對待。

雍正認為他所議「允當」，也就是公正恰當，便批准執行。世僕、伴當所受壓迫，雍正講的以外，同惰民一樣，習鼓吹、抬轎，不與大姓聯姻，不准報考。雍正這一措施，使他們從此免受不少凌辱。

廣東沿江沿海有一種「旦民」，早在宋代就採集珍珠，向政府納貢，

到了清初，在廣州河泊所下轄的，每年按戶納魚課，少數人已粗通文字，上岸居住。

雍正於二年親書硃諭，命將旦民編立埠次，加以管理。

雍正六年，向廣東督撫發出上諭：「旦戶即苗蠻之類，以船為家，以捕魚為業。通省河路，俱有旦船，生齒繁多，不可數計。粵民視旦戶為卑賤之流，不容登岸居住，旦戶亦不敢與平民抗衡，畏威隱忍於舟中，終身不獲安居之樂，深可憫惻。旦戶本屬良民，無可輕賤摒棄之處，且彼輸納魚課，與齊民一體，安得因地方積習，強為區別，而使之飄蕩靡寧乎！」

雍正指出，陸地居住的廣東人將居船的旦戶視為賤民，是不合理、不人道的，應以旦戶們交納魚稅為主要事實，把他們當作平民百姓，不讓他們被社會排斥，在江海之上飄來蕩去，無所依靠。

雍正指示廣東督撫：「凡無力之旦戶，聽其在船自便，不必強令登岸。如有力能建造房屋及搭棚棲身者，准其在於近本村莊居住，與民丁同編列甲戶，以便稽查，勢豪土棍不得藉端欺凌驅逐。並令有司勸諭旦戶，開墾荒地、播種力田，共為務本之人。」

這就是說，旦戶們能夠上岸、願意上岸居住的，地方官應為他們開闢地盤，一視同仁，防止地方土豪惡棍欺侮他們，鼓勵他們耕田謀生。不知延續幾個世紀的旦戶問題第一次提到中央政府的議事日程上來，得到了初步的解決。

雍正在短短幾年中，從法律和道德上解決了數百年來存在的問題。丐戶、樂戶、旦戶、世僕、伴當等賤民是歷史遺留問題，幾百年來，為何沒有人像雍正一樣來觸動它們，甚至很少聽到知識分子為他們呼籲的聲音？明朝人沈德符就曾對此不解地說：何以自宋迄今六百餘年，惰民「不蒙寬宥」？

實際上對賤民也有其他皇帝做過一點事情。明英宗釋放教坊司樂工三千餘人為民；明景帝時議准，凡原為民人而落入樂戶的，允許改回去。原為樂戶而願從良的，也允許申請改業，與民一體當差；康熙年間也裁革過揚州樂戶。然而，這些君主只在樂戶範圍內，隨興所致地釋放一部分人。而雍正則大刀闊斧，不僅削去晉陝樂籍，取消教坊司，削除全部樂戶，又免除丐戶等其他賤籍。所以清人俞正燮研究這段歷史時，稱讚道：「本朝盡除其籍，而天地為之廓清矣。」

「廓清」為過獎，但雍正確實很有政治氣魄，勇於革除舊弊，使政治趨於清廉。而深析起來，促使雍正這樣做則有一系列相關原因。首先，最值得重視的一點，這是和雍正整體宏偉的治國思路相貫穿的。是制度化、全域性性的大手術，不是心血來潮的一時衝動。

在雍正朝，執行打擊不法紳衿的政策，而賤民們主要受紳衿控制，為他們服務，賤民要脫籍，侵犯地方紳衿的利益，他們自然不樂意，千方阻撓。

所以雍正除豁賤民的法令中，才包含進禁止「紳衿土棍」阻攔賤民出籍的條文。據此可見，釋放賤民，是中央同不法紳衿、地方惡勢力的一場角力，此舉有著深遠的背景。

這是雍正釐革前朝弊政、推行改革政治的一項重要內容，其目的是壓制地方紳權、提高中央威權，這同攤丁入畝、耗羨歸公、改土歸流等項政事一樣，是雍正整體治國思路中的一個重要環節。這也是爭取民心的策略。

根據記載，樂戶除籍令頒發的時候，樂戶們都激動得涕淚俱下。噶爾泰很能恰到好處地讚美皇帝，他說，雍正皇帝此舉「使堯天舜日之中，無一物不被其澤。使生者結環，死者啣草，即千萬世之後，共戴皇恩於無既矣」。雖有不實之處，但也可見釋放賤民確實是種仁政，可以提

高皇帝的威望。

在雍正初年，統治尚不穩固，特別需要廣大民眾的支持，確立一個有作為的中央政府的形象，這也是雍正忙於處理賤民問題的原因。當時社會觀念對待賤民的態度有兩種，一是以地方紳衿為主，要維護既得利益，要堅持等級制度，奴役賤民；一是像雍正朝的君臣，主張部分地釋免賤民，而後者顯然更符合儒家道德。

明初解縉曾尖銳質問：「律以人倫為重，而有給配婦女之條，聽之於不義，則又何取夫節義哉？」

雍正也是這麼想的。他說：「朕以移風易俗為心，凡習俗相沿，不能振拔者，鹹與以自新之路。」令賤民改業從良，就是「勵廉恥而廣風化也」。

特別應當指出，賤民的解放，也不完全是一個好皇帝的恩賜，其中有歷史的必然性。任何解放都不可能完全是由上而下的解放，一定要有自下而上的爭取，解放才可能展開，受苦的人才能最終脫離苦海。

賤民所受的壓迫，迫使他們產生反抗情緒，時或爆發反抗鬥爭，這是他們能夠解放的重要因素。賤民各種形式的反抗鬥爭，會引起社會動亂，必須想辦法「息事寧人」。正好當時雍正又要打擊紳權，就把這兩方面結合起來：開豁賤籍可消減賤民的對抗情緒，又是取消不法紳衿特權的一個方法，可謂一舉兩得。

雍正此舉是符合當時社會鬥爭的趨勢的。然而，從賤民自身的角度來說，這還不是完全的解放。任何一種解放事業都必然是艱苦而漫長的，是社會性的事業。雍正的除籍令下之後，少數賤民改業從良，擺脫了屈辱的地位。多數賤民依然如故。

蘇州的丐戶還要應承迎春扮演的差役。寧波府沒有得到削籍的十分多，矛盾嚴重，終於在光緒三十年發生第二次除豁事件。安徽賤民與紳

衿的鬥爭一直延續到清朝末年，紳衿頑固地制馭世僕，不容改業，如析門縣的周姓為李姓世僕，嘉慶十四年，按雍正例開豁為良，但李姓不依，仍然要周姓服役。

道光元年，有個叫李應芳的，強迫周覺春充當吹鼓手，以致鬧出人命案子。並且清朝政府對從良的賤民十分苛刻，如乾隆三十六年定例，規定出籍賤民的應試資格；要從報官改業的人起，「下逮四世，本族親枝皆清白者，方准報捐應試，若僅一二世及親伯叔姑姊尚習猥業者，一概不許濫廁士類」。

這都影響賤民真正擺脫奴役地位。所以雍正的一紙命令和某些努力，並沒有真能拯救賤民。這是因為賤民的解放不是某個人的意志所能決定的事情，它決定於社會狀況和經濟狀況，比如他們要求社會給他們提供新的就業機會，可雍正時代並沒有提供這個條件。

在討論噶爾泰的建議時，禮部就指出惰民的就業問題不能解決，是考慮實際問題。事情也確實如此，在大多數賤民沒有新的謀生之道以前，不可能做到從良。儘管如此，雍正的開豁令仍具有重要意義。它給賤民解放提供了一個巨大的可能性。

具體說，削籍令是政府宣布放棄對賤民的特殊控制法，使賤民有了離開賤籍的法律依據。賤民只要依用政府的條件申請改業從良，就可以按照正常社會成員的方式進行生活，一定時期之後還可以應試做官。

如果同平民發生糾紛，可以良人的身分出現，可以不會像過去那樣因是賤民而遭受不應有的歧視和打擊。所有這些，在道理上講是基本能夠達到的。賤民的除籍，使他們幾百年的積鬱有所舒張，生活信心有所增強，奴性有所消減，從而使他們受到壓抑的創造力得到一定程度的解放。

這也是對這一部分社會成員的生產力的某種解放。另外，雍正實行

攤丁入畝制度後，人民的封建隸屬關係有所削弱，賤民的除籍與這一歷史趨勢相符合，雍正朝這一自上而下的「階級解放」政策反映了時代的要求，是開明做法。

巧妙處理滿漢關係

雍正繼位之後，在處理滿漢關係這一問題上，充分展示了他海納百川之氣度和高屋建瓴之才識，視滿漢如一體，公平相待，終於緩和了社會上的緊張氣氛，團結了兩族朝臣。

雍正之前，滿人剛剛入關建立統治的時候，由於政策不當，殘酷壓迫漢人，以致滿漢關係緊張、矛盾重重。自清朝入關後，反清復明思想就在一部分漢人中流行著，不少人積極實踐，故而類似「朱三太子事件」的事不斷出現。

崇禎有七個兒子，第二、五、六、七四子都過早去世，長子朱慈烺被立為皇太子；三子朱慈炯為周皇后所生，封為定王；四子朱慈炤生母為田貴妃，受封永王。

李自成進北京，抓獲朱慈烺、朱慈炯之後，將朱慈烺封為宋王，朱慈炯封為宅安公，朱慈炤則下落不明。李自成退出北京後，朱慈烺和朱慈炯兄弟也不知存亡去向。

可是不久之後，竟然有人自稱是故太子朱慈烺，投奔南京福王朱由崧，因真偽莫辨，被朱由崧囚禁。剩下最尊貴的就是朱慈炯了，漢人正好利用他的名號反清。

在雍正朝以前，漢族的反清戰爭多打著反清復明的旗號，領導者大

多假託是明王朝統治者的後裔。自順治年間便有人假借定王名義起事。康熙十二年京城有楊起隆稱「朱三太子」起事，很快被鎮壓下去。康熙十九年，福建又發生了蔡寅領導的「朱三太子」起義。

其實真正的定王朱慈炯流落於安徽，後到浙江，教書為生。他在江南，漸漸暴露了身分，民間不少人知道他的來歷，因此，有民族志士利用他來號召群眾。

康熙四十六年，即 1707 年，江蘇太倉、浙江四明山都爆發了打著定王名義的起義，受到清廷的嚴酷鎮壓。定王當時已七十多歲，逃至山東汶上被捕殺。但此後，漢族反清抗爭一直並未停息，民間廣泛流傳朱家後裔在海外，並有人積極聯繫人馬。

直到雍正七年，山東還有人冒稱明帝後裔起事。面對這種情況，雍正採用兩手策略，一是嚴密防範，堅決鎮壓，雍正多次嚴諭各地督撫，尤其是江浙、閩廣等地嚴加訪察，不放過任何疑點。對於暴露的反清組織堅決鎮壓。

同時，雍正還下令訪求明朝宗室，封給爵位，承擔明朝諸陵之祭祀。雍正二年，稱訪到明代王後裔，封為一等候，專司明陵祭奠，以此絕天下漢族之望。用優禮的辦法，緩和漢族人民對明朝的懷念。

雍正深知「朱三太子」的能量，特別是大嵐山及念一和尚的案子，他是很清楚的。他也參加了檢視明十三陵的活動。所以對反清復明他不僅知道，而且決定採取對策。

在繼位之初，雍正就立明太祖的後裔為一等候，准其世襲，承擔明朝諸陵的祭祀，這自然是籠絡漢人，駕馭漢人的一個手段。但無論如何，這不失為一種治國安內的智謀。

雍正元年九月，雍正說他發現了康熙帝未發的諭旨：稱讚朱元璋統一華夏，經文緯武，為漢唐宋諸君所未及。因此，雍正遂命人訪求明太

祖後裔，以奉明朝禋祀。

次年，查知正白旗籍的正定知府朱之璉是朱元璋後裔，雍正封他為一等候，准其後人世襲，承擔明朝諸陵的祭祀。不過確切地說，朱之璉的先人朱文元，是明宗室代簡王的後人，在松山戰役中被俘，入了八旗，是早已滿化了的漢人。

雍正這樣做，目的在於掩人耳目、籠絡人心，即以朱之璉為招牌，宣傳清廷不仇視明朝、不歧視漢人之意。鑑戒於「華夷之辨」的民族意識紛爭，雍正依然執行清朝傳統的依靠滿洲團結漢人的用人方針，對普通的滿漢矛盾盡量求平，以安定民心。

同時，雍正比較重視才能，給某些漢人以較高的地位和特殊的榮譽，有利於這些漢人發揮政治作用。只有這樣，才有利於鞏固清朝的統治。

雍正六年十二月，鑲黃旗副都統滿珠西爾向雍正建議，稱：「京營武弁等員，參將以下，千總以上，應參用滿洲人，不宜用漢人。」非常明顯，滿珠西爾的這個建議是從擴大滿洲官僚對現有武裝力量的控制著眼的。

但是雍正非但沒採納這個建議，而且還就此譴責了蔡珽、傅鼐等漢軍旗人官僚歧視漢人的行為，並闡明瞭自己「滿漢一理，漢滿一家」的思想：

從來為治之道，必在開誠布公，遐邇一體。若因滿漢存分別彼此之見，則是有意猜疑，互相膜視，豈可以為治乎？天之生人，滿漢一理。其才質不齊，有善有不善，乃人情之常事。用人唯當辨其可否，不當論其為滿洲，為漢人也。自我太祖皇帝開國之初，即兼用滿漢之人，是以規模宏遠，中外歸心。蓋漢人之中固有不可用之人，而可用者亦多，如三藩變亂之際，漢人中能奮勇效力以及捐軀殉節者頗不乏人，豈可謂漢

人不當用乎？滿洲中固有可用之人，而不可用者亦多，如貪贓枉法、罔上行私之輩，豈亦可因其為滿洲而用之乎？且滿洲人數本少，今只將中外緊要之缺補用尚覺足以辦理，若將參將以下之員弁悉將滿洲補用，則人數甚為不敷，勢必有員缺無而無補授之人成何理也？朕屢諭在廷諸臣當一德一心，和衷共濟，勿各存私見而分彼此，在滿洲當禮重漢人，勿有意以相輕；在漢人當親滿愛滿，勿有意以相遠，始為存至公無我之心、去黨同伐異之習。蓋天下之人，有不必強同者，五方風氣不齊，習尚因之有異 —— 如滿洲長於騎射、漢人長於文章、西北之人果決有餘、東南之人聰明頗眾，此唯不必強同，亦且可相濟而為理者也。至若語言嗜好之間、服食起居之末，從俗從宜，各得其適。此則天下之大，各省不同；而一省之中，各府州縣亦不同，豈但滿洲與漢人而相異乎？其實人之所以為人者，事君當忠，事親當孝，臣子之職當公而忘私，國而忘家，則其理本無不同，又何得相矜以所長、相笑以所短、相悅以所同、相憎以所異也？

同時，他還批評蔡、傅：

向來為此言者亦有其人，蔡珽、傅鼐等皆屢陳奏。朕思為此說之故有二：一則識見卑鄙、毫無所知之人，故有此區別之情；二則懷挾私邪思、欲擾亂國政之人，故為此謬亡之論也。朕御以來，唯以四海為一家，萬物為一體，於用人之際，必期於國計民生有所裨益，故秉公持正實心辦事者，雖疏遠之人而必用，有徇私利己壞法亂政，雖親近之人而必黜，總無分別滿漢之見，唯知大卜為公，凡中外諸臣皆宜深體朕懷，共為和協，股肱手足交相為濟，則國家深有倚賴，久安長治之道，當必由於此也。

直隸的旗人很多，他們倚恃特權，欺壓漢民，造成嚴重的滿漢衝突。旗民、漢民之間的糾紛案件，旗民不由地方官審理，到康熙三十七

年，經直隸巡撫於成龍題請，設立滿洲理事同知一員，駐保定，審理旗人鬥毆、賭博、租佃、債務諸事，至於人命盜匪等重案，則會同督撫審辦。

這個理事同知，專由滿人擔任，與作為知府副手的同知不同。州縣官不能隨意審查旗人案件，也不能對旗人用刑。雍正初年，由於直隸旗、漢互相控告的事件越來越多，又增設了滿洲通判一員，也駐保定，協助理事同知處理事務。

不久，仍以事多，旗、漢糾紛都到保定辦理不便，於是將張家口、河間、天津的旗、漢事件分別交張家口同知和天津同知審理。這是雍正維持康熙朝舊制，只是增設專管旗民事務的官員，以便比較迅速地處理糾紛案件。

雍正六年，即 1728 年，良鄉縣知縣冉裕棐杖責旗人烏雲珠，直隸總督宜兆熊以違例虐待旗人將他題參。雍正說：「旗民、漢民均屬一體，地方官審理事務，只當論理之曲直，分別賞罰，不應該區分旗民和漢民。冉裕棐奉公守法，不應當革職聽審。」

並將宜兆熊的題本擲還。雍正竟然還說不知道有不許地方官問刑旗人的成例，要刑部查明具奏。刑部查出果有這種案例，雍正命令把它廢掉，依他的指示執行，同時指責宜兆熊那樣對待屬員過於苛刻。

清朝早期，旗人與漢人在處刑上，向來有所不同，漢人犯流徒罪的照律充發，旗人則可改為枷號、杖責結案，實際是從輕發落。雍正四年，雍正感到這種處理使法律不能一致，於是命大學士、八旗都統及滿洲、漢軍中的九卿共同商議，可否將旗人的改折刑法取消，一律按照統一的刑律與漢民一樣處置。

大學士等認為，改折刑法是不好，易使旗人輕於犯罪，但滿人、蒙古人缺乏營生之術，發遣難於圖存，請維持舊例不變，唯漢軍有犯軍流

罪者，則照律發遣。

雍正一直想在旗民與漢民關係問題上做些改革，但因照顧旗人的方針從祖傳來，不宜變更，所以在法令上就不能不遵奉舊制了。然而在實踐上，他主張打擊不法旗人，尤其是作惡多端的莊頭，一定程度地緩和旗、漢矛盾。

雖然雍正宣稱：「朕即位以來，視滿漢臣工均為一體」，又說「朕待臣下至公至平，從無一毫偏向，唯視其人如何。」

事實上，在官僚中，旗員傲視漢員如同旗人欺凌漢民差不多。清朝對大學士、六部尚書、侍郎等官實行復職制，滿漢兼用，且為同等職務，但總有一個主事的，即所謂在前行走者，法定為滿人。

雍正五年，雍正開始作出新規定，大學士領班以滿人中居首的充任，其餘大學士的行走秩序，不必分別滿漢，要依補授時間排列名次，由皇帝臨時決定，並指定漢人大學士張廷玉行走在旗人孫柱之前。本來六部滿尚書在漢尚書之上，張廷玉以大學士管吏部、戶部尚書事，雍正不顧定製，命張廷玉行走在前。

雍正六年，公爵傅爾丹管部務，張廷玉因他為貴冑，不敢越過他，向雍正請求，讓傅爾丹在前行走，雍正不答應，令張廷玉安心居前。漢人勵廷儀任刑部尚書多年，他的屬下滿人侍郎海壽升任尚書，按規定超居其上，雍正為表示對勵廷儀的重視，命他在前行走。雍正一面執行以滿人為領班的制度，一面又因人而異，重用一部分漢人。

滿漢官員在政府中的不同地位，自然會產生矛盾、互相排斥。雍正見到：滿洲為上司，則以滿洲為可信任；漢人為上司，則以漢人為可信任；漢軍為上司，則以漢軍為可信任。雍正認為這種偏向，將影響政事的治理，所以時刻加以警惕。

漢軍楊文乾為廣東巡撫，廣州將軍石禮哈及廣東官員阿克敦、常

賚、官達等四個滿人合謀陷害他，被雍正識破，因此對他們加以嚴屬訓飭。

雍正說他信任的滿員邁柱、漢員李衛、漢軍田文鏡和楊文乾，什麼出身都有，只要能竭忠盡力，那些挾私陷害之徒，無論其為滿洲、漢軍、漢人，都不得使奸計得逞。

在這相互排斥之中，滿人占據主導地位，他們覺得出身高貴，即使為漢人的下屬，亦以旗籍而蔑視主官，雍正知道這是旗人的常習，時加警戒。

漢人孔毓珣任廣西巡撫時，漢軍劉廷琛為按察使，雍正叮囑他：「所有大小事情不可越分，不要因為巡撫是漢人而不尊重他，從而主張分外之事，如果讓我知道了，必然不會輕饒。」

雍正考慮到政事的治理需要官員的團結一致，他告訴官員：都是辦的朝廷事情，何必分滿洲、漢人、漢軍、蒙古，應當「滿漢協心，文武共濟，而後能政治」。

他雍正以此律人，也應該說這是他的真實思想，他為了很好地利用漢官，不願過分地歧視他們。雍正說：「天之生人，滿漢一理，其才質不齊，有善有不善者，乃人情之常，用人唯當辨其可否，不當論其為滿洲為漢人也。」這裡說的是對滿漢一視同仁，唯看其才質。

可是，雍正有一次又對臣下說：「朕唯望爾等習為善人，如宗室內有一善人，滿洲內亦有一善人，朕必先用宗室；滿洲內有一善人，漢軍內亦有一善人，朕必先用滿洲；推之漢軍、漢人皆然。苟宗室不及滿洲，則朕定用滿洲矣」。

這就是雍正自相矛盾的地方：同樣人才，先宗室，次滿人，再次漢軍，最後才是漢人，滿漢就是有區別、有等第。真正鞏固滿洲根本的事，是雍正致力於防止滿人的漢化，這可以說是最能展現他基本思想的

較為明確的亮點。

雍正即位不久，就召見八旗大臣，宣稱：「八旗滿洲為我朝根本。」既然是根本，那就一定要牢固。為此，雍正將滿洲現存的一些問題逐一解決，「限諸臣於三年之內將一切廢弛陋習悉行整飭，其各實心任事，訓練騎射，整齊器械，教以生理，有頑劣者，即懲之以法。」

也就是說，雍正想把滿洲人入關逐漸退化廢弛的民族尚武的精神重新振作起來，做到招之即來，來之能戰，戰則能勝，不事豪奢、崇尚儉樸。

雍正為防止滿人漢化，還叫八旗人學滿文、說滿語。語言是民族精神中最重要的因素。不要小看民族語言乃至方言的作用，它正展現著個人和群體的精神特徵。

方言是人與人之間產生認同感的最有力的依據，民族語言更是如此。所以雍正才特別地強調自己民族語言的保留和使用問題。為了防止滿人漢化，雍正還禁止滿人與漢人通婚。

自滿人入關以來，滿人散居全國各地，儘管駐防的旗人有固定的居住地區，即俗稱的「滿城」，但旗人總是和漢人雜處，往來一多，就不可避免地發生滿漢通婚的事。雍正曾對將赴福州的將軍蔡良說，駐防兵丁都是旗人，聽說竟然有與漢人聯姻的，要蔡良到任後嚴行禁絕。

蔡良到福州後，查明旗人娶漢人為妻的二百一十四人，嫁給漢人的兩人。對這一數字雍正表示不信，說一定不止這些人，不過木已成舟，只好對此既往不咎，但以後應該禁止。

雍正叫八旗人學滿文、說滿語、禁止滿漢通婚的這些事，反映出他思想保守的一面。與博大精深的漢文化相比，滿文和滿語必然會有所嬗變、有所淘汰。

從另一方面來說，清朝統治中國，其國民的百分之九十以上都是漢

民，作為一個皇帝，漢化是必然趨向，也必然要用漢人的方式來統治這個國家。

漢族雖然在當時是受滿族的統治，但漢族的文明卻不受統治，任何一個統治者統治漢族，都只能是形式上的。真正統治漢族的是漢文、漢語及漢族的道德觀念。

雍正是很了解這些的。但他之所以極力保持滿族的語言文字、風俗習慣，禁止滿漢通婚，防止滿人漢化，是害怕失去民族的精神和靈魂。

大力扭轉社會風氣

雍正做皇帝時已經四十五歲了，他對當時社會風氣的現狀，十分了解，也很重視，認為「治天下之道，莫急於厚風俗」，自稱繼位以來，「唯以正人心，端風俗為首務」，發誓要「振數百年之頹風！」

社會風氣不僅關係國家和社會的穩定，還是一個民族文明程度的指示器。歷代有作為的皇帝和政治家，無不強調辨風正俗的重要性，並留下很多成功的經驗。

雍正即位時所面對的社會風氣，是清前期最糟糕的。當時在官場上，貪賄公行，層層勒索；瀆職怠政，荒廢職事；結黨營私，上下回護；巧於逢迎，欺上瞞下，各種誤國害民的惡習，舉不勝舉。

士風邪惡，由來已久，地方上的士紳是介於官與民之間的特殊階層，由於長期以來疏於教化，他們中或為非作歹、橫行鄉裡，欺壓平民；或抗違稅收，藐視王法；或代民納稅，私潤身家，「種種卑汙下賤之事，難以悉數」。

　　而士子應試，更是弊陋百出，並不以真才實學獲取功名，而是靠歪門邪道專事鑽營，考風不正，已是影響官僚隊伍不純的重要因素。至於民風敗壞，已漸成朝廷的心腹之患：偷竊強盜橫行，擾亂社會治安；巫術邪法沉渣泛起，祕密結社繁多，更是影響政治穩定的大事；忠孝節義、敬老尊賢、禮讓謙和、持節崇儉等傳統的行為規範和道德，也受到挑戰；民間賭博之風盛行，其害更不可勝言。

　　雍正對此痛下決心：「不做一番大的整飭，加強教化，不足以扭轉社會風氣。」

　　雍正不僅重視移風易俗，屢屢降旨申斥臣民；同時，他不僅是停留在口頭上，而是實實在在地抓了幾件大事，發表了一系列新的舉措。大體說來，雍正為扭轉社會風氣，主要思路和措施有如下幾個方面：

　　一、用法律和行政手段加以遏制。

　　社會風氣變壞，主要來源於官風不正。雍正認為，地方百姓不能安居樂業，惹是生非，主要是疆臣大吏不能「察吏安民」，苛索屬官，自己嘴短便沒威信，故而疏縱屬員；而屬員又層層分肥勒索，最終害及百姓。所以，他在整頓吏治時，首先強化對大臣的約束，有犯必究，從重從嚴從速懲處。

　　在大力打擊貪風時，雍正充分利用法律因時而制，絕不姑息遷就，甚至對歷代相沿的議親、議故、議能、議賢、議功、議勤、議貴、議賓等「八議」制度，也明確做了闡釋。

　　「八議」是中國古代刑律對八種權貴人物在審判上給予特殊照顧的制度，源於周朝所謂的「八辟」，實質上是在法律面前尊貴賢愚等次有別的不公正的法制。

　　雍正對此很有主見，認為親故功賢等人更應遵守王法，成為士民的表率，若犯罪違法，不能與無知誤犯之人相比，而執法者再對他們特意

寬縱,「何以懲惡而勸善」?所以,「八議」律文不可為訓。

這樣公開否認千古不變的律條的言詞,在歷代帝王中是罕見的。雍正恰恰依靠這一變更的法律理論,對上至皇族,下至文武百官,不管是誰觸犯國法和皇權,誰就受到制裁,而不能幻想靠「八議」制度而倖免。當然,這並不能保證雍正在處理具體人和事時一貫做到公正。

在處理擾亂人心、敗壞社會風氣的官吏「朋黨」問題時,雍正毫不手軟。他再三再四地告誡皇族、權貴和所有文武百官,不要結黨營私,而要與君主同好惡,否則就是欺君罔上、罪不勝誅。為此,他特別發表自撰的《朋黨論》,否認了以任何形式所結成的朋黨的合法性。

同時,雍正法外用刑,用多種手段清除了允禩、允禟集團,年羹堯、隆科多的權貴勢力,還有所謂李紱、蔡珽、謝濟世的「科甲朋黨」等等。從而震懾了官場,任何以同年、同寅、同鄉、同族、姻親以及結拜乾親等形成的交往,都在法例的嚴禁之內,有犯必懲。

雍正堅決整飭前朝遺留的、當朝滋生的官僚結黨之習,對肅清官場互相請託包庇、鑽營謀私等弊端,造成了很好作用;但是,矯枉未免過正,在君主權威絕對強盛的同時,必然造成一種沉悶仕風,對日後負面影響不可低估,此當別論。

康熙末年以來,奉承庸碌者當道,大小官員因循偷閒、懶惰怠職,「有經年不到衙門者,有庸劣不能辦事者,有不能寫字僱人翻譯者」。其結果,國家庶務、百姓疾苦竟成官員們身外之事,行政效率極為低下。

雍正深知此中的弊處,繼位後,總是告誡大小官員們不要安於習俗,不知奮發進取。同時,利用組織手段和正常的「京察」「大計」考核制度,大幅度調整官員結構,去其庸劣之員。為了提高行政效率,去其拖拉萎靡之風,雍正制定了各種事件的辦理限期及其稽查處分法例、規章。

鑒於以前定例有疏漏，雍正側重制定了「各部院事件限期」「直省承辦欽部事件限期」「文憑定限」「繳照逾限」等新法例。因各部院所辦事件行文例行翻譯，以前往往遲誤，新例規定必須在一兩日內定稿呈送堂官，否則給予翻譯筆帖式記過或革退處分。

凡皇帝交有關部院等速辦之事，限五日內完結；其他除兩衙門會稿、八旗會議事件仍照舊例定限內完結外，對於那些不需查核而易於辦理事件，過去是二十日完結者，而今限期十日。

戶部向例三十日，今改為二十日；八旗易辦之事，也定限十日；至於議政及九卿會議，從無定限，今視繁易程度，俱定為三十日和十日限期。如有推諉遲誤，監察官查出題參。對於官員到地方赴任遲緩怠政的弊習，雍正看在眼裡，指令議定法例，終於於七年發表了地方官自京赴任的詳細法例，成為清代定製。

此外，對於各省承辦欽命、部交事件，各省衙門事件，官員離任、給假等各種行政事件，雍正也命或遵定例，或新制定例嚴格執行。如果發生任意推諉、或稱無例可援、或稱無案可稽，以致遲延者，該衙門長官即行參奏，送部議處。

對於嚴重影響社會治安的搶劫、偷竊、賭博等犯罪行為，雍正相當重視。一方面，嚴格定限，嚴令有關機關務必在限期內捕獲罪犯並從速審結定案，盜案一年期限，命案六個月，欽部案件四個月，以到案之日為始，不得請示寬限，有特殊情況者只准延期一個月。

後來，雍正又發現對盜案限期處分的做法有疏漏，即官兵們因迫於時限，竟有誣拿平民栽贓、買贓，教唆提供假口供的情況，於是又同大學士、九卿們反覆討論妥善處理的辦法。

另一方面，雍正認為，嚴厲打擊偷盜行為，是安民之本，所以，特加重偷盜罪名。原來定例，廢法施恩，以致強盜橫行。雍正針對實際情

況，首先在直隸多盜發區，重新啟動此律例，務必將真正慣盜或致死人命的盜賊斬首。

針對京師各省賭風猖獗的現實，雍正更是加大打擊力度，認為賭博之人，敗壞品行，蕩廢家產，必然鋌而走險、危害社會；而讀書居官之人，若染上此習，必致廢時誤事，志氣昏濁，如何能上進？

所以，雍正在屢屢釋出禁令而收穫不顯著後，決定運用法律手段加以遏制，定例甚嚴：旗人製造紙牌、骰子售賣者，罪至絞監候；漢人制賣賭具及賭博者，變枷責為充軍、發配、杖流等罪名，分別輕重擬罪；官員賭博者，革職永不敘用。

對此，雍正真可謂言出法隨，除通令全國實行外，還特別注意自己執法時不留餘地，對於因賭博致毆殺、誤殺、戲殺等罪，指示刑部和各省督撫，絕對定擬「情實」罪名，不可開脫。

同時，對賭博敗露的官員、旗人必從重處罰，其例證不可列舉。各省也都實力奉法而行，雍正力行禁賭的結果，使盛行全國的賭風確有收斂。

對於民間傳統的倫理綱常遭到破壞的「不古」風氣，以及官民們普遍盛行的奢侈之風，雍正也用法律和行政手段加以整頓。他認為：欲治理好國家，必先於厚風俗；若想使風俗純樸，莫要於崇節儉。

所以，雍正在位期間，對大清禮製作了重新釐定，官民的衣、食、住、行等用度都有嚴格的禮法規定，超越了限度，便構成了「僭妄」之罪，必加以嚴懲。當然，對官民服飾婚喪等禮儀的規定，一方面在於整飭官民的奢靡之風；另一方面也有完善和強化封建等級制度的用意在內。

二、移風易俗，以勸善為先。

雍正施政作風的最大特點之一就是務實。他對官風的整飭，主要靠法律和行政的手段，而對士民風氣則主要用正面引導與禁令並行的方

式，即使對仕風，他也堅持「教而誅之」，反對「不教而誅」。

雍正對官員朋黨之習深惡痛絕，幾乎是有犯必懲。但是，他並不單靠法律手段解決這一根深蒂固的問題，而是屢屢釋出諭旨，說明朋黨的危害，告誡人們不要明知故犯。

同時，對具體涉嫌結黨營私的官員，他又每每預先警告，無效後才予以嚴懲。同樣，對於嚴重危害社會治安的強盜、竊賊、賭徒等，也是在屢屢發出勸善改惡的諭旨後，才加以重懲的。

事實上，不良的社會風氣，有些絕不能靠法律和行政禁令驟然硬性解決，而應該慢慢地加以疏導。八旗社會漸漸喪失了原來古樸儉約的風尚，雍正認為事關重大，必須加以整飭。

於是，八旗大臣們曾建議：一律按等秩定製約束所有旗人。雍正針對這種意見，說了長長的一段話：「要將官員軍民穿戴一概加以禁約，朕試問諸臣，照此定製，以申禁約，能使人們必然更改嗎？斷然不能。法令者，必其能禁而後禁之，明知法不能克勝而禁止，則法必不通行。從前，屢禁而不能奏效，豈可再禁呢？」

雍正還說：「況且，若諸臣所說，旗人各按等秩，將緞匹和貂、鼠、猞猁等細裘悉行禁止，不准服用，反而使大臣官員得以賤價購而服用，結果富室反而獲其利。若令兵丁難以為生，毫無益處。你們八旗大臣見有服用僭越之人，戒飭約束，曉諭而訓導之，使他們漸漸醒悟，數年之後，自然有所改觀，不必過於煩細，以致紛擾。」

當然，對於事關名器的官員頂戴服飾，雍正是很重視的，他始終嚴令禁止官員隨便用素珠、頂戴；官民不得穿戴五爪龍圖案的紗緞衣服；玄色、黃色、米色、香色等服飾，也在禁止之列。

由於商品經濟的發展和百姓生活水準的提高，全國上下普遍風行婚喪之事、大講排場、鋪張浪費等弊習。對此雍正一方面組織人力制定頒

布官民的婚喪禮儀，規定官員、士、民等級不同的婚嫁喪事節儉，勸導人們戒奢崇儉。

雍正釋出了許多諭旨，力求說明婚喪奢侈毫無益處，他說，為人子者，應盡孝於父母生前；否則，父母死了再大操大辦，不但無益於死者，生者也有矯飾沽名之嫌，空費家財。

在這裡，雍正還打個比喻：假若你對一個乞丐說：「你死後，我為你焚化金銀累萬。」那麼，此乞丐則只想求生，不會羨慕死後的錢財。

雍正還說：「聖人教人，以生養死葬，合禮之孝。若有人必以耗財為孝，獨不知蕩費家產，以致不能顧卹品行，辱及先人，這是孝，還是不孝？若認為在子女婚嫁時，父母以厚資為慈，獨不思無所貽謀，以致不能養育子孫，飢餓困苦，這是慈愛嗎？」

雍正最反對金銀入葬的陋習，認為這是絲毫無益於死者而起小人覬覦之心的「庸愚之見」，曾明旨訓示。儘管雍正苦口婆心地化導臣民，但是，其效果不會太顯著，這叫他很難理解。

對於當時日益盛行的功利主義、人人為私的風尚，雍正給予了充分注意。他不好用行政手段加以干預，只能鼓勵人們踴躍濟公、樂善好施。

雍正鼓勵富戶向善好施，設立「社倉」。雍正對此還有一套理論：他曾針對有人提出用「限田」或實行「井田制」以解決貧富不均問題的主張，發表一篇長論，首先否定這些提法於理於勢都行不通，然後勸富民要有「保家之道」。

一是要戒浮華奢侈靡費，以善守家財；二是不要吝嗇刻薄，一旦遇荒歉之年，就可免遭饑民肆行搶奪，因為那些先受害的，都是為富不仁的人家，而貧民貪利犯法致喪其命，富民斂財而傾其家，兩失其道。

雍正接著進一步說：所以，假若富民平日善體貧民，濟其所急，則窮人必感富戶之情，「居常能緩急相周，有事可守望相助」，這不是保

家之善道嗎？雍正一朝，富民鄉紳、達官富商等，濟公助貧的事不斷增多，的確與他的倡導有關。

必須指出的是，雍正作為封建皇帝，不可能從根本上解決貧富不均的社會問題，但他努力調和貧富之間的關係，勸民為善，對當時社會矛盾的緩和與社會風氣的好轉，作用不容忽略。

雍正別出心裁，對拾金不昧、濟公助貧、辛勤耕作等人給予宣揚褒獎，有利於社會風氣的轉變。凡是拾金不昧的人，雍正都利用賞銀、立碑，或給予七八品頂戴等辦法，以表彰其善行；同時，他還每每特別降旨宣傳，指示人們向這些人學習，以成就禮義仁讓的淳美民風。

縱觀雍正一朝，各地所報拾金不昧的人和事，層出不窮、不勝列舉。對於濟公助貧、辛勤耕作的老農等，雍正也不惜爵賞頂戴以榮其身。這一由皇帝親自倡導的勸善運動，在中國歷史上是空前的。

三、宣傳教化，形成制度。

雍正繼位以後，釋出很多訓誡官員、士子、百姓的諭旨，特別希望「愚民」們能對皇帝「視民如子之心」家喻戶曉，「以成移風易俗之治」。

後來，雍正發現地方大吏並不把諭旨當作一回事，只在省會之地出一告示，而州縣各處，並未遍傳，至於鄉村莊堡偏僻之區，就更無從知之了。

對此，雍正特別重視，認為百姓陋習不改、迷而不悟，都是因為百姓對聖旨並不知曉的緣故，諭令各省大員不要再滿不在乎、置若罔聞了。後來，曾靜、張熙策反岳鍾琪事發，雍正更覺得皇帝和朝廷旨意沒有遍傳鄉野是個重大失誤。

於是，他於雍正七年命在鄉村設定鄉官，大鄉大村設「約正」一人，「值月」三四人。約正由地方生員中選擇合適的人充任，政府酌情給報酬；值月由老年農民中選充。

　　鄉官其實是種非官非民的「鄉約」，主要任務是傳達皇帝諭旨、地方官的禁令，並對鄉民進行勸教，獎善懲惡，對州縣官負責。如此一來，雍正便找到了一種上傳下達的通道，其旨意可以順利傳遍窮鄉僻壤了。

　　鄉官除傳達皇帝隨時頒布的有針對性的諭旨外，主要宣講雍正御撰的《聖諭廣訓》和《大義覺迷錄》。《聖諭廣訓》是對康熙御撰的「聖諭十六條」的全面闡釋，洋洋萬言，主要講的是百姓應該普遍遵守的行為規範，如孝悌、鄉裡無爭、重本務農、勤儉惜財、端正士習、禮讓謙和、完納錢糧等等。

　　其意圖主要是令八旗、內外官員和全國士子、百姓等，遵守綱常名教，去其痼習，做好官良民。不過，雖然雍正最初希望使《聖諭廣訓》家喻戶曉，但實際上只在一定範圍內誦習傳講。

　　《聖諭廣訓》剛釋出時，首先在京師五城曉諭，翰林院學士逢泰又請在京師八旗每月宣講；頒布「廣訓」的次年，翰林院學士張照請令各省學臣轉頒州縣教官，以使童生誦讀，縣、府考試複試童生時，令其各背誦一條，一字不錯方准錄取為生員，即「秀才」。

　　同時，國子監祭酒張廷璐又奏請，各省官兵必須在每月初一及十五兩日，齊集宣講；繼有右參議孫勷建議教官宣講，以化導兵民，外官考試要以宣講此聖諭為第一要義。雍正均表示同意。

　　但是，當初雍正並沒有對宣講《聖諭廣訓》給予特別注意，直到曾靜、呂留良案發後，他才屢屢強調此事的重要性。於是，地方官和鄉官定期宣講《聖諭廣訓》《大義覺迷錄》和隨時傳達聖旨就成為一種制度。

　　宣講時的禮儀特別隆重，在農村，村民必須全部到場，由值月宣讀，約正解說，人們對不懂的地方可以提問，宣講之後，對村民中的「善人」「惡人」分別造冊登記，以示獎懲。在州縣和省城，儀式更為肅穆隆重。

雍正的意圖無非是想使自己的德政廣為人知，並藉以形成尊卑有序、鄉裡和睦、子弟有教、各安本業、無爭無訟等古樸的民風、士風。雍正還透過其他方式加強對士民的教化。

譬如，提倡興辦「義學」，讓更多無錢讀書的子弟入學接受教育；晚年倡建「書院」，開闢士子讀書管道；倡導舉行「鄉飲酒禮」，作為教化士民尊賢敬老、崇尚禮教的重要手段；建立「賢良祠」「忠孝節義祠」，以旌表忠賢大臣、名宦鄉賢、烈婦、節婦及行義之人等等。

雍正並不是一味固守千古禮教和陋習的。「割臠療親」是千百年來形成的陋習，即父母、公婆、丈夫生病時，為兒為媳為女者，割下股、臀上的肉或內臟，用以和藥、煮粥、燉湯而使病人吃下，據說可治大病。

雍正大不以為然，公開表示，這是無知的小民的一種愚孝，對於因此而喪生的「孝子」等，一概不准旌表提倡。同時，雍正還認為，「烈婦難，而節婦尤難」，故提倡婦女守貞守節，反對愚婦殉夫，公開表示「烈婦」捐生與割股割肝的愚孝沒有什麼區別，都不宜提倡旌表。

而且，雍正既反對在老人喪事上鋪張浪費，主張「孝」表現在父母生前，不在於死後；又悄悄地對千古不易的官員「丁憂」「守制」的喪居制度做了變更。雍正一朝，皇帝特准在任守喪的官吏不勝列舉，這在以前是罕見的事。

「奪情」是「丁憂」制度的延伸，意思是為國家奪去了孝親之情，可不必去職，以素服辦公，不參加吉禮。康熙朝就因官員「奪情」，曾引起一次次軒然大波。但是，雍正卻已觸及了一些扼殺人性和不利於國家機器正常運轉的綱常名教、陳規陋習，併作了部分改革。

同時，雍正很重視官民的道德倫理和禮儀教化，卻不主張普法宣傳。雍正十二年三月，湖廣有個叫楊凱的總兵官請摺要宣講《大清律集解附例》，由大小官員和鄉官負責，以使百姓知所畏懼，自能化民成俗。

對此，雍正認為這是有害無益的事，一者造律之始，用意精微，審判人員有其靈活性，有時可根據情罪出於律條之外，若令百姓概知，倘知而不詳，會使小民起「不奮挾制之刁風」；再者，百姓若知道律條，犯法之人必尋避重就輕之路，不利官府審判。

可見，雍正是主張愚民式教化的，其歷史局限性可見一斑。四、抓重點，以帶動全域性。

雍正施政一貫注意方式和方法，轉變社會風氣是一項複雜的工程，更得講究些策略。雍正的一個重要策略就是在普遍宣傳、全面教化的同時，抓住重點，以帶動全域性。

官風是否好轉，這是整頓社會風氣的關鍵，而官風最應重點整飭的是「貪風」「怠職溺職之風」和士大夫的「科甲之習」。雍正先將貪風和官吏溺職之風剎住，接下來就是配合打擊政敵的「朋黨」之風，深入開展由科舉入仕的官員所固有的「朋黨」之習，禁防官員以師生、同年、同鄉、世交等形式結成的宗派勢力。

透過雍正三、四年間發生的李紱、田文鏡互參案，故意偏袒「低學歷」出身的田文鏡，嚴厲懲處所謂李紱、蔡珽、謝濟世為首的「科甲朋黨」，對士大夫的警示和敲山震虎的作用是巨大的。

至於對「士習」，雍正非常重視，認為士乃四民之首，一主之望，「士習不端，民風何由而正」？為此，他先列舉學校士子中蕩檢偷閒、不顧名節、勾結官府、作惡鄉裡等惡習。

然後，一反前代優待士子的傳統，對各教官嚴格考核，又使教官嚴教學士，士子們凜然知畏，一度從「天之驕子」跌落千丈，竟與百姓一體當差，士習大變。

古人云：「百里不同風，千里不同俗。」對於民風的整飭，雍正根據情況迅速轉變重點，也是他整頓社會風氣的一大策略。他根據各地區不

同的社會風氣，採取輕重不同的整飭方針。

雍正雖然對各省和地方多沒有親身巡視，但卻透過大量的臣下奏疏、密報，了解到很多訊息，大體知道盛京的民風原來很純樸；山陝和河南的風俗也較醇厚；廣東的盜賊橫行，民俗獷悍；福建地處沿海，向來多事；江南、浙江是人文發達之區，歷科鼎甲多為其獨占，但卻士民奸邪；直隸、京畿之區，萬方雜聚，無業閒雜之人很多，生事為非者更多於他省。

對此，雍正為整頓社會風氣，採取了分而治之的策略，對於盛京這個「龍興之地」，因他親自去過，曾看到盛京城裡酒鋪有千餘家，人們多於此飲酒、觀戲；稍有些能耐的，都以參人謀利；官員多不以公務為事，衙門早晨辦事的甚少，即使有一二人，也都彼此聚會宴請，無所事事，甚至有的官員直到年終才到衙門一次。

針對這種情況，雍正除派出御史等巡視外，還採取大規模的人事調整策略，先將將軍、滿漢大臣等不稱職者革退；然後將盛京五部郎中以下、主事以上的人員，全部調入京師，其所遺缺位從京師各部中補用。

這可謂釜底抽薪之法，原因在於盛京五部司員多系本地人，他們互相勾結，把上司玩弄於掌心，上司對之無可奈何，以至「習俗甚是不堪」。

同時，雍正又命將犯侵盜、虧空錢糧和因奸貪訛詐之事降革的官員，都調京歸旗，或者安插於各省滿洲駐防營內，如此則使不肖之徒漸少。

以前，犯法之人多流放於盛京遼陽等地，雍正認為這無異於雪上加霜，所以明令自雍正二年以來的部分人犯均勒限送京另旨發遣。經過這樣一番整頓，盛京風氣大有好轉，官民兩安。據說，一連八年都喜獲豐收。

雍正三、四年間，又連連發生汪景祺、查嗣庭文字大獄，杭州紳衿千餘人衝擊縣衙的惡性事件。鑒於浙省種種士習頗愛爭訟，竟敢藐視王法的「敝俗頹風」，雍正大為惱怒，但僅靠殺戮，既殺不勝殺，又有所不防。

最後，雍正決定專門派遣一名官員往浙江，查問風俗，稽查奸偽，勸導懲治，以使紳衿士庶有所儆戒，盡除囂張暴烈之習，歸於謹厚，以昭一道同風之治。

經吏部議奏，建議仿唐太宗遣蕭瑀、李靖等巡行天下，號「觀察使」之制，給予皇帝欽點的河南學政王國棟以「觀風整俗使」一銜，前往浙江，雍正表示同意。

專派官員賦予特權以察風觀俗，並不是雍正的發明，中國遠古有采詩舉謠之官，漢代設有「風俗使」，唐代有所謂「觀察使」「黜陟使」，明專遣「巡按御史」等等，都具有這種「觀風整俗使」的性質。

清初原有巡按御史，但康熙初裁撤。而雍正撇開監察機關都察院，專設此官，倒是清代歷史上空前絕後的舉措。王國棟到浙江後，遵奉陛辭時的聖訓，恪盡職守，使士風改變了很多，不到一年，就榮升為湖南巡撫。

王國棟走後，浙江布政使許容以原銜繼任觀風整俗使。不久，許容升為甘肅巡撫，其缺由工科掌印給事中、浙江糧道蔡仁彤接任，蔡仁彤帶僉都御史銜，一度署巡撫印，正走紅之際卻獲罪，不久就死了。

雍正順勢裁掉浙江觀風整俗使，理由是總督李衛善於訓導，浙江省風俗已改。

需要指出的是，雍正為給浙江士子一個下馬威，在宣布派出觀風整俗使的同時，下令停止浙江一省士子鄉會試，兩年後以浙江士習轉好為由，又特准鄉會試，會試之時。「會元」和殿試後一甲三名均為浙江籍士

子獨占。可見，雍正是善於用一張一弛、寬嚴相濟的施政之道的。

雍正不僅於浙江派出觀風整俗使，對其他認為風氣不好的省份，如福建、廣東等省，也相繼派遣過，完事後就撤銷了。對於其他地區，也曾用各種名目遣派專使察風觀俗，如派往直隸的「營田觀察使」「巡查直隸八府御史」、向陝甘派出的「宣諭化導使」，並經常遣科道官「巡察」「巡視」某省。

雍正雖然生性急躁，卻對百姓很少加以迫責。例如，在處理政府與普通百姓的利益關係上，雍正堅持了康熙守仁和平的施政方針，即以嚴猛手段懲治貪官汙吏對人民的剝削，嚴肅政紀。這就為廣大百姓提供了一個相對寬舒的社會生活環境。

以社倉為例，他曾反覆告誡各地方官「社倉捐穀」，聽民自便，不可「繩以官法」。此後，當某些地方社倉的倉穀出現了虧空現象後，雍正又命令督撫辦理此事，並說：「如果民間一時虛報數目而力量其實不能完成者，下令強逼的話，小民必然會受到擾累，我已經多次下旨，不必催迫，聽從民便輸納。」

可見他對貪官和百姓採取了不同態度。與嚴相對，從鞏固統治的現實利益出發，雍正高度重視維護老百姓的利益。為此他曾說：「我愛百姓，就像父母愛護子女一樣，所有想法都出於至誠，若有一絲一毫不便於民之處，立即改變措置，務使萬民安家樂業，故地方一有不肖官員，不法奸民，定加懲治，蓋奸邪一日不去，良善一日不安。」

雍正以極大的決心和獨特的策略、手段，按傳統的儒家道德和統治階級的綱常名教為標準，以寬嚴相濟的策略整頓社會風氣，使官風、士風、民風有了很大的好轉，這是「康雍盛世」得以持續的重要保障。

建立祕密立儲制度

雍正在登上皇帝寶座之前，曾做了四十五年的皇子，在這四十五年中，雍正歷經了長達三十多年的皇儲之爭。這場至高權力的角逐爭奪戰，是康熙朝後期政治的主要內容。

皇儲之爭幾乎牽連了朝廷內外的大部分人，因為將來的皇位繼承人將會改變現有的權力結構，每個人都會在這場爭鬥當中或多或少地受到一些影響。

而康熙本人，更是為選定皇位繼承人的事操心不已，但是面對自己的親生骨肉為權力而相互明爭暗鬥，卻拿不出行之有效的辦法來。為了解決這一難題，康熙醞釀出了祕密立儲的想法。但到了雍正這裡才形成制度，後來則將其確立為清朝「繼承家法」。

雍正建立的「祕密立儲」制度，就是自己預先將選中的繼承人的名字寫進密詔，放入錦盒，然後把錦盒放在乾清宮順治手書的「正大光明」匾的後面。待老皇帝去世的時候，皇帝親選的誥命大臣會同諸王公大臣一起，當眾取出密詔宣布。

後來，雍正為防止意外，又發展了這種制度，隨身攜帶另一個同樣的密詔，必要時兩份密詔核對，來最終確定皇位的繼承者。祕密立儲制度是清朝繼「汗位推選制」和「嫡長子繼承製」後所採用的第三種皇位繼承制度，也是中國歷代封建王朝中唯清朝所獨有的皇位繼承模式。

乾隆、嘉慶、道光、咸豐四帝，都是按此制度登上寶座的。到了清代後期，由於咸豐皇帝只有一個兒子，同治和光緒皇帝沒有兒子，這種祕密立儲的辦法才失去其意義。

凡事豫則立，不豫則廢。雍正至死也未能消除世間對其登基合法性

的懷疑和猜測。所以他對傳統嫡長子的繼位模式心存疑慮，對重新確立繼承人方法的問題，早就有打算。

早在雍正元年八月十七日，雍正在乾清宮召見諸王、總理事務大臣及其他滿漢文武要員，宣布確立皇位繼承人的辦法。雍正首先回顧了自己取得皇位的艱難和原來選擇皇位繼承人的弊端：「我現在深受先帝江山的重託，又怎麼能不為大清朝的長遠考慮呢？當日聖祖因二阿哥的事，搞得身心憔悴，痛苦不堪。」

接著，雍正說出了自己的打算：「現在我的諸位皇子年紀還小，建儲一事，說起來還為時尚早，有必要考慮嗎？但是聖祖既將大事付託於我，我身為宗社之主，不得不早些考慮這件重大的事。」

群臣看著雍正，不知道他接下來又要說出什麼妙點子。雍正環視了一下眾臣，這才亮出自己的想法說：「現在，我特將立儲的事親自寫下詔書，並密封藏於匣內，安置在了乾清宮正中世祖章皇帝御書『正大光明』匾額之後，乃宮中最高之處，以防不測。我今天這麼一說，諸王大臣現在都已經知道了。不過，或許將在那裡放上數十年，那也是說不定的事。」

吏部尚書、步軍統領隆科多帶頭表態：「聖慮周詳，為國家大計發明旨，臣下但知天經地義者，豈有異議！唯當謹遵聖旨。」

接著，雍正令總理事務大臣留下，其餘大臣全部退下，將一個內裝傳位詔書的錦帛密封的匣子，藏於高懸於乾清宮的「正大光明」匾額後面。於是，中國歷史上嶄新的確立繼位人制度——祕密立儲辦法誕生了。這位被雍正祕密確定為繼位人的皇子到底是誰，不僅繼位人本人不知道，而且諸王大臣不知道，當時天底下只有雍正一個人知道。為保萬無一失，雍正另寫了一份相同內容的傳位詔書，祕密藏於經常駐蹕的圓明園。

這份詔書藏得更玄，除皇帝本人外，沒有任何人知曉。將祕密立儲制度放在中國歷朝歷代的皇位繼承方法中進行縱向比較，能夠看到它有很多高明之處：

一、皇太子已經冊立，其名字放置「正大光明」匾之後，這是滿朝文武乃至全國百姓皆知事情，可以造成安定人心的政治效果，避免太祖、太宗時代因事先未明確繼位人而造成最高統治者死後的皇權紛爭。

二、由皇帝預立皇太子，除皇帝外人人不知，這又能避免歷代因公開冊立太子所帶來的太子與皇子的勾心鬥角，防止朝臣黨羽暗鬥。

三、由於沒有明確誰是皇太子，皇帝可以封以一定的爵位，按照滿洲馬背民族的傳統，使暗中指定的皇太子和其他皇子得到一定的鍛鍊，但不會構成康熙朝那種因「推選制」和「嫡長子繼承製」混合的選擇繼位人方式所帶來的皇權與儲權之爭。

四、皇帝根據對各位皇子的考察情況，必要時能夠以強換弱，更換皇太子人選，在有限的範圍內好中選優，而且不會引起政治動盪。因為，前次選定的皇太子是誰只有皇帝一個人知道。

五、皇帝預立的皇太子是個未知數，皇子要想讓自己的名字進入「正大光明」匾之後密詔中，必須竭盡全力表現自己，從而防止公開冊立所可能造成的皇太子驕縱不法等等。

祕密立儲制度，代表了封建統治者在繼位人問題上的最高智慧。此後清代諸帝都能平穩過渡交接，功勞也都在於這種方法。這是雍正的一大發明，避免了雍正以前清朝歷史上不止一次出現的爭奪儲位的鬥爭，減少了政治混亂，有利於政局穩定。

推行並改革賦稅政策

　　雍正即位後，馬上就面對賦稅改革這一棘手的、但又必須解決的問題。差徭制度的不合理，已成為一個嚴重的社會問題。改革役法已是勢在必行。賦稅加重，各種兵役、徭役等稅目繁多，百姓就難以承擔，而這樣的情況一般出現在朝代末期，也預示著這個朝代必將滅亡，歷史早已有所驗證。因此可以總結出，賦稅是一個朝代的「晴雨表」，尤其值得統治者重視。

　　差徭和田賦是封建社會臣民應盡的兩大義務，歷年來都是分別徵收。由於徭役很重，無田的平民難以承受，加上歷年來士紳免於丁役，造成了差徭不均的局面，這樣迫使平民百姓只能隱匿人口來逃避差役。弄到最後，政府的徵徭也沒有保障。

　　康熙末年，已有人提出「丁隨糧行」的建議，即把丁銀歸入田糧中一起徵收，完全按田地的面積來收取，不再按人口來繳納。康熙在位六十一年，改變役法與維持舊法之爭一直不絕於耳，然而卻難定斷。

　　雍正即位後，同決定耗羨歸公一樣，馬上對此進行重大改革決策，但是，雍正仍然表現得極為小心慎重。最早上疏觸及這問題的是山東巡撫黃炳，他提出丁銀分徵造成地方上隱匿人口、貧民逃亡的嚴重現象。

　　黃炳主張丁銀攤入地畝徵收，有地則納丁銀，無地不納丁銀，貧富均平才是善政。但是，雍正沒有接受他的提議，反倒指責黃炳說這種不該說的話。雍正說：「攤丁之議，關係甚重。」

　　在最後決策之前，他把問題交給眾大臣，讓他們積極討論，提出意見。反對派意見主要是：丁歸田糧以後，必然造成對人口的管束放鬆，使得對遊民管理更難了；認為丁歸田糧實行久了，人民就會以為只有糧

賦沒有丁銀了，為以後官僚們再加稅提供了藉口，最終使老百姓受苦。

　　一個月後，直隸巡撫李維鈞以有利於貧民為理由，奏請攤丁入畝。李維鈞比黃炳聰明，他深知有錢人家肯定不樂意，會出來阻撓。而政府機構戶部又只知按常規辦事，公文律行可能到猴年馬月也不會同意。因此，他奏請雍正乾綱獨斷，批准他在自己轄區先實行。

　　雍正把李維鈞的奏章交給戶部及九卿詹事科道一起討論，並明確要求，要謀劃最好的辦法，來達到最好的效果。雍正定下的指導原則就是，要對國家收入沒有影響，又能對貧民有益，讓人挑不出毛病。

　　透過討論，雍正最後批准了李維鈞丁銀按地畝等級攤入的改革設想，並對李維鈞的詳細規劃深感滿意，鼓勵他要相信自己，大膽地去改革。之後，山東、雲南、浙江、河南等省隨之進行了改革，丁歸田糧在全國全面展開。浙江在全面實施攤丁入畝的時候，因為對田多的富人的利益損害較大，而貧民又期望能早日實行，兩種勢力鬥爭異常激烈。

　　攤丁入畝實行以後，由於納糧人完成丁銀的能力大大高於無地的農民，所以政府徵收丁銀也有了保障。由此，國庫也就有了保障。由於不再按照人頭來收稅，人民也不再像以往那樣為了逃稅而隱匿人口、四處逃亡了，社會處於平穩狀態，這為生產力的發展創造了良好的環境。

　　「攤丁入畝」是賦稅制度的一項重大改革，的確是一件富國大事。雍正高瞻遠矚、果斷行事，顯示出雷厲風行的君王氣度。雍正常常告誡臣下：「攤丁之議，不是小事，而是富國之大事，關係甚重。」

　　這其實就是一個賦稅問題。而賦稅，在歷朝歷代都是一個重大問題，因而說是富國之大事。賦稅輕，對老百姓有利，生產的積極性當然就提高了，這是有目共睹的。比如西漢文景之治、唐朝貞觀之治和開元盛世，近在康熙朝，情況也是如此，所以保持了長達六十年之久的太平盛世。因此，雍正與改革賦稅制度配套推行了「士民一體當差制度」。

　　清朝入關之初，依照官員品級優免該戶一定量的丁役，免除士人本身的差役和一切雜辦。地方官在收稅時，就把官員和士人稱為「官戶」「儒戶」「宦戶」，各地叫法不一，而且不斷變化。

　　這些紳衿戶都享受法定的免役權。紳衿還自行搶奪權力，雍正說「蕩檢逾閒不顧名節」的士人，或者出入官署，替人打官司；或者橫行鄉裡，欺壓平民；或者抗違錢糧，藐視國法；或代民納糧，中飽私囊。種種卑汙下賤之事，難以悉數。

　　紳衿不法行為，同封建政府職能和權力發生了衝突，他們占奪一部分行政權力，腐蝕官僚隊伍，是造成吏治敗壞的重要因素。封建國家要保持正常運轉，就必須與不法紳衿鬥爭。這是一種社會矛盾。同時，紳衿應有的徭役負擔落在小民肩上，這就在賦役問題上造成貧民與紳衿的對立，貧民與維護紳衿特權的封建政府的對立。這又是一種社會矛盾。

　　雍正認為政府、紳衿、平民三者的矛盾，起源就在不法紳衿，就把矛頭指向他們，想法剝奪和限制他們的非法特權，使他們同平民一體當差。雍正二年，就是 1724 年 2 月，雍正下令革除儒戶、宦戶名目，不許監生包攬同姓錢糧，不准他們本身拖欠錢糧，如敢頑抗，即行重處。雍正深知地方官容易同紳衿勾結，特地告誡他們認真落實這項政策：「假如有人仍瞻前顧後不認真革除這個弊端，被諫官參奏或被別人告發後，我一定重重處罰。」

　　過了兩年，雍正再次嚴禁紳衿規避丁糧差役，重申紳衿只免本身一丁差徭，「其子孫族戶濫冒及私立儒戶、宦戶，包攬詭寄者，查出治罪」。與這項方針相對應，雍正政府施行了一些具體政策。

　　「士民一體當差制度」是雍正採取的一項重大的改革措施。這一措施是在耗羨歸公的基礎上實現的。康熙年間各州縣的耗羨是由地方官吏私徵的。因此，地方鄉紳往往和當地政府相勾結，少出或完全不出賦稅和

徭役，而地方官吏則把這種不合理的負擔轉嫁到老百姓頭上。這些不法行為勢必造成種種不良的社會後果。

最主要的弊端是他們的種種特權同政府的權力發生了一定的衝突，長此以往必將腐蝕百官隊伍，影響到國家機器的正常運轉。因此，雍正為了維護國家的政權穩固，就必須與不法紳衿鬥爭，約束他們的行為，消除他們的某些不合理的特權，以解決當時社會矛盾。

雍正對社會不良現象的指責往往語出尖刻，一針見血。他已發現了當時不法紳衿所造成的社會危害，併為他們把準了脈。

士民一體當差政策一發表，就導致了眾監生的不滿。於是眾監生在縣學教官楊卓生的煽動下出來鬧事，並藉此反對士民一體當差的政策。於是，鞏縣境內出現社會騷亂。

雍正得知此事後，將鬧事監生通通索拿歸案，予以教訓打擊。這才穩定了鞏縣社會秩序。一波未平，一波又起。不久，河南學政張廷璐到開封監考，眾監生暗中串聯，開始實施罷考計劃。與此同時，武生範瑚還把少數應試者試卷搶去當眾撕毀，以此表示對士民一體當差制度的抗議。這一事件發生後，總督田文鏡、巡撫石文焯迅速向雍正作了彙報。

雍正認為地方上出了這樣的事情，應該「整飭一番，申明國憲」，雍正打算殺雞儆猴，透過對個別風頭人物的打擊，達到使其他人懾服的目的。為此，雍正特派吏部侍郎沈近思、刑部侍郎阿爾松阿趕赴河南處理此事。在審理的過程中，科甲出身的張廷璐、開歸道陳時夏，以及欽差大臣沈近思，有意袒護拖延，尤其是陳時夏在審理此案時竟不坐堂，反而與諸監生座談，稱他們是年兄，求他們赴考。

雍正在得知這一情況後，非常憤怒，訓斥他們：「儒生們一慣喜歡做這種愚呆舉動，將此以妄博虛名，足見襟懷狹隘。」張廷璐被革職查辦，陳時夏被革職留任。

田文鏡和阿爾松阿卻堅決貫徹執行雍正的方針，對那些鬧事監生予以嚴厲的懲處。效果立竿見影，眾監生看到王遜、範瑚等人的下場後，再沒人敢鬧事罷考了。從雍正處理這件事來看，他抓住了眾監生的弱點——雖飽讀詩書，卻空有滿腹經綸，更膽小怕事。雍正正因為抓住了幾千年來大多數中國文人的弱點，採取了威猛嚴懲的政策，因而雖只處罰了個別人，卻造成了震懾眾人的作用。

應該說，嚴猛政治中的種種例外，反映了雍正為政不拘成法，因人制宜、因時制宜、因事制宜的風格。雍正說過：「總起來說，有治人無治法，把法律定得再詳細，也不如考慮長遠能執行法律的人，變更條例也不如秉公守成。」他看到了法治的作用，所以非常重視法制。

雍正曾向全國頒布了一項新法令，明令指出：「凡貢生、監生因包攬錢糧而有拖欠的，不論多少，一律革去功名。包攬拖欠至八十兩的，以貪贓枉法罪論處；並照所納之數，追加一半罰款。地方百姓聽人攬納者，則照不應律治罰。對失察的地方官吏，則給予罰俸一年的懲罰。」

雍正這項新法的發表，可以說是面面俱到，用革去功名追加罰款的辦法阻止了貢生、監生的不法行為；對聽由紳衿包攬的百姓也給予了應有的懲罰，這就有力地阻止了平民百姓任由紳衿包攬的狀況；對失察的官吏也採取了約束措施，即罰其俸銀。

因此可以說，雍正在這件事上是採取了三管齊下、各個擊破的策略。因為只有同時控制住了官、民和紳衿這三個環節，才能達到應有的效果。由此看來，雍正在治理不法紳衿這個問題上，不但施政嚴猛，而且還智慮周詳、別具慧眼。

正所謂「自知者明，知人者智」，雍正不愧為一個具有非凡心智的君主。另外，雍正對紳衿的抗糧，也專門制定了相關的法律。凡系紳衿應納的錢糧，稅務部門都必須登記造冊，按限催交，按季稽核。

　　每年年底，生監、紳衿必須五人互保沒做抗糧包訟的事，國家有關部門方准予其應試。這樣一來，那些紳衿懼於被阻斷升官之路，便很少有人敢抗糧鬧事了。

統攬大局

雍正利用密摺分化政敵，在當時的確收到了明顯的效果。高其倬再三跪讀雍正硃諭，不禁淚如雨下，表示：「年羹堯若有巧行愚弄及作梗為難之處，臣斷不入其術中，斷不受其脅壓，即遵旨密以奏聞」。

雍正又說：「臣只知道有皇上之恩遇，皇上之封疆，此外非所知也。」

王景灝也稱自己「感懼涕零」：「臣雖愚昧，也知道君父為重，只有恪遵諭旨，實在內外奉行，做好官好人，以仰報皇上仁德於萬一。」

誅殺功高的年羹堯

在雍正登上皇位的過程中，年羹堯和隆科多兩人可謂是出了大力，堪稱功臣。當時，年羹堯是川陝總督，手握兵權和輜重，而當時允禵正在西北用兵，想帶兵回來奪權必須經過年羹堯的支持。所以雍正把年羹堯拉攏過來，正好牽制了允禵。

對年羹堯，雍正寵信至極。雍正對他信任有加，給予一等公爵號，加封一等阿思哈尼哈番世職，他的兒子年富也被賜雙眼孔雀翎、四團龍補服，其妹妹側福晉被封為敦肅皇貴妃。特別是在平定西北叛亂前後，雍正為了使年羹堯為自己忠心效力，一連發出了多道上諭表示自己對年羹堯的恩寵和信賴。

雍正元年五月，雍正諭令：「西北軍務，俱交年羹堯辦理，若有調遣

軍兵、動用糧餉之處，著防邊、辦餉各大臣及川陝雲南督府提鎮等，照年羹堯意見辦理……」

此後雍正又稱：「年羹堯近年來於軍旅事務邊地情形甚為熟諳，且其才情實屬出人頭地，兵馬糧餉一切辭行籌備機宜，如能來得及與年羹堯商酌者，與之會商而行。」

接著，雍正又命令四川提督岳鍾琪：「西北邊務，朕之旨意，總交年羹堯料理排程。」由此看來，當時的年羹堯實際上已攬到了西北軍事的全部指揮權。

此外，為了拉攏年羹堯，除給他本人封官加爵外，雍正還對他的家屬關懷備至。特別是在年羹堯遠征西北時期，雍正不時將年羹堯的父親、妻子的訊息報知年羹堯，以示自己對他家人的關心。

此外又因年羹堯的緣故，雍正還對他的兄長年希堯以及妻子兒女大加封賞。更有甚者，雍正為了使年羹堯知恩，一次曾派專人從北京騎快馬飛奔西安，用六天的時間送去御用品鮮荔枝。

年羹堯平定青海，打了勝仗之後，雍正興奮異常，竟把年羹堯說成是自己的「恩人」。他曾向年羹堯發手諭：

朕實不知如何疼你，方有顏對天地神明也。立功不必言矣，正當西寧危急之時，即一摺一字恐朕心煩驚駭，委曲設法，間以閒字，爾此等用心愛我處，朕皆體到。每向怡、舅，朕指落淚告之，種種亦難書述，總之你待朕之意，朕全曉得就是矣。所以你此一番心，感邀上蒼，如是應朕，方知我君臣非泛泛無因而來者也，朕實慶幸之至。

雍正對年羹堯賞賜極多，查處原蘇州織造李煦家產時，就將李煦在京房屋賞給了年羹堯，家奴任他挑選。雍正賜他藥品、食物更是常見之事。雍正為了把對年羹堯的評價傳諸久遠，曉諭各大臣：對年羹堯這樣為國出力的人，不但我自己從心裡感激他，就連我後世子孫及天下臣民

也應該感激他，若稍有負心，便不是我的子孫，稍有異心，便不是我朝的臣民。這是以對年羹堯的態度來判斷人們的政治立場正確與否。

「飛鳥盡，良弓藏；狡兔死，走狗烹」，這是歷代帝王為了控制政權所做的必然選擇。年羹堯和隆科多兩人是雍正的絕對心腹及功臣，但因為他們狂悖無人，欺上犯下，甚至功高蓋主，威脅到了雍正的皇權，因此肯定不會被雍正所容。

作為雍正的寵信之臣，隆科多和年羹堯本在雍正即位和推行新政的過程中，發揮不可低估的作用。特別是年羹堯，深具大將之才，有勇有謀，又曾為雍正平定過青海叛亂，可以說是功高卓群的。因此雍正若要打擊他們，必然會落個誅殺功臣的罵名。

雍正對此考慮得很清楚，因此在打擊年羹堯、隆科多之前，他必須抓住這兩個人的把柄，才可以名正言順地將他們剷除掉。年羹堯、隆科多二人無論功勞多大，也不能超越於雍正之上；所謂功高蓋主，加上驕盛難馴，必然會使雍正產生被威脅感。

但是，當時年羹堯、隆科多二人憑恃功高，的確做出了種種越權枉法的事，以致影響到了雍正政權的穩固。因此，雍正要剷除他們只是時間早晚的問題。

雍正採用了「先縱後懲，擒放有法」的智謀，先給隆科多和年羹堯許多過分的榮寵，使他們的職位一升再升，權力一再擴大。雍正這樣做是為了讓他們露出「小人得勢」的張狂形態，這樣雍正才能抓住他們的小辮子，以達到剷除他們的目的。

雍正選拔庶常時，翰林院已按慣例定了名次，但雍正卻把試卷密封後遞給了年羹堯，並在特諭中寫道：「這選拔庶常的試卷，你盡快看看在評定等級方面是否公正。有沒有該上下挪移名次的，然後放在原封內封好寄還，不能讓都中官吏知道。另外，被評為二等的太多了，會不會有

壓抑良才的地方,若有,抽成四等也可以⋯⋯」從雍正這番話來看,他似乎將這件事做得很詭祕。其用意不外乎是為了表現自己對年羹堯的器重和信賴。

允禵被召回京後,年羹堯即與管理撫遠大將軍印務的延信共同接掌了軍務大權。半年後,名為川陝總督的年羹堯實際上已攬盡西北軍事指揮權,奪了撫遠大將軍延信的權力,一時權傾西北。

雍正告誡官員聽命於年羹堯,在雲貴總督高其倬的奏摺上,誇獎年羹堯在軍旅事務、邊地情況方面都很熟諳,而且才情「出人頭地」,讓高其倬在兵馬糧餉和一切籌備機宜上,都與年羹堯商酌行事。雍正還在給四川提督岳鍾琪的奏摺上批示:「西邊事務,朕之旨意,總交年羹堯料理排程。」

同年十月,發生了青海厄魯特羅卜藏丹津的暴亂,雍正任命年羹堯為撫遠大將軍,率師赴西寧征討。次年大軍征討成功,雍正喜不自勝,封年羹堯為一等公。這時年大將軍威鎮西北,同時有權干預雲南政事!

然而,年羹堯的妄自尊大、不守臣道也是令人側目的。

年羹堯身為大將軍、有公爵之榮,按理講,權威比不上清初統兵的諸王,更不能望十四皇子允禵項背。但他因繼允禵的職務,便在權勢上要同前任相比。他給將軍、督撫的函件竟用令諭的格式,把同官視為理所當然的下屬。

在軍中,蒙古諸王見年羹堯時都要跪謁,連額駙、郡王也不例外。他進京時,都統範時捷、直隸總督李維鈞都要低聲下氣地跪下迎接。雍正發往陝西侍衛,是皇帝身邊人,理應優禮相待,然而年羹堯竟用他們做儀仗隊,前引後隨,當下人廝役來使喚,這是連皇帝都不尊重了。

年羹堯在官員面前的架子更大,凡送禮給年的稱為「恭進」,年羹堯給大家東西叫做「賜」,屬員稟謝稱作「謝恩」,接見新屬員叫「引見」,

年吃飯稱「用膳」，請客叫「擺宴」。這一切都仿效皇帝的排場，當然為雍正所不容了。

對於臣道，年羹堯則憑恃雍正之寵不當回事。他在西寧軍前，兩次皇帝恩詔頒到，他都不按照規定在公所設香案跪聽開讀，宣示於眾。一次陛見時，他在雍正面前傲然端坐。這樣膽大妄為，已觸犯了帝王之尊。捋了龍鬚，當然要自取其禍！

年羹堯遠在邊疆，卻一直奉雍正之命參與朝中事務。耗羨歸公的事，經山西巡撫諾岷提出後，雍正認為很好，但是廷臣們反對，雍正拿不定主意，於是徵求年羹堯的意見。

律例館修訂律例，一邊改定，一邊上呈，雍正閱過後，都發給年羹堯看，要他在可斟酌地方提出修改意見；康熙將朱熹升入十哲之列，雍正還想把周敦頤、二程拉進這個行列，但周、程生活時代早於朱，要升格就必須排在朱前面，雍正覺得朱熹是康熙所定，若再將周、程置於朱熹之前，於孝道來講不好，取決不定，便要年羹堯「詳細推敲奏來」。

等到年羹堯提出意見，雍正特地展示給九卿，說他「讀書明理，持論秉公」，要他們細心參考他的意見。在用人和吏治方面，雍正更與年羹堯頻頻相商，給予他以特殊的權力，有時可以說是言聽計從。

在年羹堯的轄區內，大小文武官員都聽年羹堯安排使用。雍正對陝西巡撫、兵部侍郎這些官職的任命安排，都是在同年羹堯相商後才決定。川陝境外的官員的使用，年羹堯也常提出意見。葛繼孔原任江蘇按察使、內閣侍讀學士，年羹堯參奏後，葛繼孔被降為鴻臚寺少卿；長蘆巡鹽御史宋師曾，年羹堯對他大為保薦；安徽官員朱作鼎，年羹堯奏請將他罷職，雍正都依允了；趙之垣署理直隸巡撫，年羹堯密參他庸劣、輕浮，不可擔當巡撫重任，雍正就將他撤職，改用李維鈞。

江西南贛總兵職務空缺，雍正準備採用宋可進，年羹堯奏稱他不能

勝任，請求讓一個名叫黃起憲的來填補這個空缺，雍正採納了；雍正二年二月，李紱就任廣西巡撫，保薦徐用錫一起上任，年羹堯卻說徐人品不端，不能用，雍正也聽了。

雍正二年十月至十一月間，雍正特別命令禮部擬定迎接年大將軍的儀式，侍郎春泰草擬得不夠妥善，就受到降一級的處分。每遇到文武官員職務空缺，無論大小，都一定要選擇年羹堯的私人親信來填補。吏、兵兩部對他的人事安排根本說不上話，形同虛設。

尤其可怕的是，連巡撫、布政使、按察使、提督、總兵官等地方大員也出於年羹堯的授意安排，這就把皇帝也架空了。

按照清朝法律，奴僕沒有出籍不許做官。而年羹堯的家僕桑成鼎就以軍功先任西安知府，後又升至直隸道員；另一僕人魏之耀也論功當到署理副將，這全是年羹堯私下的專斷安排。不但如此，年羹堯還狂熱地接受賄賂，於是鮮廉寡恥行賄鑽營之徒爭相投奔於他的門下。

特別是在青海平叛成功之後，年羹堯的意見幾乎可以左右政局。為此雍正曾在平定青海之後對年羹堯釋出上諭說：「要你所辦分內之事外，實不忍勞你心神，現在依賴上天成全，大局已定，凡是你的所見聞，與天下國家吏治民生有興利除弊，內外大小官員的對錯，有空的時候慢慢告訴我，我再根據你的提議來辦理。」

藉此表面鼓勵他發表意見，實則試探他的政治傾向。如此這般器重和受寵，更長了年羹堯的傲人氣勢，使他更加目空一切、為所欲為，因而必然遭到其他官員彈劾。

果然，此事之後許多大臣便開始向雍正密奏，指斥年羹堯擅作威福、目無君上，要求把他留在京師，以免放虎歸山造成後患。但雍正當時認為時機還不太成熟，沒接受某些人的建議，還用貌似推心置腹的話向年羹堯表明自己對他的信任和器重。

雍正對年、隆兩人的放縱，使得他們自不量力，犯下了許多罪行，從而遭到群臣攻擊。這樣雍正就抓到了把柄，要懲罰他們就師出有名了。

俗話說，溺愛和驕縱並不是好事。雍正有意識地培養年羹堯飛揚跋扈的作風，而年羹堯憑恃功高，做出了種種越權枉法的事。例如年羹堯在做川陝總督時一味地任用自己的親信手下，徇私枉法，以致被山西按察使蔣炯參奏了許多擅權用人的罪狀。

蔣炯在奏摺中說：「年羹堯作為川陝大員，恣憑胸臆，橫作威福。每每遇到文武官職缺位，不論大小都要用自己的親信作為替補……」

這就是說年羹堯已犯下了暗中培植黨羽以及假公濟私的大罪，而雍正此前早已設好了埋伏，用《御製朋黨論》禁止朝臣私結朋黨。另外，由於年羹堯權高位尊，雍正又曾對他「大加信賴」，以至於使許多人為了升居高官而競相投到他的門下，並用巨資買通年羹堯，求他留心照看、多在皇帝面前說好話。

因此，年羹堯在犯下私結朋黨罪的同時，又犯下了貪汙受賄罪。而雍正從即位開始就已下嚴令要懲治官吏貪汙受賄、吏治腐敗的問題了，所以年羹堯此舉無異於自投羅網。

在打擊年羹堯勢力的問題上，雍正知道不能著急，一旦把年羹堯逼急，恐怕他會起兵造反。雍正深知：年羹堯在西北經營了那麼多年，實力深厚，而且培養了那麼多心腹，如果突然打擊他造成其部署造反的話，必然造成局勢大亂，到時不好收拾。

更嚴重的是，當時內部敵人尚未徹底清除，允禩、允禵餘黨隨時可能死灰復燃，如果裡應外合共同倒戈的話，雍正的皇位就危險了。經過仔細考慮，雍正採取了有步驟、有計畫地打擊年羹堯的策略。為了穩妥起見，在決定打擊年羹堯之後，雍正並沒有先向他本人開刀，而是首先採取了分化瓦解年羹堯集團的措施，使年羹堯孤立起來、眾叛親離。

以前年羹堯經常憑藉雍正對他信任和寵愛，不斷向雍正推薦身邊人去擔任朝中職務，當時雍正從不會拒絕。但現在雍正想剷除年羹堯，就絕不會再幫其培植黨羽，因而不再同意年羹堯推薦的人擔任朝中職務。

雍正還向有關人員打招呼，要他們警惕年羹堯的活動。在採取這一步驟時，雍正首先選擇了年羹堯的親信李維鈞作為突破口，暗示他不要與年羹堯站在一條戰線上，並在李的奏摺上批道：「近日年羹堯陳奏數事，我很懷疑他居心不純，大有舞弊弄巧、暗地培養勢力、欲攬大權之意，你們是同年，關係密切乃奉旨所為，不必恐懼……」

雍正這番話的用意非常明顯，即一方面指出自己對年羹堯已有所戒備，另一方面暗示李維鈞，叫他不要和年羹堯沆瀣一氣，但又替李維鈞開脫，把責任攬在自己身上，以示李維鈞與年的區別，讓他重新選擇立場。

接著，雍正又分別向湖廣總督楊宗仁、川撫王景灝和河南總督齊蘇勒等人表明自己的態度。他對楊宗仁說：「年羹堯是怎麼樣的人？你自己怎麼認為的就怎麼說。『純』之一字可許之乎？否耶！密之。」他對王景灝則說：「年羹堯今天來見我，我發現他有好多缺點，對我也傲慢無禮，不知其精神頹敗所至還是功高志滿而然。你雖然是年羹堯所薦，切不可依附於他，須知朕非年羹堯所能如何如何之主也！」

此時雍正已經把話挑明瞭，希望王景灝不要依附年羹堯，以免因此招致殺身之禍。他又提醒齊蘇勒說：「目前隆科多、年羹堯招權納勢，作威作福。他們若不知改悔，將來必受嚴懲，你們應當疏遠他們；同時你們還應當知道怡親王才是我真正信賴的人，你們應當向他靠攏。」

此時雍正已明確表示自己要懲治年羹堯和隆科多了。這些情況表明，在分化瓦解年羹堯的問題上，雍正行動相當謹慎，對不同的人採取了不同的措施：

　　一是對年的親信李維鈞和王景灝等人措辭謹慎，委婉地表達了對年羹堯的不滿，以希望他們與年劃清界限，爭取保全自身。

　　二是對齊蘇勒、高其倬等人公開表明自己要處理年羹堯、隆科多二人的態度，因為這些人原是年羹堯的政敵。他們得知皇帝要打擊年羹堯時，必然是堅決擁護的。

　　三是對與年羹堯關係一般的大臣發出警告，要他們不要站錯陣線，並要求他們站到怡親王允祥這一邊來。

　　經過這些深思熟慮的準備，雍正決定面對面地對付年羹堯了。在向年羹堯開戰時，雍正也是別出心裁，先抓住年羹堯的一個小辮子，然後再不斷地深究，使年羹堯並沒有意識到問題的嚴重性，沒有做好充分的思想準備，就已經糊裡糊塗地被奪去了權力。

　　由於年羹堯一點也不知收斂，還放肆張狂，依舊我行我素，公然以權謀私，為自己的兒子年富爭取捐造兵營的差事。結果被吏部右侍郎李紱以違例駁回了。年羹堯因此「痛詆九卿，切責吏部，怨恨李紱」。他的這種行徑，招致了雍正的極大憤慨。恰在此時，年羹堯在一部奏摺裡又出現了筆誤，即誤把稱讚雍正「勵精圖治，朝乾夕惕」寫成「勵精圖治，夕陽朝乾」了。

　　於是，雍正就加快打擊步伐，借這個筆誤揭開了打擊年羹堯的序幕。他御筆批覆：「年羹堯自恃己功，顯露其不敬之意，其謬誤之處斷非無心。」接著就下令調換年羹堯轄區內的官員，以去除年羹堯的親信，使他不能陰謀作亂。

　　在這次突然襲擊發生後，年羹堯頓時亂了手腳，急忙向雍正上表稱罪，併發重誓表明自己絕對忠誠於雍正皇上。為防止年羹堯孤注一擲，雍正來了個就坡下驢：將年羹堯調回了他的老巢，命他到杭州任將軍。

　　雍正還編了一個謠言：「我聽說早有謠言說，『帝出三江口，嘉湖作

戰場』，我現在讓你到那裡任職，因為你也奏過浙江省觀象的事。我想你若自稱帝號，乃天定數也，我也無法挽回。你如果自己不想當皇帝，有你為我統領數千兵，也斷不容三江口有人造反。這兩句話你聽說過嗎？另外，你明白回奏二本，我看了之後實在心寒之極。看此光景，你並不知感悔。上蒼在上，我若負你，天誅地滅。你若負我，不知上蒼如何發落你！」

雍正的這番話，可謂是綿裡藏針。即他明明是要削奪年羹堯的兵權，卻找出一個「帝出三江口」的理由，以儆戒年羹堯別做叛亂的美夢。同時，雍正還用賭咒的形式反擊年羹堯，問題起自年羹堯本人心術不正、自討苦吃。

雍正在打擊年羹堯時先抓住他的小辮子，然後借題發揮，用威脅利誘、綿裡藏針的手段迫使他離開川陝軍事重地，將他調往杭州。這樣，年羹堯就成了無根之木、無源之水，只能聽憑雍正的宰割了。

此外，雍正還透過密摺來實現對年羹堯的挑撥離間，藉以分化年羹堯的勢力，同時拉攏一些人。在年羹堯案結案前，雍正在臣僚奏摺上，透過硃批，用升官許諾等手段分化年羹堯黨羽。

雍正二年十一月，雍正在湖南巡撫王朝恩的奏摺中批道：「即隆科多、年羹堯亦不能為你帶來好處，二人就曾在我面前說你不可用。」

雍正二年十二月，雍正又透過密摺告訴河道總督齊蘇勒：「舅舅隆科多說你操守不好，而年羹堯奏你不能料理河務，說你不學無術。」

雍正三年二月，雍正又諭告雲貴總督高其倬：「年羹堯曾奏你不稱雲貴總督之職，年羹堯如果有與你作梗為難，只管密以奏聞，我恐他愚弄你，陷你於不是，誤了國家大事，所以明白寫來。」

此後，雍正又向年羹堯的親信、四川巡撫王景灝闡明利害關係，並說：「你若能不聽年羹堯令，毫不掣肘，各抒己見辦理，保你是朕的上等

封疆大臣就是了。」

是年三月，雍正又密諭陝西涼州總兵宋可進：「年羹堯不大喜歡你，你防著些，不要將把柄著他拿住。」

雍正利用密摺分化政敵在當時的確收到了明顯的效果。高其倬再三跪讀雍正硃諭，不禁淚如雨下，表示：「年羹堯若有巧行愚弄及作梗為難之處，臣斷不入其術中，斷不受其脅壓，即遵旨密以奏聞。」又說：「臣只知道有皇上之恩遇，皇上之封疆，此外非所知也。」

王景灝也稱自己「感懼涕零」：「臣雖愚昧，也知道君父為重，只有恪遵諭旨，實在內外奉行，做好官好人，以仰報皇上仁德於萬一。」

李維鈞三次上書，攻擊年羹堯「挾威勢而作威福，招權納賄，排異黨同，濫冒軍功，侵吞國帑，殺戮無辜，殘害良民」。李紱則指斥年羹堯是「陰謀叵測，狂妄多端，謬借閫外之權，以竊九重之威福」，又說他「大逆不法，法所難寬」，要求將他誅戮以正國法。

雍正看到時機已到，當即根據其罪行再次施以打擊：一方面下令革去年羹堯的將軍之職，另一方面則開始肅清年羹堯的黨羽和親信。將年羹堯的兒子大理寺少卿年富、副都統年興、親信驍騎運使宋師曾、鴻臚寺少卿葛繼孔等一干人等捉拿歸案，並以攀附年羹堯的罪名給予相應的懲處。這樣，年羹堯的勢力範圍就更小了。

但是，雍正並不因此而罷休，因為他的目的不僅僅是削其重權，更是為了將年羹堯置之死地。為此，他又釋出了一道上諭，以帶動滿朝文武來攻擊年羹堯。

上諭稱：「年羹堯自任川陝總督以來，擅作威福，罔利營私，顛倒是非，引用匪類，異己者屏斥，趨赴者薦拔；又借用兵之名，虛冒軍功，援植邪黨，以朝廷之名器，循一己之私情。」

雍正明確告訴滿朝文武，年羹堯犯了營私舞弊、排除異己、援植邪

黨等數大罪狀，是罪不可赦的，誰站在他的一邊，都不會有好下場。正所謂牆倒眾人推。這樣，在雍正的暗示下，絕大多數朝臣紛紛把矛頭指向了年羹堯，併為他羅織了九十二條罪狀。

在九十二條罪狀中，涉及大逆罪五條、欺罔罪九條、僭越罪十六條、狂悖罪十三條、專擅罪六條、貪婪罪十八條、侵蝕罪十五條、忌刻罪四條等等。在九十二條中按規定處於斬立決的就有三十多條。

但是，雍正仍表示開恩，而且年羹堯的妹妹是貴妃，雍正當然賣個人情，令年羹堯自盡。並指責他說：「你也是讀書之人，歷觀史書所載，聽說過有悖逆不法比你更屬害的嗎？自古也有不法之臣，但是在未敗露之前，還都知道掩飾自己、裝作忠臣，而你卻公行不法，全無忌憚，古來曾有這樣的人嗎？我對你之恩如天高地厚，且對你的父兄及兒子閣家之恩不啻天高地厚……那是我以為你實心為國，斷不欺罔，故盡去嫌疑，一心任用。你卻作威作福，植黨營私，如此辜恩負德，你自己想想忍嗎？」

由此看來，雍正不但要處死年羹堯，而且還要使他死得心服口服、毫無怨言。他要讓年羹堯死，還要讓世人知道年羹堯是死有餘辜、罪有應得。這樣，雍正就將誅殺功臣的罪名推卸得一乾二淨了。

雍正在命年羹堯自殺時說：「我要讓你死個心服口服，不得含有抱怨之心，否則就得像佛學上所說的那樣永遠處在地獄裡，不能昇天，遭千遍萬遍的劫難也抵消不了你在陽世所犯的罪。」

同時，雍正藉助此舉，也再次向滿朝文武和世人證明了他並不是受年羹堯操縱的傀儡皇帝，相反他要比年羹堯高明千萬倍。因為事實上，在雍正一步步整治年羹堯時，年羹堯幾乎毫無反抗能力，只能俯首就誅。

打擊濫權的隆科多

　　與年羹堯一樣，隆科多也是雍正初期炙手可熱的人物，極受雍正的寵愛。雍正的寶座得來不易，在爭奪皇位時，隆科多是步兵統領，掌管京城九門和皇帝的保全任務，相當於京城衛戍司令，整個京城都在他的掌握之中。

　　雍正知道自己取得皇位有賴於年羹堯、隆科多二人之力，所以把他們視為功臣，恩寵有加。為了拉攏人心，他賄賂親臣，採取加封行賞的辦法掩人耳目。當然，第一功臣便是隆科多，雍正封他為總理事務大臣，襲一等公，授吏部尚書銜，又加封太子太保，賞三眼花翎和黃馬褂。

　　雍正把公爵頭銜賞給隆科多，過了兩天，下命稱隆科多為「舅舅」，讓他當總理事務大臣。同年十二月，又任命他為吏部尚書，仍兼步軍統領，次年命兼管理藩院事，任《聖祖仁皇帝實錄》和《大清會典》總裁官，《明史》監修總裁；賜太保加銜、雙眼孔雀花翎、四團龍補服、鞍馬紫轡。

　　這時的隆科多作為「密勿重臣」，真可謂是集權力與榮寵於一身了。照他自己的話說：「皇上如此加恩，使臣深愧無以為報，唯誓死以效犬馬。」由此看來，雍正對隆科多的恩寵確實收到了他想達到的效果。

　　年羹堯和隆科多兩人權力炙手可熱，權傾朝野，但又互相排斥和妒忌，二人之間難免會經常發生衝突，產生矛盾。有幾次，年羹堯當著雍正的面指責隆科多是「極平常人」，不足以經事；而隆科多攻擊年羹堯是狂傲之徒、見風使舵、不可深信之人。

　　為了協調年隆二人之間的關係，雍正只好經常向二人施恩，不斷給予各種封賞，並從中進行斡旋，以使「將相」和睦。為了使年羹堯改變

對隆科多的態度，雍正甚至自作主張將年羹堯的長子過繼給隆科多做兒子，並對年羹堯好言相勸：「舅舅隆科多對你非常尊重，朝中每有大事，總說該與你商量。」

雍正又說：「舅舅隆科多，我先前並不真正了解他，真正大錯了，此人真正是先帝的忠臣，也是我的功臣，更是國家的良臣，真正當代第一超群拔類之稀有大臣也。」

在雍正的撮合調停下，年羹堯、隆科多二人的關係終於有了改善。隆科多在得知雍正賜給他年羹堯的兒子做繼子後，上書稱：「臣命中該有三子，如今得皇上所賜，即如同上天所給的。」

此後，隆科多為了表示要跟年羹堯團結共事，又說：「我二人若少作二人看，即負皇上矣。」

年、隆二人終於能和衷共濟共同為雍正效力了。從雍正調停年隆之間的關係看，他的確是深具長遠眼光而又馭下有術的，因為在當時的情況下，將相不和必然會打亂雍正的全盤施政計劃，必然會分散己方的力量，甚至給政敵以可乘之機。

但是，隆科多在與年羹堯關係融洽之後，也犯了與年羹堯同樣的錯誤，自恃功勞蓋世，便驕橫一時，有恃無恐、為所欲為，難免會同其他權臣發生衝突。

有一次，果郡王允禮進宮，隆科多正好遇見，他自認為得寵於皇帝，竟然只是起立表示致敬，而沒有跪安，這是大大的不敬。此外，由於隆科多執掌用人大權，而他又專斷攬權，這就或多或少地侵犯了皇權。雍正同樣也是容忍不了隆科多的。

與年羹堯相比，隆科多更顯得老謀深算。早在雍正決定打擊年羹堯之前，隆科多就已嗅到了危險的氣息。因此，他早早就為自己留了退路，將自己的財產分藏到了各處，以防雍正有朝一日查其家產時，查出

他貪汙的罪狀。

這就是說，隆科多在事發之前，就已經在悄悄為自己銷贓了。銷贓一事，恰恰證明了他貪汙的事實，被雍正拿住了他不守人臣大義的把柄。

當隆科多感覺到雍正對他的銷贓行為有所察覺後，為了保全性命，主動向雍正提出辭去步軍統領一職。隆科多是想以交出京師軍權的行動爭取雍正對他網開一面。這就是隆科多的狡猾之處，他想以此來換取雍正的信任。

但是隆科多沒有想到，雍正做起事來是不會善罷甘休的，除去年羹堯這顆眼中釘之後，下一個目標便是他了，對待這些政治上的敵對勢力，雍正從不會手軟。

因為隆科多雖交出了軍權，但他仍掌管著吏部重權。而吏部是專門為國家選拔官吏的一個機關，當時吏部各級司官，對隆科多「莫敢仰視」，一切公事唯聽他一人裁決。這對雍正的君權乃是一種觸犯。因此對隆科多的處罰只是時間早晚的問題。

還在查辦年羹堯一案時，雍正就想將隆科多一起處理，他故意將隆科多說成是幫助年羹堯和阻撓查案的人，例如他曾說：「隆科多亦如年羹堯一般貪詐負恩，攬權樹黨，擅作威福。」

雍正甚至對其他官員說：「似隆科多此等誑君背主小人，想見時不需絲毫致敬盡禮。」可見雍正對隆科多已經是恨之入骨，欲除之而後快。

不過，雍正對隆科多首先採取的是「圍而不打」策略，即在處理年羹堯時只對隆科多進行責備，而不予以實質性的打擊。同時雍正指責隆科多，還能造成穩住允禩、允禵的作用。

為此，雍正專門指責隆科多，說他屢參允禩，一心要將其置之死地，卻包庇鄂倫岱、阿爾松阿等允禩集團人物，其用意不過是為了將允禩的黨羽收在自己的門下。

此後，年羹堯的勢力被瓦解了，雍正才開始著手剝奪隆科多的權力，並將他逐出京師，命他到阿爾泰山負責修城墾地。而就在將隆科多派往阿爾泰的同時，雍正加快了對他的打擊步伐。

雍正特意指示當地總兵宋可進：「隆科多也像年羹堯一般貪詐負恩、攬權結黨、擅作威福，似他這種欺君專權的小人，你對他不必過於客氣！」

這就是暗示宋可進，別拿隆科多當朝廷重臣看待，他和年羹堯一樣攬權獨斷、背主負恩，遲早要受到懲罰的。雍正一方面對宋可進作了如上指示，另一方面卻對隆科多說：「如果你能實心任事，戴罪立功，我肯定會寬恕你。」

這麼做，主要還是因為雍正不想擔誅戮功臣的罪名。雍正在處理隆科多一案上，採取的是穩狠兼備的策略。他一定要拿到隆科多的確切犯罪證據後，才會對他施以嚴懲。首先對其圍而不打，逼其驚慌失措，然後再將其調為外任，使之失去實權，陷入四面楚歌之地。

雍正四年，就是 1726 年，隆科多被派去與俄國代表薩瓦‧務拉在思拉維赤談判。在談判過程中，隆科多力爭要求俄國歸還侵占的中國大片蒙古地區。

正當隆科多想好好表現一下，以便讓皇帝對自己更加重用和信任時，沒想到厄運降臨到他頭上，有人揭露出他私藏「玉牒」底本的事情。這件事情被雍正抓住後大做文章，準備以此為起點對隆科多開刀。

所謂玉牒，就是皇帝的家譜，非常神聖。據說除了宗人府，其他官員均不得私看，就算因公事要查閱時，也要首先奏明皇帝批准，然後才能「敬捧閱看」。但隆科多卻倚仗自己權高位尊，從輔國公阿布蘭處私借了玉牒底本，私藏在家。這就表明：隆科多犯了大不敬罪。

雍正抓住這一點，立即大做文章，決定對隆科多進行徹底打擊。

因此，他隨即命人調回了正在談判的隆科多，並命諸王大臣共議隆科多罪狀。

結果，隆科多被擬定四十一條大罪。其中不大敬罪五條：即私藏玉牒罪，將康熙所賜御書貼在廂房之不敬罪；又有奸黨罪六條；不法罪七條；貪婪罪十六條；自比諸葛亮侮君誑上罪等。至此，雍正下令將隆科多永遠圈禁在暢春園附近，命他守園思過。

此後，隆科多死於禁所。雍正為表示猶念舊情，下令賜金為其治喪。雍正作為皇帝，他並不是恩斷義絕，而是還記著隆科多往日功績。從雍正禁死隆科多，賜死年羹堯一事來看，他在打擊這兩個功臣的問題上既有先後順序，又分輕重主次。年羹堯張狂太過，目無王法又手握重權，黨羽眾多，必須及早剷除；而隆科多表面上至少還尊重皇帝，不太張狂用事，因而罪不至死，所以只採取圈禁懲罰就收到應有的效果。

由此可見，雍正既達到了打擊年、隆以集中皇權的目的，又給自己留下了個開明君主且不妄誅功臣的形象。雍正給年羹堯、隆科多的恩寵只是暫時的，他也明白養虎為患的道理。因此年羹堯、隆科多雖權勢顯赫，但雍正對他們卻早有提防。

例如隆科多儘管職高位重，但雍正始終沒用他為大學士；而年羹堯雖手握兵權，但雍正卻始終沒讓他在朝中任職，這就造成了制約年隆二人的作用。即隆科多權位再高，也控制不了外省兵權，年羹堯權力再廣，也無法左右朝中大臣。

雍正極力拔高隆科多和年羹堯的地位，必然會招致滿朝文武對他們的忌憚，從而使這二人長期處於被孤立的地位。這才是雍正的高明之處。即將他們捧得越高，他們日後就摔得越重。

嚴加約束官員們

　　雍正非常注意防止大權旁落，直接展現在他對官吏的馭下能力和自身素養的涵養上，那就是排斥寵臣和太監。雍正非常善於「借題發揮」，就是抓住下屬的一個小錯、一件小事大做文章，以達到更大的目的，或者僅僅是為了震懾下屬，使其心懷畏懼，不敢輕舉妄動，從而樹立起帝王的權威。

　　而從統治的角度看，從嚴治下有時也確實要從小事抓起，從抓一些不起眼的小事上喚起下屬的紀律意識、責任意識，增強組織的凝聚力。而且，為了樹立權威，雍正曾告誡屬下：

　　言之中聽，於事無益，務必將地方時刻作自己營謀一樣，用心去，哪有不辦之理？三年後只要還朕個『是』字來，日下奏對之間，朕亦難以考成，務必實心實力奉行方好。若視為泛泛，康熙元年曾行過，十年曾諭過，三十年曾察過，日久不無奉行之怠臣等再加嚴整，對天指地，發一派亂誓，此等支吾，當日雍正即今日之皇帝，當加小心。

　　雍正元年七月，雍正偶然間發現一本文書中丟落了一個字，於是把大臣們都找到書房，大發一通議論：「你們不要以為小事就可以疏忽。抄寫漏字雖然是中書的事情，但如果你們用心細問的話，也不會出現這樣的錯誤。而如果大學士把責任推給學士，學士推給侍讀，侍讀再推給中書，那麼我也可以把過錯都推給大學士。類似這樣的小錯不斷，就會讓天下的人都懷疑我和大學士平時連奏摺都不看，這還了得？」

　　同年九月初五，雍正參加一次祭祀活動，因為發現更衣房內有異味，就罰主管工部的廉親王允禩以及工部侍郎、郎中等人在太廟前跪了整整一夜。雍正二年四月的一天，雍正升殿，見到刑部官員李建勳、羅

檀在群臣還沒有落座的時候，也不行禮就坐下了，於是立即下令，將李、羅兩人拿交刑部問罪。

並告誡百官說：「我發現這幾年上朝禮節執行得很鬆弛，我父親康熙並不是不知道，但都很包容，因此監察官員也就睜一隻眼閉一隻眼，把這些當做常事，不認真去管。我即位以來，看到這些現象很多，這是個不好的苗頭，必須嚴加整飭。今後如果再有類似的失禮事情發生，我就要殺了這兩個人了，到時候可別說是我要殺人，而是你們殺了他倆。」

威嚇之下，必能執法。大臣們從此都老實、規矩多了。「模範巡撫」河南巡撫田文鏡是雍正親手樹起來的一面旗幟，卻屢屢遭到大員們的參劾。御史謝濟世參他的文告送到田文鏡手上時，田並不知參的內容是什麼，所以田文鏡在奏摺中道：「臣實未見諭旨。既無部文行知至於豫省提塘。臣曾經戒飭不許在京探聽事情，亦不許混行抄報，所以至今尚無一字見聞。即平日京報中所抄之事，臣亦不敢冒昧輕信。今蒙皇上天恩，不但不因謝濟世糾參治臣之罪，並諭內閣遵旨寄聞……不知謝濟世參臣是何款跡。」

雍正看後，當即御批如下：「過兩天你就知道了。我對你加恩，並不是要給你一個人網開一面，特別庇護，而是讓所有大臣吏員知道我對待臣子的態度：『令貪夫廉，懦夫立。』有人蓼劾你這樣巡撫，不僅謝濟世，還有傅敏。不過你好好做你的，豈怕十目所視，十指所指哉！」

這給了各級官吏一個警示牌，就看下面的官吏如何去做了。在治吏方面，雍正重視利用密摺達到啟示臣下、訓飭不法官吏的目的。田文鏡被提拔為河南巡撫後，雍正考慮到他感恩圖報心切，可能會犯急躁冒進的錯誤。因此，他在田文鏡的奏摺上批道：

豫（河南）撫之任，汝優為之。但天下事過猶不及，適中為貴。朕不慮不及，反恐效心切，或失之少過耳。

雍正此言意即，河南巡撫一職，你比別人有能力，所以我才把這擔子交給了你。但天下事不能做過了頭，能做到適可而止才是最好的。我不擔心你任職不努力，倒擔心你因報效國家心切，反而會犯了錯誤。

果然不出雍正所料，田文鏡千小心萬注意，還是真的就犯了錯誤。於是雍正再次指示田文鏡：「大凡臨事，最忌猶豫，尤不宜迎合，沒一味揣摩遷就，反致乖忤本意……今後勿更加是猶疑不定，隨時變轉，始於身任封疆重寄，臨大節而不可奪之義相符也。切勿忘！」

雍正這是在提醒田文鏡，要他正確理解皇帝的意思，不要只顧曲意迎合。雍正對愛臣關心至切而又要求極嚴，促使他們正確地處理好君臣兩者之間的關係。雍正寵臣年羹堯之兄年希堯奏陳，自己上任伊始，即拒收各種節禮，既表忠心，亦想撇清。

雍正看到廣東巡撫年希堯關於節禮規繩的奏摺後，馬上批示道：「覽爾所奏，朕心甚悅。全是真語，一無粉飾，這才是你大造化來了。用心做去，不可始勤終怠。至於巡撫進路，必於指定某項無有是處；朕也不知何是該取，何是不應取？此等碎小之事，朕亦不問不管，只問你總責成一個好字。」

雍正還說：「從來督撫將此事上奏沽名釣譽，裁去不取，轉彎另設他法，所得更甚。此等私套，皆不中用。有治人無治法。朕如今要定規矩繩限你們，萬無此理，只要你們取出良心來將利害二字排在眼前，長長遠遠地想去，設法做好官就是了。不必在這些面前打鬨，好歹朕自有真知灼聞的道理，不可仗從前私恩大膽放縱。你們要負了朕，朕倒要加倍處分的呢！勉之，慎之。」

在這裡，雍正真是把人心都看透了。雍正仍是一貫地從嚴說教，一面說，真心幹事就是你大造化來了，一面又說，當一個督撫，表面不撈，但拐彎抹角又去大撈特撈，能哄得了誰？故而叮囑，好好做官，不

必打鬨。對於官吏之間的關係，雍正也常常給予許多啟示。如李衛的同僚鄂彌達在赴京拜見皇帝期間，李衛曾上奏請求雍正允許鄂彌達早日回到任所，並替鄂彌達講了許多好話。

雍正在讀了李衛的奏摺後，非常高興，因此批道：「盡心奉職之人，同城共事，焉有本彼此相惜之理。鄂彌達於駐防武臣中論，實一好將軍，你今天奏他約束駐兵之長，他在我面前極口贊報你的勤敏，也是出於公誠。我今天看了很高興，如是方好。」

為了使諸大臣能夠和衷共濟，雍正不遺餘力地做他們的工作。如禪濟布與丁士一共同被任命為巡撫臺灣的御史後，雍正曾在他們的奏摺中批道：「和衷二字最為緊要，倘有意見不同處，秉公據實密奏。萬不可匿怨而友，尤不可循友誤公。」

這就是說，雍正不怕他們產生不同的政見，但擔心他們會因私廢公、不秉公辦事。對於另外一些認真任職的官員，雍正對他們採取極力表彰的策略。如雍正在讀到高其倬的請安摺後批道：「我看高其倬此奏，字句之外，實有一片愛君之心，發乎至誠，非泛泛虛文可比。我看了之後不覺淚落。故傳諭嘉獎之，以表其誠。」

對於某些沽名釣譽的官員，雍正則毫不客氣，嚴加訓斥。有一次，雍正召見河南禹州知州孫國璽時，問孫國璽的寡母年齡，孫國璽說母親七十四歲。雍正說等孫國璽的母親八十歲時，叫孫國璽請御賜匾額。雍正六年，孫國璽任臺灣道。因為這一職務按規定不能帶家屬，孫國璽就將老母寄居福建漳州，並將這件事情報告給了雍正。雍正為使孫國璽能夠迎親老母，又改任孫國璽為福建鹽驛道，沒讓他去臺灣。

雍正十年，孫國璽的母親八十歲。孫國璽於是奏請皇帝賜匾額和誥封，雍正卻大變自己的言行，說：「我當初盼望你能領會我的心意，不料你竟然辜負了我的希望，現在不但不要再提為你母親賜匾的事，你如

果不知悔改，仍然貪圖虛名，欺騙隱瞞自己的劣跡，身家性命，目前難保，再累及你母親的名聲，尚在未定。卻還厚著臉皮來討封！我看你此奏甚屬荒誕，可惡之至！」

孫國璽依仗皇恩，不思進取，反滋驕矜，以為皇上並不知曉，這可是咎由自取。看來在皇帝下面做臣子，是不能鬆懈的。為了能收到警示臣工的效果，雍正還作過長篇大論的批語。

如當鄂爾泰向雍正奏報滇黔兩省大小文武官員的情況後，雍正就批道：「治天下唯以用人為本。其餘皆枝葉事耳。覽汝所論之文武大吏以至微弁，就朕所知者，甚合朕意……賢卿之奏，非大公不能如是……朕實嘉之，但所見如是，仍必明試以功，臨事經驗，方可信任。便經歷幾事，亦可只信其已往，猶當留意觀其將來，萬不可信必不改移也。」

雍正這一許可證不但肯定鄂爾泰的某些見解，而且還啟發他為政要以用人為根本。並由此指出，在用人時主要要看屬員有無實際經驗，同時還要留意他們將來的一舉一動。

透過上述做法，雍正給了下臣許多啟示，並以此指導他們具體執行了許多政務。按雍正的話來說，密摺所起的用人方面的作用是：「通上下之情，以利施政；啟示臣工，以利其從政。」

其實，密摺制度的妙用，並不僅僅如此而已。當時的貴州布政使劉師恕上奏摺建議與下屬共相策勵剿土苗等事：「日與僚屬共相策勵，務期實心實政以仰酬高厚十萬一。唯是黔處天末，歷來未免廢弛。而升任撫臣金世揚又唯主安靜，諸事因循。」

劉師恕還說：「臣於地方民生有關緊要者，力為爭執，猶多回挽，至關題奏事件，全在撫臣主持，實不免於掣肘，即如收買水銀，雖為籌補軍需起見，然既動庫銀，自應據實陳奏，臣到任後詳請兩次始終不從。今親撫臣毛文銓，具悉始末，實實奏明。」

雍正一看就知其中之詐，立刻批道：「此奏甚屬巧詐。你當初赴任的時候我怎麼告訴你的？金世揚在任既掣肘，不能行其志，那時為何未奏？今督撫已將地方事件料理清楚了，你卻又來貪他人之功以為己利，無恥之甚。作為國家的臣子，又怎麼能懷如此權宜之志以對君父？如果不是因為你居官尚能潔己，我必嚴加處分。我之前唯以真實二字方可保久長，若在如此作用上留心，不但自阻上進之路，而且後必有殃。慎之。」

雍正明察秋毫，勘破巧詐，說劉師恕「貪他人之功以為己利，無恥之甚」，對劉師恕之輩當頭棒喝，實在是想拯救他。雍正管人有一套，他能根據官吏的忠誠程度和政績來施恩。對忠於他的有功之人當然大加讚賞、體恤備至，像田文鏡、鄂爾泰、岳鍾琪、李衛等；而對於一些不幹實事、謊報政績的官吏則嚴屬斥責，時不時地敲打。

在對賢人的選拔上，雍正看重德行，一再強調當官者必須不徇私情、不謀一己之私，竭盡全力為國家辦事。依此標準，雍正指出：「凡為人臣，但為講求一身盡職之道，不必牽纏兄弟手足以及子姪親友。此即營私之巢窟，不可不知。」意思是說，做大臣的，為了自己能盡職守責，就不能顧念手足兄弟之情，因為一旦牽連上這層關係，就必然會導致營私舞弊的發生。做人臣的不可不明白這個道理。

為了要求官吏能夠大公無私，雍正不但力圖打破滿漢界限，而且還向自己的親族開了刀：「一切需要剛果嚴明。屬員中遇有世家子弟，權要親族，絲毫不可瞻徇，宜先加教誡。如不知畏，怙惡不悔者，立即參處數人，則官方嚴肅，而蔑法妄行之人自必潛消默化矣。」

雍正對雲南布政使常德壽說：「你是鄂爾泰屬員，得到他的親身教誨，這是你的幸運，當竭力效法之。」

一是效法鄂爾泰「秉公察吏」，二是效法他的「竭力奉公」。雍正一

生都在懲貪反腐、整飭吏治，但對大臣也展現出了寬懷仁德的態度。

雍正元年，湖廣總督楊宗仁因病奏請皇帝，讓其子楊文乾到武昌侍養。雍正立即批准，為了使楊宗仁安心養病，特給楊文乾加按察使銜，又派御醫趙士英赴武昌為楊宗仁治病，頗顯仁慈。

雍正三年七月，兩廣總督孔毓珣摺奏：「廣東按察使宋瑋才守兼優，宜進京提升。可惜有病。」

正好雍正在接到孔毓珣的奏摺之前，已下旨命宋瑋赴京引見。看了孔毓珣的奏摺，知宋瑋有病，即命宋瑋暫停來京，以免長途車馬顛簸勞苦，並指示孔毓珣：「轉告宋瑋，等病好了，可以走路了，再來北京，切不可讓他勉強扶病而行，免得趕路把身體拖垮了。」

到十一月，孔毓珣摺上宋瑋已痊癒，正要起程赴京，雍正很高興。從這裡也可以看出，雍正十分愛才憐才。

雍正八年，即1730年，浙江按察使方覲調任陝西布政使，在赴任途中病倒了。雍正知道後，就命方覲回到家鄉好好休養，等候自己派遣的御醫去給他看病，並告訴他陝西之職已另委他人，要方覲痊癒後即報告，另有重任安排。御醫變成了出診行醫，雍正待大臣的情誼確實優厚。原河南開歸道陳時夏在封丘罷考事件中被參留任，兩年後又升為江蘇巡撫。陳時夏是雲南人，家中有八旬老母。陳時夏孝順，奏請皇上，願將母親迎養江蘇任所。

雍正就命雲南督撫派員護送陳母到江蘇，並特地指示：「起身日期一聽其母之便，在路隨意歇息行走，不必因乘驛定限。」只此一言，足可令天下兒女感激涕零。當大臣問皇帝為何對陳時夏這麼好時，雍正說：「我既然起用陳時夏，想用他的能力以報朝廷，自然不忍心讓他的白髮老母相帶領數千里外，兩相牽掛。」

雍正對先帝康熙「天下大權，唯一操之，不可旁落」的政治主張顯

然是頗為贊同的，但康熙治國以寬，以官場弊病積重難返。雍正登基後，矯枉過正，鐵腕治國，從而實現澄清吏治的目的，不愧為一代帝王的行事風範。

殘酷鎮壓反清思潮

雍正即位之初，當時朝廷內外矛盾重重，並不時激化。為了打擊政治上的異己勢力、鎮壓反清思潮，他就用製造文字獄來作為對反對派極端報復的首選手段。

雍正在養心殿西暖閣寫了一副對聯：「唯以一人治天下，豈為天下奉一人。」顯然，這是他君權至上思想的表露。

雍正元年，川陝地區出了一個旨在「反清復明」的大案，這就是「曾靜案」。年羹堯被除掉後，接替他川陝總督之位的是他原來的得力部將岳鍾琪。

後來，朝野上下傳言岳鍾琪是岳飛的後代，將要起兵替漢人報仇。曾靜就給岳鍾琪寫了一封勸其謀反的「逆書」，但岳鍾琪不為所動，立即將逆書呈報給了雍正以示忠誠。

雍正六年，雍正在給岳鍾琪的信中寫道：「我看了你上交的逆書，驚訝墜淚。我做夢也沒曾料到天下竟然有人如此評我，也未料到逆情如此之大！這種大逆不道的東西竟然自投羅網，難道這是天意嗎？我在此深深感謝上天對我的大恩，曾靜的這番言論沒有隱諱的必要……事情明白後，我外給你命令。」

這封逆書在雍正的心海裡頓時翻起了波瀾，引發出一連串的案情。

能使雍正驚訝墜淚的「逆書」就是案發之後被總督岳鍾琪查出的那本《知新錄》了。《知新錄》為曾靜所著，其內容包括以下幾個方面：

一、指責雍正是暴君，並歷數了他的十大罪狀，即謀殺康熙、逼死生母、弒兄、屠弟、貪財、好色、嗜殺、酗酒、懷疑誅忠、好諛任佞。

二、反對滿族統治者，主張「華夷之分大於君臣之倫」。曾靜認為雍正雖是皇帝，但他不是漢族人，依照他的觀點，臣民雖然應當絕對忠順皇帝，但對滿族人的皇帝卻要進行反抗，這並不違背君臣之義。「管仲忘君仇事，孔子何故恕之而反許以仁？蓋以華夷之分大於君臣之倫，華之與夷，乃人與物之分界，為域中第一義！所以聖人許管仲之功。」

三、希望拯救黎民於水深火熱之中。由於曾靜家道貧寒，缺屋少地，因此他能看到當時社會上貧富懸殊的情況，「土田盡為富室所有，富者日富，貧者日貧」。

如此等等，不勝列舉，從事實上來看，雍正的確蒙受了許多不白之冤。因為雍正自覺問心無愧，勇於面對，因此非但沒有禁止這種傳言，而且還認為曾靜的這番言論沒有隱諱的必要，即可以將這番言論公之於社會，由世人來評說。

雍正對曾靜對他的攻擊非常震驚，但又感到高興。暴露出來更好，他正可以藉此機會刷清朝野上下對他的議論，同時藉機查清曾靜這些訊息的來源。

經過嚴密審訊，曾靜誣衊雍正的話輾轉來自允禩、允禟的太監。他們被發往煙瘴之地時，在路上沿途誣衊雍正，被百姓聽到而傳播。同時查清了曾靜的思想主要得之於呂留良。

整個案件基本調查清楚之後，雍正下令將論述這個案子的上諭與曾靜的言行及口供整理成一個案件彙編，整合為一部《大義覺迷錄》，加以刊刻，頒行全國，以使讀書士人知道這件事的經過與詳情。

同時，雍正還採取了強制措施，稱假如讀書士人不知此書，一經發現，就將該省學政、該州縣學教官從重治罪。這就是說，讀《大義覺迷錄》一書是強制性的，作為中央檔案，大家必須要讀。

雍正這樣做的目的在於，在《大義覺迷錄》中，不但有雍正本人的最高指示，同時還有曾靜「棄暗投明」為雍正宣傳的文字，如稱雍正至仁至孝、受位於康熙，兼得傳賢傳子二意；又說雍正朝乾夕惕、懲治貪婪、一心愛民。

所以《大義覺迷錄》一書，由曾靜現身說法，展現了他不明情由、聽信流言誣枉雍正，到真正體會到雍正恩德，提高認識，進而歌頌雍正的思想轉變，成了替雍正做宣傳的工具了。

同時，雍正對曾靜、張熙二人作了寬大處理，將其無罪釋放，並稱此二人是誤信了奸佞之言。此外雍正還公開宣布，非但他不再追究他們的責任，就算自己以後的皇帝也不會再追究他們。

雍正認為留他們比殺他們的用處更大，雍正可以拿他們來現身說法，即利用他們來宣揚雍正的仁德愛民。雍正還命曾靜到江南、江寧、蘇州、浙江、杭州等地宣傳《大義覺迷錄》，進行廣泛演講，然後再將其押送原籍，安排到觀風整俗使衙門裡當差。

又命張熙到陝西及其他地方做類似的演講宣傳，然後送回原籍，在家候旨，以便隨傳隨到。雍正此案的處理，用他自己的話說是「一番出奇料理」。

雍正的「奇料理」，奇就奇在勇於抓曾靜的觀點，公開辯論，勇於把不利於他的觀點加以公布，勇於把曾靜、張熙放到社會上，這個「奇」，表明他有政治氣魄，善於料理重大政治事務。

當雍正頒布關於曾靜的上諭，鄂爾泰說：「捧讀上諭，可見皇上內心坦然，處事謹慎，自問自謙，不為一曾靜，而為千百億萬人，遍示臣

民，布告中外，自非大光明，大智慧，無我無人，唯中唯正，這樣聖明的君主真沒有幾個人能比得上。」

鄂爾泰說到了雍正心坎上，他是拿曾靜做文章，爭取輿論同情。由此可見，曾靜這個案子是雍正在思想上打了一仗，被他用作說明繼統與初政的工具了，即用作政治鬥爭的工具了。它是雍正嗣位和初年政治鬥爭的延續和總結，它的出現是雍正朝政治鬥爭的必然結果。

但雍正對呂留良等人的處分卻很重，焚禁了呂氏的著作，把呂留良和嚴鴻逵開棺戮屍，沈在寬與呂留良一子斬決，其餘子孫發配到寧古塔為奴，家產充公。案中牽扯人等，包括刻書人、藏書人都一律處斬。

因為呂留良和曾靜的性質不完全相同。清初，漢族士大夫中一部分人具有強烈的反清思想，呂留良就是其中的一員，他是思想家而不是政治家，他宣傳夷夏之防主要是認識問題，出家不仕雖涉及政治，然而是次要的方面。

曾靜的政治事件把呂留良株連上，他的思想被曾靜接受並產生出政治行動，這應由曾靜負責，已故的呂留良自不能成為這個事件的主謀。

雍正把呂留良作為元凶，處以戮屍酷刑，是按政治犯對待的——儘管呂留良本身非政治活動性質，並不因人為加以政治罪名而改變。呂留良、嚴鴻逵、沈在寬的獲罪，在於他們具有和宣傳反清思想，是文字之禍。

這個案子搞得那麼嚴重，是雍正處理曾靜案的需要。他在曾靜案辯嗣位問題中，是被置於被告席的，被告自然願意把事情講清，然而糾纏不休，總使自身處於被動地位，於己不利。

雍正要改變這種狀況，奪取主動權，就要放大視野，擴大事態，抓住呂留良，大講華夷問題，扭轉嗣統問題上的被動狀態，所以呂留良案是掩蓋曾靜案的，是為解決曾案問題服務的。不難明瞭，呂留良案中人

是無辜的受害者。

這個冤獄，充分表現了雍正和封建文化專制主義的殘暴，還反映了清朝統治者的民族壓迫。由此可見，曾靜案和呂留良案是既有聯繫又有區別的兩件事，不是一個案子。曾靜案和呂留良案發生後，雍正和官員更加注意對人們思想的控制，文字獄和準文字獄接踵發生。

雍正七年十二月，湘撫趙弘恩摺奏，瀏陽縣發現《朱姓家規》一書，端首稱謂條內，有「侏亻離（造字）左衽，可變華夏」二語。趙弘恩就此說：「當此聖明之世……乃敢肆其犬吠，狂悖褻慢」。以為朱姓是曾靜一黨，嚴加審訊，沒有結果，於是將《朱姓家規》送呈雍正。

「侏亻離左衽，可變華夏」，是漢人觀點，具有普遍性，《朱姓家規》所寫，並沒有反清的特殊意義，而且與曾靜案毫無關係。因此雍正指示不必深究，但要對朱姓嚴加教育，以警其餘。

張熙往見岳鍾琪時，說他聽說廣東有屈溫山，詩文很好，亦不出仕，可惜沒有見過，岳鍾琪為引誘他上鉤，說藏有屈溫山集。

雍正八年十月，署理廣東巡撫傅泰看到《大義覺迷錄》。由「屈溫山」想到廣東著名學者屈大均號「翁山」，認定屈溫山是屈翁山讀音之誤，於是搜查到屈翁山文外、詩外、文鈔諸書，發現其中「多有悖逆之詞，隱藏憂鬱不平之氣」，遇到明朝稱呼之處俱空抬一字。

這時屈大均已死三十多年，其子屈明洪任惠來縣教諭，自動到廣州投監，交出所存的父親詩文及刊版。

傅泰又拿這些作為線索，進行嚴審，並上報雍正。刑部議請按大逆律問罪，屈大均戮屍梟示。雍正指示：「其子自首，減等論處。」終將他的後人流放福建，詩文毀禁。

徐駿，江蘇崑山人，刑部尚書徐乾學的兒子，中進士，選庶吉士。作詩有「明月有情還顧我，清風無意不留人」句，被人告發「思念明代，

不念本朝，出語詆譭，大逆不道」。

雍正指示說：「這是譏訕悖亂的言論，將他照大不敬律斬決，文稿盡行焚毀。」

徐駿出身大官僚家庭，青年時驕狂暴劣，據說暗置毒藥，害死其塾師，因而為情理所不容。但他「明月清風」詩句，本為文人騷客所濫用的辭藻，與反清復明思想風馬牛不相及。他死於文字之禍，不能不說是冤枉的。

雍正八年，就是 1730 年，福建汀州府上杭縣童生范世傑讀到《大義覺迷錄》，向福建觀風整俗使劉師恕投遞呈詞，斥曾靜，頌雍正，劉師恕稱讚他「忠愛之心可嘉」。

待到福建學政戴瀚按考到汀州，范世傑又上呈文，說曾靜的話是「逆天悖命越禮犯分之言」，對曾靜指責雍正的言論一一加以駁斥，說雍正在繼位之前，以子道事父母，以臣道事君父，授受之際，「三兄有撫馭之才，欽遵父命，讓弟居之，而聖君不敢自以為是，三揖三讓，而後升堂踐天子位焉」。

說明雍正同諸兄弟和睦，得位正當，沒有弒兄屠弟的事。他還說雍正世道比三代還強，為生於這樣的盛世而慶幸。他滿以為會得到學政的賞識，豈料遭到拘禁審問。

戴瀚問范世傑：「『三兄讓位』的話從何而來，是什麼意思？」

范世傑供稱，在汀州城裡，人人都是這樣說的。戴瀚很敏感，理解為這是講誠親王允祉有撫馭之才，應該當皇帝，所以嚴厲追問，並立即將范世傑呈詞上奏。

雍正認為戴瀚做得很正確，說地方大員若能對這樣的事情不隱諱，范世傑之類的「棍徒匪類」必能盡除。於是下令戴瀚會同督撫密審，又準情度理，認為范世傑是一個企圖僥倖進身的小人，不會有多大背景，

不必鋪張擴大事態。

隨後，戴瀚與福建總督劉世明、巡撫趙國麟密訊范世傑，重點審問「三兄讓位」的話頭。

范世傑供稱，他知道雍正序居第四，他即位，必是三個哥哥讓位；說三哥有撫馭之才，也不是真知道，只是想天家的龍子龍孫自然都該是賢才，他們讓位，更說明皇上聰明天縱。

范世傑將「三兄」解釋為「三個兄長」，是為避允祉的實質所進行的詭辯，因為他聽人說過：「朝廷家有個三爺，雖然有才，乃是秉性凶暴，做不得人君。」不過他的原意還是說允祉儘管有才，但做不了皇帝，雍正不是搶皇位，謙讓再三才坐的龍廷。

三位疆吏審不出什麼來，只能說他造言生事，建議將他押交原籍地方官，嚴加管束，每逢朔望，令其宣讀《大義覺迷錄》，若再多事，即行治罪。雍正於九年六月同意了他們的處置辦法。

范世傑寫呈詞時二十三歲，不甘於童生地位，想借指斥曾靜、頌揚雍正為晉身之階，哪知這是政治鬥爭，豈是兒戲。這是他利令智昏，也是咎由自取。頌聖是范世傑呈文的主旨，僅因「三兄讓位」的話飽嘗鐵窗滋味，亦見雍正朝文字獄的凶殘。

范世傑說雍正推辭帝位的話，在雍正即位之初，派遣使臣到朝鮮告康熙之喪，朝鮮接待人員就聽說：雍正在康熙死後六七天才登基，是因「新皇屢次讓位，以致遷就」。官方講雍正推讓，范世傑也講這個問題，就有了錯，真是隻許州官放火，不許百姓點燈。

江南崇明縣人沈倫，著有《大樵山人詩集》，於雍正十二年九月病故。該縣施天一與沈家爭田產，於是就告沈倫詩內有狂悖語句。江南總督趙弘恩查出沈倫名在沈在寬案內，詩版藏在蘇州沈蒼林家，就捉拿了沈倫的孫子沈自耕、沈蒼林、施天一等人，徹底查究。

雍正對此極表贊同，在趙弘恩的奏摺上寫道：「凡似此狂妄之徒，自應徹底究懲，以靖悖逆風習。」

施天一以詩句狂悖告訐仇人，則是文字之禍成風的一種表現。吳茂育，浙江淳安人，官宛平縣丞，著作《求志編》，被同族一個弟弟告發，浙江總督程元章立即拿審，認為該書評論古今，「語言感慨，詞氣不平，肆口妄談，毫無忌憚」。

該書一種本子上的李沛霖序文，於紀年處只用干支，書「癸卯九月」，不寫雍正元年，更幹法紀。

雍正誇獎程元章辦理得體、用心，要求他嚴加審究，不要有一絲寬容，並向他講解這種「匪人」比盜賊有害的道理：盜賊有形跡外露，該管有司不想懲治也不可能，而託名斯文，藉口著述的「奸匪」，儘可置之不問，所以除盜賊易，除思想犯人難。

在雍正前期，也發生過幾起文字獄案。汪景祺是浙江錢塘人。此人頗有才華，但仕途卻不得意。因此才投到年羹堯門下。年羹堯在平定青海叛亂之後，汪景祺曾善意提醒過年羹堯不要居功自傲，並作了一篇《功臣不可為》上呈年羹堯。

雍正在該文中說「庸君聽說兵荒馬亂就懼怕了，因此他必須信賴得力大臣平息叛亂。但是，他認為能夠平息叛亂的功臣一定也能作亂，仍然會威脅自己的統治地位，因此，功勞越大的人越會遭到庸君的妒忌甚至殺害。這樣，不立大功反而更好……」

在查抄年羹堯府邸時，雍正得到了汪景祺這番言論，並查到了汪景祺對年羹堯的許多諂媚之詞。諸如他稱年羹堯是「宇宙第一偉人」，又說歷代名將郭子儀、裴度等人功績跟年羹堯相比簡直不值一提。

汪景祺甚至不惜以譏諷康熙來恭維年羹堯，說康熙皇上只不過動動三寸不爛之筆，會寫一點詩文罷了，年羹堯比康熙帝還要有作為。雍正

在看到汪景祺的這番言詞後非常震驚。

雍正內心雖然也很欣賞《功臣不可為》一文，但他抓的卻是汪景祺誹謗康熙的罪名。這樣，汪景祺被定了個大不敬罪，被判處斬刑。還有懲戒錢名世，也是衝著他的主子年羹堯來的。

錢名世是江南武進人，當時為翰林院侍講。他與年羹堯沒有朋黨瓜葛，只是二人同為康熙三十八年中舉，南北鄉試同年，但僅據這一點又怎麼算得上年黨呢？

再來研究他投贈年羹堯的詩：第一首有「分陝旌旗周召伯，從天鼓角漢將軍」，把年羹堯比為周代的召伯和漢代的衛青、霍去病，算是拍馬屁，但沒有什麼政治問題。

再看第二首：「鼎鍾名勒山河誓，番藏宜刊第二碑。」

錢名世怕人讀不懂，還作註解說：「公調兵取藏，宜勒一碑，附於先帝『平藏碑』之後。」

原來，在康熙五十九年，皇十四子曾經督兵入藏，康熙帝為他特立「平藏碑」。當時年羹堯任四川總督，佩定西將軍印，參加了調兵入藏之役。錢名世認為，應立碑於康熙帝的「平藏碑」之後，表彰年的功勞。

當時，錢名世不過是從五品的清閒翰林，發表「宜刊第二碑」的意見絲毫沒有政治影響，更何況以同年贈詩，也不該有什麼問題吧。總之，錢名世可抓的辮子就這麼多，雍正再三斟酌，決定還是不能隨便地放過他。

雍正自有他的道理，懲治錢名世，絕不是有意和他個人過不去，而是他的所作所為代表了官場中一種惡劣的風氣——妄自揣摩、趨附權貴。如果一任其蔓延，就會助長朋黨之風，威脅皇權。

單以年羹堯而論，他就藉著受到皇帝眷寵，大肆招搖，而大小臣工竟以年大將軍為權勢之所在，集於他的麾下，結成了一個盤根錯節的年

黨。使雍正帝深受觸動的有這樣一件事：雍正二年，年羹堯平定青海後，帝加封一等公爵。這年年底，年羹堯入京陛見，九卿、督撫級的大臣竟跪在廣寧門外大道旁迎接，甚至體制尊貴的王公也有下馬問候的。

在這一群諂媚權臣的無恥之徒中，雍正帝最為警惕的是某些「名士」。雍正從自己的政治閱歷中，深深覺得此輩居心叵測。這可以舉出陳夢雷與何焯。

陳夢雷文思敏捷，很年輕時成為進士，以後涉嫌附逆，被流放到了盛京。康熙三十六年蒙恩召還京師，在皇三子誠親王門下，以布衣身分編纂《古今圖書整合》。

康熙帝十分賞識他，曾賜他一副對聯，上面寫著「松高枝葉茂，鶴老羽毛新」。康熙晚年，諸王爭儲，誠親王也是有力的競爭者之一，下面有陳夢雷這樣的名士為羽翼，氣勢大盛。

雍正即位伊始，馬上將陳夢雷再次發遣關外，栽給他的罪名是：「累年以來，招搖無忌，不法甚多」，總算發洩了對陳夢雷多年的隱恨。

何焯與陳夢雷相類似，他遵照康熙的指示，效力於皇八子廉親王府中。這皇八子與皇三子一樣是雍正的政敵，而且是更厲害的對手。他寬仁好文，深得士大夫的信任和支持。

康熙五十年前後，圍繞著皇太子立而復廢的事件，最高統治集團內部各派勢力的明爭暗鬥達到高潮，康熙帝為削弱皇八子的勢力，將何焯的翰林院編修、進士全部革去。令當時的雍正帝暗自高興。

雍正帝在考慮是否處置錢名世時，十分自然想到了陳夢雷與何焯，因為他們三人同為依附權貴，又都是「名士」。整頓錢名世也就是要整頓卑汙的士林積習。

錢名世才華橫溢，有「江左才子」的美稱。他早年師事浙東著名史家萬斯同。萬斯同請他作纂修《明史》的助手，每成一篇，就交給他。

讓他潤色，由此可見對錢的器重。

錢名世的詩名更大，當時雄踞詩壇的王士禎，就曾對他的詩才大加讚賞。康熙四十二年，錢名世又蟾宮折桂，考中本科進士第三名——探花。趨附年羹堯的大有人在，但是像錢名世這樣的名士卻不多，拿錢名世開刀，就可以殺雞給猴看，使讀書人生畏，不再趨附權貴。

另外，正好錢名世在士林中的名聲十分臭。錢名世是個典型的才高品汙之輩。他的老師萬斯同是浙江人，在北京去世時，親屬不在身旁，於是錢名世披麻戴孝，主持喪事。

可是辦完喪事後，竟把老師的數十萬卷藏書席捲而去，據為己有，這種「沒人性」的做法，真是讓天下人所不齒。在康熙五十年，錢名世官翰林侍講，就曾因「行止不端，聲名不好」，奉旨革職。

對錢名世這樣的人，不管怎樣糟踏，別人都不會同情。雍正帝是這樣想的，所以，借整錢名世而整肅官場的方案便確定了下來。雍正四年三月，即處置年羹堯、汪景祺之後三個月，錢名世被拉出來審判了。

大學士、九卿等迎合雍正帝的旨意，奏請將錢名世革職，交刑部從重議罪，在羅織的罪名中，除作詩諂媚年羹堯外，特別強調錢名世把平定西藏的功勞，歸美於年，大學士、九卿認為此舉十分屬「悖逆」。這個罪名假如成立，那麼錢名世處死且不說，他的親屬也要跟著遭殃。

雍正帝卻不同意大學士、九卿的奏請，他降旨說，「向來如錢名世、何焯、陳夢雷等，皆頗有文名，可惜行止不端，立身卑汙。而錢名世諂媚成性，作詩填詞，頌揚好惡，措詞悖謬，自取罪戾。但其所犯，尚不至死。」

話講到這裡，雍正帝顯得十分嚴肅，十分公允。但接下去宣布對錢名世的處分時，竟是令群臣不勝驚駭的惡作劇：「錢名世革去職銜，逐回原籍禁錮，御書『名教罪人』四字。由地方官製成匾額，張掛於錢名世

所居之宅！」

從古到今，恐怕再也找不到這樣一塊不倫不類的「匾額」；古往今來，恐怕再也找不到這樣一位別出心裁的君主。不過，說起來，如此近於兒戲的舉動也十分符合雍正帝乖張的個性。兩年前雍正帝曾給黨附皇八子的阿靈阿和揆敘親書墓碑。

前者碑文是：「不臣不弟暴悍貪庸阿靈阿之墓」；後者碑文是：「不忠不孝陰險柔佞揆敘之墓。」

錢名世不便處死，不好如法炮製再御書一座墓碑。但循著挫辱阿靈阿、揆敘的同樣思路十分容易想起送他一塊御書匾額，讓他無臉見人，雖生猶死。

錢名世不張掛此匾怎麼辦？雍正帝想得非常周到，他命常州知府、武進知縣每月初一、十五去錢宅檢視，如不懸掛，呈報督撫奏明治罪。但是，對錢名世的處分還不止於此。

興致勃勃的雍正帝覺得，掛「名教罪人」匾，只能把錢名世在老家搞臭，還不能充分發揮警戒大小臣工的作用。故此，雍正又命在京現任官員，凡由舉人、進士出身的，都要仿照詩人刺惡之意，每人寫一首詩，贈送錢名世，喜笑怒罵，熱諷冷嘲，越刻薄越好。

正詹事陳萬策的詩有如此兩句：「名世已同名世罪，亮工不異亮工奸」。

前一句很好懂，錢名世與康熙晚年著《南山集》而處斬的戴名世同罪；後一句也十分巧妙：年羹堯的表字也是亮工，「亮工不異亮工奸」是說錢、年同為奸惡之徒。

陳萬策的詩不管內容，還是風格，都深得雍正帝的嘉許，在諸多諷刺錢名世的詩中，被評為「第一名」。但並不是說所有遵旨寫的詩都適合帝意。翰林院侍讀吳孝登的詩作被認為「謬妄」，遣發寧古塔，給披甲人

為奴，所受懲處比「正犯」錢名世重得多。

還有侍讀陳邦彥、陳邦直兄弟的詩也有問題，都被革了職。他們的詩為何觸怒了雍正，不得而知。但可以推想得到，在統治集團中，對錢名世一案的處理確實存在著不同的意見。

雍正帝不惜重刑懲處吳、陳等人，與錢名世的行政處分相比，輕重倒置，可謂違背常規，令人深感「君心不可測」！出身官員所寫的刺錢之詩，依照雍正的諭旨很快刊刻付印了。據說是武英殿板，雕寫極工，宣紙印題：《御製錢名世》。

這部詩集在雍正朝各省學校都頒發一部，用以教訓準備入仕的讀書人。晚清時，有人還見過，但民國以後卻忽然絕跡了，這確實是研究清代文字獄以及了解雍正帝個性的一大損失！

雍正前後期的這幾起文字獄案是有所不同的：前期是政治鬥爭的一個組成部分，後期則是加強思想統治的問題，有著不同的性質和內容；前期遭禍的人，以及曾案中人，是政治鬥爭的犧牲品，後期冤情更增，多是無辜受害者。

雍正大興文字獄，以之作為控制思想、打擊政敵、提高自己權威的手段。從此以後，清政府經常因文字給人定罪，而且都以大逆不道論處，治罪重，株連眾。

雍正的文字獄，主要打擊對象是具有反清思想的士大夫或政治上的反對勢力，獲罪的大多是官吏和上層知識分子。但是，在知識分子中造成了濃重的恐怖氣氛，顯示了皇帝生殺予奪的專制淫威。

嚴密監視官員行動

雍正極有政治抱負，要成一代明主、堯舜之君，這就必須首先做到在用人上耳聰目明，避免大的閃失；其次還要明察暗訪，對所用之人進行動態觀察，進退取捨，基本趨於合理、公正。

雍正執政初年，官場結黨傾軋之風屢禁不止，人心難測，口是心非、陽奉陰違、被視為負恩者大有人在；政敵們故意添亂，攪亂視聽，播散流言。這些都使雍正的疑心加重，以致形成一種職業性的病態心理。

雍正曾一度過於輕信人，對寵臣過於依賴，說了許多過頭話，辦了一些過頭事。年羹堯事件以後，雍正一度又過於懷疑人，深悔以前的幼稚，大有「懷疑一切、打倒一切」之勢。

雍正一度懷疑河南河北總兵官紀成斌和年羹堯關係曖昧，屢次特加試探，初不相信對方的表白，直到紀成斌拿出實據，說明年羹堯不但不賞識自己，反而痛恨和壓抑自己時，雍正才明確表示：「覽此奏，朕心釋然矣。」

只到雍正主政五六年後，用人上才定型化，得出「過疑則失人，過信則自失」的至理名言。他將不敢輕信別人一句話作為用人第一妙訣，聲稱：「別人有一事見信，不可就信其百事皆實；一事見疑，也不可就疑其將來百事皆詐。」這表明雍正在政治上越來越成熟了。

雍正為了監視朝中的大臣，建有一套嚴密的情報網。對政敵們所散布的謠言，雍正都能及時予以駁辯，甚至允禩在府上偶爾發幾句牢騷，雍正也能知道，這就是情報網的作用。

而且，雍正自己偶爾也透露出一些已失去價值的祕密。雍正很不放心自幼在藩邸侍奉的屬人傅鼐，曾密令隆科多不時監視稽查，原因是二

人住址相近，便於訪察。後來，傅鼐不法騙詐財物事敗，隆科多也因其他的事失寵。

雍正為羅織隆科多背地結黨、不遵聖旨的罪名，竟然將隆科多監視傅鼐這一祕密公布於眾。傅鼐身敗後，本應發遣黑龍江，不久，雍正又別出心裁，令傅鼐去盛京，監視已經失勢、正在接受審查的奉天府尹蔡珽，明令蔡珽所辦之事都讓傅鼐知道，但傅鼐只管監視，不需干涉。

用舉薦人監視被舉薦人，主子監視奴才、為官尊長者約束族人親戚，這是雍正慣用的控制官吏的權術。為廣納天下賢才為朝廷所用，雍正明令內外大臣有薦人之責。大臣們聞風而動，紛紛舉薦所知的屬員，甚至跨省區推薦。

不久，雍正發現有徇私舞弊的薦人現象，明誠人們要公私分明，要求推薦人對被推薦人的過失負有連帶責任，發現被薦人有過，必須積極參劾，對被薦人要時時加以訪查。

所以，田文鏡主動揭發所薦的江西瑞州府知府劉元琦、山西汾州府同知楊飛熊有不法行為，得到雍正的諒解，沒被追究誤舉過錯。相反，年羹堯等濫舉地方大吏，後又不查，終成日後的罪過之一。

同樣，雍正令諸王公旗主對放為外任的屬人進行稽查，也造成了一定的效用。至於親屬間的監督，是寓監督於訓誡之中的，雍正很提倡為官尊長者督率為官卑幼的，認為這不僅有利於卑幼者上進，進一步光宗耀祖，還可以使尊長者不為兄弟子姪和親朋所累。

在雍正心目中，他始終把大臣是否能約束家人親友作為考察其人品行操守的一個視角，不過他也不強求，有些大臣的子弟出了問題，只要大臣不徇私情掩飾，他並不將罪過算在大臣頭上。

張廷璐為官名聲不好，總有人打他的小報告，曾被奪職，但雍正並沒有因此怪罪其兄張廷玉。

透過正常的制度建設，也可在一定程度上達到約束監督官吏的目的。

都察院是全國的最高行政監察機關，雍正對監察御史和給事中寄予厚望，屢頒諭旨鼓勵科道官下舉參劾內外所有不稱職不守法的官吏，一度許給封章奏事的特權，對上可規諫皇帝用人得失。但是，由於體制、時代等各方面原因，這些「耳目之官」並沒有造成其應有作用，雍正對此極為不滿。

對於中小官吏，主要有針對他們的「京察」「大計」等考核制度，屆時，可根據才、守、政、年四項標準，發現「卓異」賢才，罷革調罰貪酷、浮躁、年老、不謹、罷軟、有疾、才力不及等劣官。

但是，這種定期的考核制度早已形式化，所以，雍正便要求地方長官可隨時題參貪劣屬吏，並將「察吏」作為地方長官最重要的一項常務性工作，不許鬆懈，否則要連帶受處罰。

其實，雍正監視、控制文武百官的拿手祕密武器還是密摺制度。地方官員密報皇帝公私事宜的文書制度即密摺制度，雖並非始於雍正，但在清代，只有雍正把它運用得出神入化，發揮了多種功效。

其中，密摺制度最主要的功能，一是使皇帝不出宮門就周知、遙控天下事；二是造成了地方官之間互相監視稽查的效果。可以說，雍正僅僅運用一種文書制度，就在全國設下無處不在的監視網，大小地方官都難以逃出他的視野。

這張無形的監視網的編成，來源於雍正的勤政，根植於他對地方吏治的高度重視。為了整飭地方吏治，雍正重點抓的是地方人事安排，他認為，某縣有個好知縣，則全縣受益。

一個賢能的知府，必定使該府大治，以此類推，總督、巡撫的好與壞，與地方吏治民生休戚相關。所以，他不但在密摺硃批中讓督撫將軍、布按提鎮等文武大吏發表對屬官的看法，而且，還向這個大吏打聽

那個大僚的情況，或向屬吏探問其長官的情況。

如此，源源不斷的訊息都集中到雍正那裡，然後再經「訊息處理」，幾乎所有的地方高中官吏和部分低階官吏，都在雍正的掌控之中。當然，有的「巧宦」做官圓滑，密摺訊息也有失真的時候。

謝旻早就被雍正所賞識，雍正繼位後，將其從戶部郎中提拔為湖南、河南的按察使、布政使，因其歷任上司督撫都說他為官優等，再升為江西巡撫。

但雍正發現此人在巡撫任上有許多虛偽可疑之處，遂密令各處訪察。結果，大家沒有一個說他壞的。不得已，雍正將謝旻內調為工部右侍郎，放在眼皮底下親加試看。

同時，雍正令繼位巡撫常安留意調查謝旻任期內所有不妥之處。結果，真相大白，謝旻在任期間，江西吏治廢弛，官糧欠徵，營伍曠廢，社會治安情況很壞。這下把雍正氣得暴跳如雷，對謝旻如何贏得一片讚譽大感不解，立即撤銷了他的職務。

不過，像謝旻一樣能躲避密摺監督的人不是很多。這種情況的發生，有如下三個原因：

一是像鄂爾泰、田文鏡等已有定論的一流寵臣，一般人不敢惹禍參劾，皇帝也認為沒有再深入訪查的必要，對於他們不利的密報很難產生。

二是像謝旻這種「巧宦」，他們善於八面討好，雖無所作為、安於現狀，卻上不得罪長官、朝臣，下不苛求屬吏、百姓，甚至土豪劣紳流氓無賴都是一片叫好聲。這種人在任時能贏得多方稱譽，離任時官民攔轎挽留，甚至罷市以抗朝命，他們實在是貌似忠誠謹慎，實際上卻是一夥道地道地的欺世盜名之徒，對國家有害無利。

三是邊遠省份的將軍、督撫等大吏，他們上下狼狽為奸、沆瀣一氣，邪氣壓倒了正氣，西風壓過了東風，到頭來，使皇帝所得到的訊

息失真。

但第三種情況不會持續很久。譬如，雍正五年春以來，廣東巡撫楊文乾先是請假，料理其父、湖廣總督楊宗仁的喪事，同年八月，他又奉命去福建，調查該省倉庫虧空大案，盡得實情。

次年年初，楊文乾回廣東後，發現米價騰貴、百姓流離，八旗兵偷竊成風，社會治安情況大壞，盜賊橫行，廣東已面目皆非。

楊文乾發現了更為嚴重的問題，廣東將軍石禮哈，署撫常賚、阿克敦，布政使官達，按察使方願英等，串通一氣，互為朋蔽，石禮哈怕官達告狀，以兄相待；阿克敦又懼石禮哈密奏，故趨奉石禮哈並結為兒女親家；常賚既畏石禮哈之狂妄，又懼官達之強橫，迎合曲從於其間。

楊文乾將此情況密奏於雍正，雍正一直比較信任楊文乾，看到奏摺後大怒，即傳命總督孔毓珣與楊文乾會同調查審訊。不久，將阿克敦、常賚革職。

但楊文乾沒等看到案子結果，就因積勞成疾於當年七月去世。據說，楊文乾病故後，阿克敦、官達、方願英等，演戲擺宴慶賀，氣得雍正惱羞成怒，差點沒把阿克敦處死！

其實，上述廣東省的案子很具代表性，雍正要想獲得真實情報，辨別真偽虛實，實際上必須費盡苦心。楊文乾之所以密參廣東諸大員，也是有內情的。他與石禮哈向來不合，而石禮哈是一介武夫，經鄂爾泰推許，雍正對其很器重，故一路升遷。

所以，他勇於不把同僚放在眼裡；常賚、官達都是雍正刻意培養的藩邸舊人，一般人不敢輕易觸怒他們，特別是常賚，出於將門之後，正受寵信，只有不知深淺的石禮哈敢折衝他。

常賚此前為福建巡撫，而楊文乾去福建查虧空，實際上查的就是常賚，常賚為先發制人，惡人先告狀，疏參楊文乾招權納賄。雍正向來相

信楊文乾的操守，這時被常賚矇蔽，反而怒責楊文乾也是個弄巧成拙的「巧宦」，警告楊文乾若不悔悟，將身敗名裂、後悔莫及！幸而楊文乾在福建查案很賣力氣，重新獲得了雍正的信任。

同時，常賚在福建的虧空案已有定論，在廣東「諱盜」醜事也是路人皆知。所以，當楊文乾反戈一擊時，才能一舉成功，更因他死得正在節骨眼上，雍正才不便再追究往事，反而將他作為一個公忠體國的典型予以表彰。雍正所掌握的情報，經綜合印證，大多數是相當準確的。

河道總督齊蘇勒以近七十高齡，奔走於治河第一線，此人操守頗好，但隆科多在雍正面前講他的壞話，說他操守平常；年羹堯也數次對雍正說，齊蘇勒不學無術，難以勝任河務。

為此，雍正屢次密令察訪，其中，剛任河南布政使的田文鏡初次奉命「訪察河臣齊蘇勒其人究竟如何」時，曾順著皇帝的口徑說，齊蘇勒確實像皇上評價的那樣，冰清玉潔、一塵不染，對河務極其熟練；同時，也說齊蘇勒為人性格微躁，所以經常獨斷專行，不許別人說話。

雍正覽摺後，承認田文鏡評價比較公道，但對齊蘇勒還不放心，指示再加細訪：「齊蘇勒真的就那麼一塵不染嗎？」可見，他對傳言務必澄清後才罷手。後來，透過多方印證和齊蘇勒個人的自我表白，雍正確認隆科多是在落井下石，齊蘇勒果真是個清、慎、勤均具備的難得人才。

雍正時期，具有專摺奏事的人範圍大大擴充了。除了大學士、尚書、侍郎、科道等朝官，地方督、撫、藩、臬、提、鎮等大員外，雍正還視親疏關係及需要，特許一些道員、知府、同知、學政、副將、參領等中低微末官員專摺密奏事務。

當然，雍正這樣做，並不是一定要形成以下制上的違反官場等級的效果，因為他常常告誡中下級官員中有密摺奏事權的人，千萬不要僭越！一次，雍正對鄂爾泰的姪子鄂昌說：「今許你們下僚也得以密摺奏

事，不過是想擴大耳目，但是我萬萬不會有不信督撫兩司而專聽通道員之理！」

不過，雍正同時也說，對同省或別省的文武長官誰公誰私等等，不必一定有真知灼見時入奏，可以風聞入告。可見，雍正雖不專聽下僚的小報告，但事實上，凡有密摺奏事權的人，對上司，對屬官，都具有一定的威懾力。

雍正就利用這一點，把所有人都玩在掌上，那些擁有密摺奏事特權的人，都成了皇帝一人直接操縱和控制的公開特務。他們一方面可以監督別人，另一方面又處在許多人的監督之下，誰都難以躲過皇帝的耳目，要想欺騙皇帝更難上加難。

雍正駕馭臣僚另一種常用的權術是使功不如使過，總讓人在心驚膽顫中過日子，這也是因為是雍正疑心重所導致的。在雍正看來，天下人中材居多，才智超常和超笨的人為少，用人不患人才雜，關鍵在於如何駕馭，使人盡其才，有一份才就能為我所用。

雍正曾向鄂爾泰透露用人觀點，說庸碌、安分的人，駕馭雖然省力，只恐誤事；用那些有才能的人，要費一番心力，方可操縱，若遇不到有才能的大員，轉不如用忠厚老成之人。他這段話，實在是自己的經驗之談。

靜態地看，雍正朝地方大吏像鄂爾泰、田文鏡、李衛等幹練之人，非常有限，當時多是一些維持性人物，其中不乏庸碌、安分、潔己、沽名之徒。動態地看，一旦因官吏平庸而使地方吏治廢弛，社會不穩，雍正就思量調換幹才代之，待該地情況大局好轉時，便以中材官吏代之。

鄂爾泰、田文鏡、李衛等離任或死後，代他們治理雲貴、河南、浙江等所屬難治之地的，都不是雍正眼中的上等人才，而是屬忠厚老成型的。對這些人，雍正總是不厭其煩地告誡他們改掉優柔寡斷、沽名釣譽

等毛病，時而還故意找碴製造點「錯誤」出來，令其改過，使用起來反倒順手。

雍正對尹泰、尹繼善父子的駕馭，就含有濃重的權術在內。尹泰原為國子監祭酒，康熙末年因病罷職，閒居在錦州。雍正在藩邸時，曾奉命到奉天謁祖陵，過錦州，留住在尹泰家。

那時，雍親王正在網羅助己爭儲的親信，與尹泰交談，覺得此人很有思想，而且更感覺尹泰之子尹繼善聰明有為。雍正繼位次年，尹繼善考中進士，同年，尹泰也被召回京，授內閣學士。

自此後，父子倆官運隆旺，尹泰以左都御史銜協理奉天將軍，但因年已七十，思想保守，精力不及，盛京吏治廢弛，因而兩次受處，雍正六年，一度被奪官。

正在這時，雍正發現尹繼善是個人才，短期內可以造就成獨當一面的封疆大吏，所以，於六年將其放為外任，先以內閣侍讀身分協理河務，不久即命署理江蘇巡撫。與此同時，尹泰也官復原職。

但是，雍正沒有忘記使用權術，一方面告誡尹泰要改掉以前的毛病；另一方面，又明告尹繼善：「不要效法你父親的保守陋習，辜負我的希望，此番之所以赦免其罪，一是憐其衰老，二是看你尚可造就，為國家效力。」

尹繼善馬上具摺謝恩，感謝皇帝將父親破格拔於泥淖之中，置於青雲之上，又屢屢寬恕其過，並說父親也已寄信於自己，除感激皇上再造之恩外，還勉勵做兒了的要忠公為國、實心出力。

最後，尹繼善表示，「願生生世世永效犬馬微勞」，以酬報聖恩。雍正看到此摺後，心中自然高興，但是，他對尹繼善不肯說心理話，硃批中說「朕從不枉法冤人，亦不違法宥人」，用人一本「公平」二字，並說尹泰原無罪過，談不上什麼寬宥。

　　如此，尹泰父子只能在心驚膽顫中恪盡職守、不敢疏怠了。由於日後父子倆互相勉勵，像犬馬一樣供天子驅使，雍正自然予以回報，尹泰以七十高齡授為東閣大學士兼吏部尚書，仕路平坦無波折；尹繼善步步高昇，最初雖做署官被試用，但雲貴廣西總督鄂爾泰於雍正九年內召後，雍正只讓素來優柔寡斷、性情平和的高其倬做一段過渡總督後，就令尹繼善接替高其倬的總督任。

　　尹泰本來屬於前朝廢棄不用的人，而雍正觀其可用，馬上讓他恢復為官。與尹泰情況大致同類的，並不少見，像久沉下僚不得施展的田文鏡，因科舉出事而在河工贖罪的才子李紱等，都是雍正大膽加以起用的，致使這般形同廢人的人「柳暗花明」。

　　不過，其中有的人經受住了考驗，得以重用，有的則起落無常，如李紱之輩即是。雍正對這些人駕馭起來很方便，想懲治則讓他們俯首貼耳，欲用則使他們感奮圖報，頗好擺布。

　　尹繼善則屬新進之輩，是雍正刻意按自己的方式加以培養的人才，對於這些人，他往往量才任用，放在具體職位上試用觀察，若其才可以造就，常常故意任以繁難之事，親加訓誨，有過錯雖然也原諒，但卻常以此為話柄激勵其上進，這實際上是一種善意的造就人才的權術。

　　當然，如果其人才短心邪，雍正則毫不猶豫地去之。雍正在藩邸時曾拉攏過鄂爾泰，而當時做內務府員外郎的鄂爾泰正色拒之。雍正實際上是一個比較記仇的人，他剛繼位，就差鄂爾泰到邊遠的雲南做鄉試副考官。之後，又派遣他到一向屬於難治的江蘇做布政使，雖則是升遷，但其中卻又有壞處，因為江蘇乃是非之地，雍正隨便就可找個藉口治罪於他。

　　實際上，鄂爾泰不僅因為從前拒絕雍親王的好意而遭清算，而且，很可能還因為當年排錯了隊，或後來鑽營年羹堯的緣故，總之，直到二

年底時，雍正還在責難他。

從江蘇巡撫何天培的奏摺及摺批中，就可看出，雍正責難鄂爾泰「亂跑門路，尋倚仗」；鄂爾泰承認自己是「一介書愚」，是「庸才」，表示徹底悔悟。

在此之前，鄂爾泰因其在京兄弟私看密摺而遭嚴旨訓誡，與犯有同類毛病的閩浙總督滿保、山西巡撫諾岷、雲南巡撫楊名時等人一起，被剝奪密摺奏事的特權。

雍正同時表示，日後有督撫大吏的摺子被在京子弟親朋私啟者，一經發覺，定將私看之人正法。那麼，雍正不久後的那次譴責，很顯然與這次洩密有關。

在鄂爾泰沒有得寵前，雍正一直在考驗他，其中不排除舊怨作祟的可能性，也有因年羹堯曾保薦而懷疑其結黨的因素。雍正還善於分化和瓦解政敵和隨時出現的被視為異己集團中的人。他所用甚至一度重用的人中，有許多人就屬這種情況。

對這類人的駕馭，其拿手的法寶就是「使過術」。最後的結果是，一些人經不住考驗，被排除到統治層之外了；有一部分人小心謹慎、任人擺布，受到信任，但即使身居顯要，也不敢作惡為非；有的人數起數落，活得很累。

兩江總督查弼納深知允禵、蘇努、隆科多等人的內情舊事，雍正為挫敗政敵，盡情羅織罪名，曾八次詔令查弼納提供線索和證據。而查弼納堅持不吐實情，雍正只好調其入京親自審問，動之以情，曉之以法，終於得到所需要的重要口供。

王公大臣們根據查弼納涉身「邪黨」的罪行，請將其正法，而雍正一方面表示，查弼納既然已據實招供，豈能正法。另一方面則威脅查弼納如不痛改前非，定行正法，決不寬恕。同時，改奪官為起用，後竟授

為兵部尚書、徵準噶爾蒙古的北路軍副將軍。雍正九年，北路軍大敗，查弼納不願再次面對獄吏，衝入敵陣戰死。

　　至於雍正對藩邸舊人，除了對年羹堯大寵大恨外，戴鐸、戴錦、博爾多等人因沒有提拔價值而置閒散；其他如常賚、沈廷正、傅鼐等稍有出息的，都遭到罪譴或嚴責而後再起用，在此過程中，雍正也屢屢降旨訓誡。這些人在主子做皇帝後，幾乎都在心驚膽顫中度日，反倒不如從前逍遙自在了。

安定邊疆

雍正猜對了，還沒等中國的使臣到達，安南國王就上表謝罪，並歡迎使臣到來。於是，雍正便自找臺階，見好就收，於雍正六年正月三十日頒發安南國王敕諭一道，以前此四十里之地賜給安南。並說：安南國王既然已悔過盡禮，那麼，就可加恩賜給其地，更何況安南是本朝屬國，此四十里之地在雲南則屬內地，在安南仍為中國的外藩。

於是，杭奕祿等欽差，便帶著雍正的浩蕩恩典敕諭，出使安南，用四十里的國土爭回的是安南國王的三跪九叩大禮，中越邊界勘分案就這樣結束了。

平定西北和西藏問題

康熙在位之時，清朝的陸疆問題遠比海疆問題複雜。主要問題存在於西北和西藏兩大地區，其中影響兩個地區穩定乃至清帝國存亡的因素，一者來自外部沙皇俄國，再者來自於內部準噶爾蒙古，其間又夾雜著青海和碩特蒙古與西藏僧俗上層的矛盾。

康熙親政之後，經過幾年努力，已將以吳三桂為首的地方割據勢力、鄭氏家族在「臺灣」的統治、噶爾丹率領的準噶爾蒙古軍都解決了，特別是在「雅克薩之戰」中，阻遏了窮凶極惡的沙俄侵略者，與俄國簽訂了中國歷史上第一個國際平等條約《尼布楚條約》，規定了中俄兩國東段邊界。

雍正執政後，在《尼布楚條約》的基礎上，於雍正五年（1727 年）與俄國簽訂了《中俄布連斯奇界約》，達成了規定中俄中段邊界的初步協定，並以此界約的原則精神，於第二年簽訂《中俄恰克圖條約》，概括了中俄兩國的各方面關係共 11 條，規定了中俄中段邊界為：自額爾古納河至沙畢納依嶺之間以北歸俄國，以南歸中國。

與此同時，又簽訂了具體勘分恰克圖以東至額爾古納河岸阿巴哈依圖齊嶺邊界的《阿巴哈依圖界約》，以及具體勘分恰克圖以西至沙畢納依嶺邊界的《色楞額界約》。

《中俄布連斯奇界約》，使沙俄取得了對外貝加爾到色欏格斯克以及安加拉河一帶的控制權，從而撈到了巨大的領土利益。但是，它的簽訂，代表著清王朝多年希望解決的中國北部疆界問題終於畫上了句點。

此後，作為俄方簽約大使的薩瓦曾向沙俄政府獻策，聲稱將來把中國人從黑龍江上掃除乾淨，以便順黑龍江出海，繞過朝鮮，打通向中國內地的航道。但事實上，此後中俄雙方在東段和中段的邊境上，並沒有發生激烈的領土糾紛，維持了很長一段時間的相對和平。

雍正既看重與沙俄的關係，又將俄羅斯視為「外藩小國」。他之所以急於與俄國簽約修好，目的很明顯，主要在於解決西北的心腹之患，即準噶爾蒙古問題。

當時，蒙古四大部中，漠南蒙古早已臣服清朝；康熙初，漠北喀爾喀蒙古三部歸附；後康熙親征準噶爾部噶爾丹，青海諸部也傾向朝廷，漠南、漠北、青海蒙古三大部「混為一家」。

只有漠西厄魯特蒙古自恃荒遠，居新疆北部，又有土爾扈特、和碩特、杜爾伯特和準噶爾四部分，因此與朝廷分庭抗禮。康熙年間，一代梟雄噶爾丹所率領的準噶爾部強大起來，危及到了清朝西北邊疆的安全，康熙帝被迫親征三次，終於大敗噶爾丹。

　　噶爾丹敗死後，其姪策妄阿拉布坦趁機復興準噶爾部，於是便有康熙晚年派遣十四皇子允禵為撫遠大將軍率軍親征之事，其結果，只將準噶爾蒙古勢力驅逐出西藏，威脅並沒有解除。

　　雍正改元當年，固始汗嫡孫、親王羅卜藏丹津不滿朝廷對西藏平叛後的善後措施，企圖恢復在西藏的政治利益，於是會盟青海諸蒙古部族首領，廢除朝廷加封的爵號，自稱「達賴渾臺吉」，統率蒙古，其實質就是分離反叛清王朝的統轄。

　　雍正得密報後，先禮後兵，遣人勸說不成後，即命川陝總督年羹堯為撫遠大將軍，駐西寧，以四川提督岳鍾琪為奮威將軍，參贊軍務，終於於雍正二年春大敗敵軍，羅卜藏丹津一個人逃脫，投奔準噶爾，其母、弟、妹及大小頭目均被生俘，斬敵八萬。

　　這是雍正時代第一個也是唯一一個漂亮的戰役。年羹堯因此被雍正呼為「恩人」，晉封一等公，岳鍾琪也從此地位升騰起來。但羅卜藏丹津逃往準噶爾部以後，問題反而變得複雜起來。

　　雍正既怕準噶爾部利用羅卜藏丹津再度反叛，又擔心其乘虛侵入剛剛穩定的西藏，更怕策妄阿拉布坦聯合沙俄騷擾西北邊境。雍正幸好早已經與俄國修好簽約，這樣不但使準噶爾失去了沙俄的公開援助，斷絕了一旦兵敗而逃往俄國的退路。

　　同時，也使清王朝尋到了反擊準噶爾蒙古的途徑。和約簽訂前後，雍正曾遣使往俄國，聯繫早被策妄阿拉布坦逼走俄國的土爾扈特部，以期能得到配合或支持，終於得到了對方的友好承諾。

　　策妄阿拉布坦於中俄簽訂和約的當年年底死去，其子噶爾丹策零更是狡黠好兵，不止一次地建議俄國人協助出兵中國，而對方以俄國「與中國皇帝陛下和睦」為由，拒絕了他的請求。

　　這都說明，雍正在處理西北邊疆複雜問題時，頭腦清醒，很講求策

略。雍正外絕準噶爾之退路，內而偷偷輸運糧餉，調兵遣將，西、北兩路布重兵，採取誘敵深入的策略，想一舉殲滅準噶爾蒙古。

但是雍正沒有想到，清軍在前線連連失利，特別是雍正九年夏季，北路軍主帥傅爾丹誤聽俘虜的話，輕舉冒進，結果幾乎全軍覆沒，副將軍巴賽、查弼納以下都戰死。

次年秋，額駙、親王策凌大敗噶爾丹策零於鄂爾昆河之側的額爾德尼昭，才稍稍扭轉了戰局。只可惜，新任北路軍主帥的馬爾賽擁兵萬餘，堅持己見，拒絕出兵援助，甚至副都統傅鼐下跪請求，仍無動於衷，坐視準噶爾殘部逃脫。

有人指出，假如馬爾賽以數千兵迎擊，則可令敵人一騎不返。與此同時，寧遠大將軍岳鍾琪所統帥的西路軍，不但無大戰績，反而屢屢敗北。無奈，雍正只好將岳鍾琪調京降罪，永遠監禁於兵部。用查郎阿、張廣泗為西路軍正副帥。同時大開殺戒，斬馬爾賽等人於軍前。

之後，西路軍稍有起色，但準噶爾蒙古自知不能再戰，遣使請和。這正中雍正下懷。雍正鑒於兩路兵丁和從役人員達二十餘萬，數年來，耗費軍餉數千萬兩，勞師靡餉，又不能速決勝負，只能見好就收，於雍正十二年七月開始與準噶爾和談，但一直持續了多年之後和議始成。

準噶爾戰事的連連失利，有雍正用人和策略上的失誤。但是，雍正一直將西北邊疆的穩定放在頭等的策略高度，積極備戰，多方運籌，堅持誘敵深入殲滅敵人的策略，來勿縱，去勿追，反對遠涉絕域；叛則伐，服則和，在前線將士表示再戰而敵方請和的情況下，不再窮兵黷武，不因好大喜功而空耗民財，能夠適時掌握契機議和，也是明智之舉。

雍正對於青海平叛後的處置和處理西藏問題時，則頗富有創意，對後世產生了深遠影響。雍正認為：「蒙古之人，尊信佛教，唯言是從，故欲約束蒙古，則喇嘛之教亦不輕棄……正所以帖服外夷，乃長駕遠馭之

意。」雍正在處理西藏問題時，兼顧準噶爾問題，具有全域性觀念。

青海與西藏是互相連帶的兩個問題。西藏，古稱吐蕃，元明時稱烏斯藏，當地人稱「唐古特」或「土伯特」。唐古特原有四部：東部稱「喀木」；西有衛、藏二部，清時，衛的中心布達位於大昭寺一帶，稱「中藏」，後又稱「前藏」，而藏的中心在扎什倫布，時稱「後藏」。

另外就是青海湖、柴達木盆地一帶的「青海部」，這裡漢時為諸羌所居，唐以前為吐谷渾部族占據，唐末併入吐蕃，當地人崇佛成俗，明時曾設西寧、河州諸衛，用當地頭目授以國師、禪師等名號分別用來統治，明中後期，一度為蒙古土默特部俺答汗兼併，明末清初再為厄魯特蒙古的和碩特部固始汗占據。

後來，固始汗與尚未掌握衛藏僧俗實權的黃教領袖五世達賴、四世班禪商謀，率兵入藏，推翻了黃教勁敵第悉藏巴地方政權，控制了大部分藏族地區，確立了法王達賴的政教首領地位，由「第巴」，即俗稱的藏王代達賴總理政事，黃教寺院集團在政治、宗教、經濟等諸方面取得絕對優勢地位，喇嘛教的其他教派影響銳減。

清初順治、康熙二帝都支持黃教首領，並確立了達賴、班禪須經中央政權冊封的制度；同時，給固始汗及其後嗣以汗、親王、貝勒、貝子等封爵，承認其在西藏、青海的統治權。

這樣，雖然可以籠絡一時，卻不能堅持長久，朝廷只能用平衡達賴、班禪、第巴、固始汗及其繼承人的複雜關係，從中以某人為朝廷的代理人，以求間接遙控西藏。固始汗於順治十一年病逝，其子達延汗、達賴汗、拉藏汗相繼襲位；固始汗的其他兒子多居青海，是青海的實際統治者。

自固始汗入藏始，至康熙五十六年，就是 1717 年，拉藏汗被準噶爾蒙古兵所殺，前後由其實際控制西藏達七十五年之久。這期間，發生了

第巴勾結噶爾丹、策妄阿拉布坦企圖驅逐固始汗系統的暴亂，以及第巴與固始汗子孫的火併。

康熙末年，清軍入藏，驅逐了策妄阿拉布坦勢力，立即更改了西藏的地方統治方式，於康熙六十年，廢除第巴職位，設立三名噶倫，共同總理西藏政務，這是清王朝對西藏實行有效管理的重大改革措施。

雍正平定青海羅卜藏丹津之亂後，年羹堯遵旨提出了一系列善後措施，具體措施基本在雍正二年五月十一日所上的《條陳西海善後事宜摺》內說到了。

雍正認為年羹堯運籌周密、措置精詳，與大臣等詳議，形成了著名的「青海善後事宜十三條」決議，公布實行。根據這些措施，一改從前和碩特蒙古貴族對青藏地區獨享的世襲政治特權，清王朝可以對諸部首領論功行賞、按罪降罰。

將該地區蒙古編設札薩克旗 29 個，由西寧辦事大臣召集諸部會盟，取消由某人做世襲「盟長」制度；青海諸王臺吉要定期來京朝貢，以示尊崇朝廷，改變過去聽其自便的鬆散撫綏措施；過去沿邊藏族只知有蒙古，不知有朝廷，而今將沿邊藏族改歸朝廷控制的行政機構管轄，向其徵收賦稅。

同時，透過修築邊牆、增設鎮營等軍事措施，殺馬貿易定期定地、利用發配流放的犯人開墾屯種等經濟措施，以及限制喇嘛教寺院勢力等宗教措施，強化了對當時和碩特蒙古勢力所及的以青海為中心的廣大地區的管理。

雍正主持對青海統治方式的重大改革，使和碩特蒙古在青海和西藏的強大勢力銳減，以至一蹶不振。而青海等地由清王朝直接控制，不但有利本地區的穩定，也使準噶爾蒙古不敢東進。

同時，由於青藏通道掌握在朝廷手中，所以，從此清王朝便可更方

便地控制西藏了。對於西藏，雍正很重視達賴喇嘛的影響，但政務仍按康熙末年舊例，由幾名噶倫共同掌理，以防個人專擅而生事。

雍正初年，除貝子銜的康濟鼐、阿爾布巴、輔國公隆布鼐三人為噶倫外，又增任頗羅鼐、扎爾鼐二人為噶倫，形成以康濟鼐為「總理」、阿爾布巴為「協理」的五噶倫聯合理政的格局。

但是，阿爾布巴自恃自己的名聲和地位，不甘屈於人下，他與七世達賴的父親索南達結和隆布鼐勾結，三人結成一黨，排斥康濟鼐、頗羅鼐。

而康濟鼐雖對清王朝忠心不二，但卻自恃前此助官軍入藏驅逐策妄阿拉布坦勢力有大功，近又得新君寵信，位於首席噶倫，對比自己貴族身分高的阿爾布巴很輕視，顯示出一種專橫跋扈的樣子，於是種下了禍根。

雍正接到入藏欽差鄂齊關於眾噶倫不睦的密報後，立即做出偏袒康濟鼐一方的決策，令將隆布鼐、扎爾鼐二人以原銜解任，以孤立阿爾布巴。雍正五年正月，雍正遣派內閣學士僧格、副都統馬喇前往西藏宣旨。

阿爾布巴事前探知了朝廷的意向，遂與隆布鼐、扎爾鼐及佛父等精心策劃，於雍正五年六月十八日在大昭寺謀害了康濟鼐，以此造成既定事實，迫使朝廷承認並確立自己在藏的統治地位。

頗羅鼐識破了阿爾布巴的陰謀，沒有上當而僥倖漏網，事後逃往阿裡，與康濟鼐的哥哥才旦扎西共謀復仇。雍正得知初步情況後，立即做出迅速反應，令陝西各路和四川、雲南各備兵馬，聽候調遣。他的意思很明顯，那就是乘此機會把西藏事「料理清楚」，以求一勞永逸地解決從前不妥之處。

但是，雍正最擔心策妄拉布坦趁機插手此事，又怕萬一藏中人挾制年少的達賴喇嘛出奔準噶爾，那事情便難辦了。所以，雍正一直猶豫不

定，備兵又止兵，其間只與怡親王允祥、岳鍾琪、張廷玉、鄂爾泰等少數內外心腹大臣計謀此事。

直到十二月，雍正綜合各方面情報，以及西藏的目前戰事狀況，認為時機和火候都到了，下定決心出兵入藏。雍正認為時機成熟，其理由主要有三：

一是得到頗羅鼐與阿爾布巴戰事大概已定，前者反敗為勝，越來越占上風，而阿裡是頗羅鼐的大本營，阿爾布巴等難以從此必由之路挾持達賴逃奔準噶爾，從前最擔心的事不必過慮；

二是準噶爾已經請求和解，如此，準噶爾不能插手西藏事務；相反，雍正倒想乘人之危，欲派大兵聲討準噶爾，準噶爾與西藏事一起解決；

三是出師有名，這以前，頗羅鼐、阿爾布巴等都請朝廷出兵援助自身一方，互相指責對方有罪；那麼，朝廷出兵入藏，哪方都認為是支持自己的了，誰都不會阻攔，因為這中間雍正一直沒有公開表態支持誰，只是在暗中告知駐藏欽差偏袒頗羅鼐，阿爾布巴並不了解內情。

雍正對西藏之事表現出出奇的冷靜和老謀深算。他一直靜觀事態的發展變化，坐山觀虎鬥，任憑頗羅鼐與阿爾布巴兩派內鬥廝殺，遲遲不出兵。

雍正六年五月二十六日，頗羅鼐控制了對方的大本營拉薩，二十八日擒獲阿爾布巴、隆布鼐、扎爾鼐等大小頭目。而清軍主力於七月二十九日才抵藏，大軍未發一矢，未傷一人，難怪雍正稱「如此大事，而成功之易」，絕非人力所能為！

戰爭持續前後僅一年，其結果決定了日後很長一段時間內西藏政局的基本走向。西藏戰事平定前後，雍正親自規劃了善後措施，主要有四點：

　　一、汲取從前教訓，派駐西藏相當數量的軍隊，形成三年一換防的駐兵制度，以資彈壓，此制一直保持到清末。

　　二、加強中央政府對西藏政務的直接控制，於雍正五年始，在西藏設駐藏大臣，此後，清王朝更實行定職、定員、定期地向藏地派遣辦事大臣、幫辦大臣。駐藏大臣的設立，代表著清朝治藏政策步入一個新階段。

　　三、將西藏東部的打箭爐等地劃歸四川管轄；南部的中甸等地區劃歸雲南管轄；賜拉孜、昂仁、彭措林等歸班禪專管，從而使西藏地方政府所轄之地縮小，實力有所削弱。同時，內亂平定後，阿爾布巴、隆布鼐、扎爾鼐等均被處以極刑，而總理全藏事務的職責付託頗羅鼐，結束了眾噶倫共同執政、分管前後藏事務的體制。

　　四、將七世達賴遷至離拉薩較遠的康定之北的噶達地方，置惠遠廟讓他居住，派重兵防守，以防準噶爾及別有用心的人利用達賴喇嘛而製造事端，直到準噶爾不再成為清王朝的首要問題時，才將達賴禮送回布達拉宮。同時，對達賴之父索南達結恩威並重，調京斥責認錯後，賜以輔國公爵。

　　雍正在阿爾布巴事變後所採取的一些善後措施，以實力作後盾並加以施壓，加強了中央政府與地方政府的聯繫，多為日後清王朝所效仿，成為中央王朝治藏的轉捩點，有利於統一的多民族國家的鞏固。

實行改土歸流措施

　　雍正時代，在西南廣大邊疆地區實行的「改土歸流」的重大改革措施，其歷史意義尤為重大；同時，對黔東南和湘西等「生苗」地區，實

行設治管轄，使那些從前與中央政府聯繫最薄弱的千里「苗疆」步入了社會發展的新階段，這是雍正執行西南邊疆政策的一個重要方面。

中國西南地區居住著苗、瑤、侗、彝等許多少數民族，由於地理和歷史等方面的原因，這個廣大的多民族聚居區，社會發展水準低而緩慢。所以，中央政府對之一直實行鬆散的統治方式。

元朝以來，開始在這些地方實行一種新的地方政治制度，即土司制度，設宣慰司、宣撫司、土知府、土知縣等，以當地各族的首領為各級「土官」。到明代時，朝廷又制定了有關土官的承襲、等級、獎懲及對朝廷的義務等各種制度，土司制度完善化。同時，從清初開始，就在個別地區實行廢除世襲土官而代之以朝廷統一任免的「流官」，此即所謂的「改土歸流」。

雍正時期的「改土歸流」，是明清時期規模最大、最徹底的一次。土司制度是元明清歷代中央政府對西南少數民族地區實行的帶有權宜性的特殊統治制度或方式。

隨著時間的推移，土司制度越來越成為歷史發展的障礙物，消極因素占了主導地位，有些大土司轄地上百里，擁兵數萬乃至數十萬，在其世襲領地上成為一個實際的土皇帝，經常抗拒朝廷命令或擁兵反叛，中央集權與土司的獨立性、封閉性的矛盾日趨尖銳。

土司與土民、土司之間的矛盾激化，土民反抗土官的風暴此伏彼起，土司之間的械鬥連連發生，嚴重影響了國家的穩定。因此，清初尤其是康熙中期以來，朝野上下改土歸流的呼聲日高，為雍正下決心實行改土歸流奠定了輿論基礎，因此，這一重大舉措有其歷史的必然性。

雍正四年，即 1726 年，雲貴總督鄂爾泰奏請改土歸流，雍正立即表示支持。從此至雍正九年，在皇帝具體指導和支持下，鄂爾泰全權主持了湖廣、貴州、雲南、廣西、四川等省的改土歸流事宜。

在鄂爾泰正式提出改土歸流之前，廣西、雲貴等地大員韓良輔、石禮哈、高其倬、毛文銓等人，已相繼奏請，雍正都予以否決，但他為何最終同意並堅持支持鄂爾泰的建議呢？

這是因為：一、雍正登基之初，主要的問題是解決皇位穩固問題，政敵不解除，就難以考慮改土歸流這個帶有極大風險性的問題；二、雍正一直在物色能夠勝任西南邊疆重任的得力大臣，鄂爾泰此前在江蘇這個繁難之區時，政績突出，被雍正看中，很快調往雲貴。在雍正看來，以前奏請者難當此重任。三、雍正每做出一重大決策，都習慣考慮周詳，一旦時機成熟，便迅速決斷。就是說，他對改土歸流的利弊得失是有一個認識過程的。

鄂爾泰提出的改土歸流總方針和具體的實施策略、措施，以及他的進取精神、遠大的政治抱負、經邦理邊的卓越才能，都是保證這項改革大業能夠順利進行、最終獲得成功的重要因素。

雍正時代僅縣級以上的土司被改流者就達六十多個，涉及湖廣、雲南、貴州、廣西、四川等廣大西南地區。對這些地區的土民而言，擺脫了昔日受土官野蠻壓迫和剝削的悲慘境遇，而成為國家的編戶齊民後，畢竟減輕了許多負擔，很多人還有了土地，生活有所保障。

同時，土民不再受土官的限制，可以讀書科學考察入仕，大有重見天日的感覺。從前，土司叛亂和彼此間互相仇殺，最受禍害的是土民，而今，土民們可以過上相對安生的日子了。所以，土民們是擁護改土歸流的，這也迫使大多數土官情願不情願地交出世襲特權，改土歸流運動付諸武力的時候較少，比預料的要順利。

對於國家而言，改土歸流後，中央政府對西南廣大邊疆地區改間接控制為直接統治，消除了地方割據勢力，穩定了邊疆地區，鞏固了西南邊防，增加了政府的財政收入，尤其有利於日後對這個廣大地區的經濟

開發、民族融合、社會進步，其現實意義和歷史進步作用不容低估。

雍正在西南「改土歸流」時，還對黔東南和湘西等「生苗」地區進行設治管轄。在西南邊疆地區，有的早已設流官管轄；有的是土流兼治；有的則在雍正時大規模地進行改土歸流；而有的地區在雍正以前，既未設定流官，也無土司統轄，稱「生界」，或「苗」，或「生苗」。

這種中央政府並沒有建立起實際統治的「化外」之區，主要集中在黔東南和湘西。在鄂爾泰主持改土歸流的同時，雍正對廣大的「生苗」地區也給予了充分的注意，用招撫、征剿、招撫的方式，即恩威並用的辦法，將其納入中央政府的統一管理之內。

招撫之後，清王朝一方面安營設寨，建立軍事據點，派重兵防守，以資彈壓；另一方面，設與府、直隸州平行的直隸廳，或與散州、縣平行的「散廳」等，進行有效的直接管轄。直隸廳隸屬省，散廳隸屬府，設流官通判或同知為其長官。用一種與內地有別的特殊機構「廳」來統轄邊疆少數民族地區，是一種因地制宜的新舉措。

雍正的「改土歸流」的政策，打擊了土司等地方割據勢力，加強了中央政府對邊疆的統治。政體的統一，有利於社會秩序的安定，其實質是透過一種集權措施實現一定程度的統一和解放。

與周邊國家和平相處

雍正時期，清朝對於周邊國家和地區，並沒有多大的危機感，一般只以「天下之主」的大國君主的架子，接受朝貢，回賜並不豐厚的物品。在這些國家中，東部的朝鮮和琉球王國，對清王朝比較恭順，除害怕中

國內亂而殃及自身外，對清王朝並不構成威脅。

倒是雍正一方面用削減貢米等方式對朝鮮加以籠絡；另一方面動輒對李氏國王進行品評、訓誡，嚇得他們趕忙解釋、謝過。其實，雍正對海疆不是不重視，他除了屢次整飭沿海和加強軍備尤其是水師外，還特設天津水師營，以彌補滿洲兵丁只注重騎射而輕視水上作戰的弊漏，同時藉以加強近京海防。

雍正同時認為，日本歷來對中國雖有威脅，但只要加強稽查，嚴防內地「匪類」與之勾結，沒有必要用停止貿易的手段迫使對方改善通商狀況。事實上，日本當時確實不是中國的海上威脅。

不過，雍正時期沿海地區基本上沒有遇到外敵的侵擾，但這並不說明沒有隱患。除日本外，東南海域的菲律賓已為早期殖民者西班牙所占領，而中菲只是一水之隔的鄰邦，沿海地區的商人、農民等早在明朝末年就開闢了從泉州經臺灣南部去菲律賓的新航路，私自出海貿易、定居彼地者很多。

清初為防範沿海地區的反清勢力，厲行「海禁」，康熙時統一臺灣後，一度鬆弛海禁，百姓到南洋貿易合法化；但因出洋者半數左右不回來，康熙末年又做出禁止國內與南洋貿易及華僑限期回國的決定。

雍正繼位後，得知此法既行不通，又影響關稅收入，所以，除堅持華僑限期回國的禁令外，再度開放與南洋貿易。實踐證明，雍正的做法比康熙高明，開放南洋海禁後，並沒有引起東南沿海的緊張局勢，相反，菲律賓南部的蘇祿國擺脫西班牙殖民者的阻撓，於雍正四、五年間首次向清朝遣使入貢，大受雍正君臣的歡迎。

這表明，早期的西方殖民者對中國沿海地區還不能構成威脅。其實，對中國沿海地區較大的隱患是英國等新興的西方殖民者。但是，當時中國對西歐各國已經和繼續發生的歷史劇變並不了解。

英國確立資本主義制度後，率先向印度洋和南洋等地區推進，其船隊已來到廣東海關。雍正雖然昧於外情，對西方殖民者東來目的不甚了解，但他有很強的求知慾，曾專門向兩廣總督孔毓珣等人打聽海洋情形，承認自己對此一無所知，故令其「代朕博訪廣詢」，務得實情。

雍正在位期間，對東南海疆強化了內部的治理，尤其重視對臺灣島的治理和開發。康熙時統一臺灣，設一府三縣及兵備道、巡臺御史等文職進行管轄，隸屬福建省；另設總兵官、水師副將、陸路參將、游擊、守備等分兵防守。

雍正繼位之初，正是臺灣朱一貴大起義剛被鎮壓下去之時，所以，他很重視臺灣的內外防務，升臺灣鎮總兵為掛印總兵官，添設城守左右兩營，改北路營為三營，汛地和兵員各有調整增設，臺灣駐兵達到一萬餘人。

另外，文職官員又增設彰化知縣、海防通判及巡檢若干，完善了建制。與此同時，雍正汲取康熙時任人不當而激起民變的教訓，特別注意駐臺官員的選用、獎懲，時時加以賞賜，多方加以籠絡。

雍正還一改康熙時「為防颱而治臺」的政策，放寬內地人民移臺的禁令，首次准許臺灣民眾搬移家眷，既解決了海峽兩岸家分兩地而不得團聚的問題，又改變了臺灣有史以來地曠人稀、男多女少等狀況，島內頓增數十萬勞動大軍，土地得到全面性開墾，所產稻米不但可滿足島內之用，還被源源不斷地運往大陸，大陸的貨物也大量湧入臺灣。

雍正時代對臺灣的開發和利用，大大增強了東南沿海的防務能力，是雍正治理東南海疆的突出新政。雍正即位之初，鑒於西方傳教士在華活動猖獗，教徒人數已達三十萬人，傳教士又與朝廷爭「禮儀」，甚至參與皇族內部鬥爭等因，嚴令禁止其傳教，改各省天主教堂為公所，傳教士限期驅往澳門，可暫住在廣州。

　　這樣，廣東既有粵海關與外通商門戶，又有一批傳教士集聚在此，再加上早為葡萄牙人租占的澳門為多事之地，雍正自然對廣東特別重視。雍正時期，外交主動權完全掌握在中國方面，雍正嚴令廣東地方官稽查外國商船，不允許夾帶違禁物品出洋，不準將內地人帶出國外，這些都能輕易做到。

　　當時，在廣州城的傳教士有三十餘人，不聽禁令，繼續傳教，「煽惑愚民」，地方官於雍正十年下令將其全部逐往澳門，沒費吹灰之力。同時，雍正曾聽兩廣總督孔毓珣之請，定澳門「夷船」數目為二十五隻，各編列字號，發給印票，地方官對其出入嚴行稽查，不準有身分不明的西洋人居留。

　　同時將香山縣城移至前山寨，以便就近管理。如此一來，廣東海疆一直比較安寧。另外在西南邊疆，曾發生引起一場軒然大波的中國、安南邊界糾紛案。

　　雍正時，在西南邊疆陸路接壤國中，南掌國是清初以來首次通貢成為保護國的；所謂的「八百息婦國」人受緬甸攻擊，求通貢中國以自重，被雲貴總督鄂爾泰「疑而卻之」；而與雲南有著數千里邊境線的緬甸，自清初以來一度「不臣不貢」，不通中國達六七十年，雖有隱患，但此時沒有騷擾邊境的大事。

　　只有與廣西、雲南接界的安南國，一度為邊界糾紛事，險些發生不愉快的邊境衝突。雍正三年，雲南總督高其倬發現，雲南開化府與安南交界處，自開化府馬伯汛外四十里至鉛廠山小河內，有逢春裡寨等六個地方，在康熙時被安南國侵占，證據相當充分。

　　同時，據《雲南通志》所載，自開化府南二百四十里至睹咒河與安南為界，而今，自開化府南至馬伯汛，止有一百二十里屬中方，即使到鉛廠山下小河，也只有一百六十里，可知尚有大量的土地原屬雲南舊

境，這些國土在明朝時被安南侵奪。

因此，高其倬一面摺奏皇帝，一面諮照安南國王，雙方各遣人定期到邊界會同查勘。雍正看到奏摺之後，馬上指示高其倬：對失在明代的土地，不予追究；鉛廠山下小河以內四十里之境，另議立界。

但是，當安南使臣與中方官員勘界時，無視中方所提供的地方誌、錢糧徵收冊、寨人的衣飾風俗等充分證據，硬說那四十里之地也屬自己的國土，談判陷入僵局。

雍正四年初，鄂爾泰就任雲南巡撫，以接管雲貴總督事務。鄂爾泰對安南君臣的貪得無厭甚是氣憤，以為中方只清查回四十里之地，而將其餘明顯屬於中方的八十里被侵之地，全數賞給安南，已是天朝的浩蕩之恩，所以，對安南索要那四十里之地的奢求，態度非常強硬，在致安南國王的諮文中，略帶威脅之意。

而安南在復柬中，巧言抵賴，聲稱中方所提供的證據不足為憑，反把責任都推給此前的中方勘界官員。雍正看過安南國的復柬文，批道：「不通欠理，朕未料其如此痴迷。」

鄂爾泰得到雍正的支持後，一面以嚴詞回覆安南國王；一面遵旨在鉛廠山對面立界建關。破土動工那天，鄂爾泰下令樹立多面大旗，擊鼓吹號，放炮示威，大大渲染了一番。

雍正收到摺子後，稱讚鄂爾泰此事的處理方式大出意料之外，「大笑覽之」，但仍表示不敢相信安南就此罷休。正如雍正所料想的那樣，安南並沒有被中華大國的威勢所嚇倒。

雍正五年春，鄂爾泰又接到安南國公文一份，其中無非是重申前說，不肯讓步。為此，鄂爾泰一面將這件事上奏給雍正，一面表示調兵興師，直取安南，兩國空氣驟然緊張起來。

雍正一直以為，與安南這件小事並不難辦，只要以皇帝名義頒敕諭

一道，便可擺平。所以，當他收到鄂爾泰奏摺後，立即命人代寫諭旨，寄鄂爾泰差人轉送。

但是，當敕諭轉送關口時，安南方面把關頭目聲稱沒有國王的指令不敢擅接，並揚言，凡是雲南公文一概不收，只有仍舊從廣東方面遞交才行。

而此前，雍正已明令鄂爾泰全權處理勘界事，一切外交公文、聖旨都由廣東改為雲南關口交接。為此，邊疆將士非常氣憤，聲言要興師問罪。

鄂爾泰受此影響，雖認為用兵是下策，但因事關天朝國體和臉面，決不能坐視不理，建議給安南兩個月期限，如到期仍執迷不悟，必興兵問罪。

同時，鄂爾泰報告雍正，表示他已準備一萬餘兵力，一旦需用，即刻命所屬將帥趕赴邊界線待命。

雍正立即做出了反應。他在給鄂爾泰五年八月十日的奏摺上，批示用兵「使不得，使不得」，「不但下策，不可」；即使兩月後安南仍不悔悟，也不可用兵。他表示：「可以用來防備萬一；但如果進兵攻滅安南國，以復漢唐舊制，我卻不忍心這樣大動干戈。」

雍正還進一步解釋說：「朕生平樂天知足，苟無害於生民之事，朕不敢起好大喜功之念也，凡事小不忍則亂大謀……」

雍正對安南這個屬國一再容忍的道理很簡單：

一者由於雲貴正在實行改土歸流，這是當時西南邊疆的主題，不容分散精力和兵力；

二者是因為此時西藏已發生阿爾布巴事件，而西藏安危這才是大事，被雍正視為「肘腋之患」；相比之下，因四十里之地而與安南意氣用兵，則必將顧此失彼、因小失大了，這是主要原因。

對於安南,雍正並非不重視,也不是不想用兵。當鄂爾泰得到西藏內亂發生的訊息後,認為皇帝既然想遣使安南講和,則已預備一萬兵力就沒用了,請示抽調三千赴西藏,雍正則說:「近日滇省新定,地方事甚多,兼有安南之備,兵力不足彈壓不行,萬不可輕易將就。」

可見,他還是預留一手的。對態度強硬的安南,雍正料定他們必不敢頑固到底,故於五年底指派左副都御史杭奕祿、內閣學士任蘭枝往安南宣諭,以觀其動靜。雍正猜對了,還沒等中國的使臣到達,安南國王就上表謝罪,並歡迎使臣到來。

於是,雍正便自找臺階,見好就收,於雍正六年正月三十日頒發安南國王敕諭一道,以前此四十里之地賜給安南。並說:安南國王既然已悔過盡禮,那麼,就可加恩賜給其地,更何況安南是本朝屬國,此四十里之地在雲南則屬內地,在安南仍為中國的外藩。

於是,杭奕祿等欽差,便帶著雍正的浩蕩恩典敕諭,出使安南,用四十里的國土爭回的是安南國王的三跪九叩大禮,中越邊界勘分案就這樣結束了。

放眼歷史,開啟清朝的畫卷,「康熙盛世」和「乾隆盛世」耀眼奪目,是所謂「雙峰」現象。相比於前後兩個超過六十年的盛世王朝,雍正王朝只有短短的十三年時間,表面看來,雍正名聲遠不及自己的父親,也不及自己的兒子。

然而,正是雍正開創了一個過渡期,建立了一個政績顯著的雍正王朝。雍正對清朝的最大貢獻就在於:使康熙開創的盛世由後期的停滯再度走上發展之路,併為乾隆鼎盛局面的到來奠定了雄厚的基礎。所以正確的稱謂應是「康雍乾盛世」。

後宮妃嬪

在雍正七年時的端午節筵席上，因為皇后筵席上的膳食跟他的相同，他大發雷霆，還專門下一道諭旨，斥責說：「皇后用的東西，怎麼能跟朕相同呢，成何體統！」

剛好那段時間皇后的生日快到了，宮裡的太監奏請在欽安殿為皇后建祝壽道場，「新仇舊恨」一起，雍正在當天又發一道諭旨，把太監罵了一頓，說：「你們到時候肯定要說是奉了聖旨的，那不成了我做皇上的給做皇后的祝壽，成何體統。」

與皇后的相處與關係

皇后烏拉那拉氏為人溫和恭敬，在藩邸和宮廷生活近四十年，雖經歷宮廷鬥爭，但得善終，實屬不易也。烏拉那拉氏，是步軍統領費揚古的女兒，從曾祖到父親，三代一品，典型的根正苗紅。康熙二十九年被康熙帝冊封為雍親王嫡福晉。

她在雍正的藩邸生活了二十年，親歷了康熙年間宮廷鬥爭的多事之秋。胤禛即位，是為雍正皇帝。那拉氏的地位也隨之提高。雍正元年，她被冊封為皇后。

雍正沒有聲色犬馬之好，繼位後放掉了宮內所養全部珍禽異獸。他喜歡園林，常年辦事的地點就在圓明園。閒暇時，喜歡流連於園中山水之間。其他生活用具，亦不太講究。吃喝方面，只喜歡喝點酒，也

有節制。

當時傳來西方的新鮮東西，像溫度計、望遠鏡等等，他接受得很快，還讓宮廷匠役仿造，賜給親近大臣。烏拉那拉氏深知雍正公務繁忙，日理萬機，所以對他生活上的一些愛好無不滿足。

在掌管六宮時，和嬪妃、宮娥之間關係也很好。這是因為那拉氏為人孝順恭敬，無論在藩邸的年月還是被封為皇后以後，她始終如一。她曾為雍正生下長子弘暉，長到八歲，不幸夭折了。

此後在正史中，她的生平簡單至極：雍正即位時，被冊封為皇后；雍正九年九月二十九日病逝。在史料中，雍正與皇后交集甚少。雍正喜歡在圓明園辦公，可每每皇后前腳去圓明園，雍正後腳就離開了。

在雍正七年時的端午節筵席上，因為皇后筵席上的膳食跟他的相同，他大發雷霆，還專門下一道諭旨，斥責說：「皇后用的東西，怎麼能跟朕相同呢，成何體統！」

剛好那段時間皇后的生日快到了，宮裡的太監奏請在欽安殿為皇后建祝壽道場，「新仇舊恨」一起，雍正在當天又發一道諭旨，把太監罵了一頓，說：「你們到時候肯定要說是奉了聖旨的，那不成了我做皇上的給做皇后的祝壽，成何體統。」

也許在雍正眼裡，與皇后的關係，只有「體統」二字比較重要吧。可是到最後，他自己也損了「體統」，烏拉那拉氏病逝，入殮儀式和祭奠禮，雍正都沒去參加。這不合皇室規矩。想當年康熙帝時，孝誠、孝昭、孝懿三位皇后病逝，康熙都親往祭奠，其中孝懿皇后停柩期間，康熙還早晚臨奠。

大概雍正也知道這麼做於理不合，於是命王公大臣幫忙想一個上得了檯面的理由。大臣們絞盡腦汁，最後從明朝會典裡找到突破口，明朝的喪儀裡就沒有過皇帝親臨祭奠的記載，皇后有皇子和諸大臣祭奠就夠

了，皇帝是可以不親自出面的。

雍正對這個理由很滿意，在隨後頒布的諭旨中稱，他是一心想去親自祭奠皇后的。可惜他患病多時，好不容易才痊癒，大臣們怕他觸景生情過度悲傷，非拿明朝的例子說事，說皇帝不用親往，竭力阻攔他，他只好作罷。

雍正確實曾經病得很嚴重，可卻是與另一個人的死有關。早從雍正七年冬天開始，雍正就生病了，但他沒當回事，也沒找醫生治療，結果病情越來越重，到第二年二月出現寒熱不定、飲食失常、睡眠不好的症狀。

偏偏到了五月間，雍正最心愛的弟弟怡親王允祥又病死了，雍正受打擊非常重。允祥與雍正雖不是一母所生，但從小朝夕相處，感情很好。爭儲位時，兄弟們都恨不得置對方於死地，只有允祥忠誠地站在他這一邊。

允祥去世當天上午，雍正還在乾清宮接見新科進士，到了下午忽然得知怡親王病危的訊息，馬上扔下政事前去探視。可惜他到的時候，怡親王已離世。

當時正是雍正生病最嚴重的時候，但他不顧大臣反對，幾次親往祭奠，悲傷激動有時甚至到了失控的地步，病情也因此更加惡化。有大臣說，看到他下顎上都起疙瘩了。

到烏拉那拉氏病故時，雍正的病經過數月靜養，已慢慢康復。但西北兵事又起，漠西蒙古準噶爾部首領噶爾丹策凌派兵三萬，東犯清朝北部軍營。雍正少不了忙著籌劃軍機，這或許也是雍正不想親往祭奠的原因之一。

不過他給了皇后很盛大的喪禮，還在諭旨中高度評價了皇后，說他們成婚四十餘年，夫妻感情相融，皇后為人極好，孝順恭敬，四十年如

一日。又稱，自己沒有盡到夫婦間的禮數，心中很難受，因此特令皇子們朝夕祭奠。字裡行間，流露出莫大哀痛。

不過，這一點也沒有影響到皇帝的勤政不輟，其間他還堅持批摺子，在雍正九年十月初三參贊大臣傅爾屯等奏請萬安摺上，赫然有硃批：「爾等使朕如此暢快，何疾不治，何病不除？朕躬甚安，已痊癒。」

雍正九年九月，皇后病故。上諡號曰孝敬皇后。後來，與雍正合葬於泰陵。

最寵愛的貴妃年氏

雍正最寵愛的妃子是年羹堯的妹妹年氏，這幾乎成了大家的共識。關於他倆的愛情，野史演義裡有不少版本，或說兩情相悅，或說雍正橫刀奪愛。可事實上，兩人是康熙給指婚的。

年氏的母家是鑲白旗漢軍。康熙四十八年，胤禛被封為和碩雍親王時，擁有了鑲白旗的佐領，年家因此歸於胤禛門下。年氏的父親年遐齡曾任湖廣巡撫，其子年羹堯，文韜武略，出將入相。

年羹堯是明珠的孫婿，明珠一家又與八阿哥胤禩交好，也許出於防止結黨之意，康熙把年羹堯送入胤禛門下。年氏被指婚於胤禛做側福晉，當時她大約十四歲。

入藩邸的頭十年裡，年氏僅生下一個女兒，還夭折了。然而到了康熙五十九年，年氏突然交到了好運，接二連三地生起了孩子：康熙五十九年生下福宜，六十年生下福慧，雍正元年五月初十生下福沛。其間，雍正即位時，冊封她為貴妃，其名號僅次於皇后。

這恩寵來得實在突然，不過關係到生第一個兒子之前外朝發生的事兒，也就不奇怪了：康熙五十七年，奪嫡勁敵十四阿哥允禵被任命為撫遠大將軍，率軍西征。

同時，年羹堯出任四川總督，後又被任命為定西將軍，協助允禵驅逐占領拉薩的準噶爾軍隊。簡言之，年羹堯是能克制雍正奪嫡勁敵的最佳人選。

在雍正即位之後，內有兄弟們覬覦皇位風波不斷，外有準噶爾部和漠西蒙古虎視眈眈，有擁立之功的年羹堯，勢必繼續扮演保國盡忠的角色。

雍正初年他率軍平息青海羅卜藏丹津之亂後，雍正向怡親王允祥和隆科多述說年羹堯的功勞時，都感激得流出了眼淚。妹妹是專房之寵的妃子，哥哥是功高蓋主的臣子，不知是誰成全了誰，最後，年氏兄妹倆連災禍也相輔相依。

雍正三年，內外初平，對年羹堯收受賄賂、結黨營私、作威作福容忍許久的雍正，對他開始進行公開追問罪責。九月二十八日，年羹堯披枷戴鎖被押送進京。在傷心之下，本就身體抱恙的年貴妃一病不起，時時處於昏迷之中。

雍正三年十月，雍正為皇后舉行了冊後大典，皇妃公主及命婦們要向皇后朝賀。本來按照慣例，向皇后朝賀後，還要向貴妃也祝賀一下。但是雍正卻取消了向貴妃祝賀行禮，他以此表示在這個國家裡只有一位皇帝、一位皇后，他不願意讓女人們來左右他。

年妃本來身體就很虛弱，雍正就說過她「體素羸弱」。她在懷皇九子福沛時，正好是康熙的大喪。這時候舉哀磕頭行禮之事，數不勝數，以她懷孕之身，不免動了胎氣，導致難產，福沛生下後就死了或者就是一個死胎，她自己的身體也是一落千丈。

雍正三年十一月，此時的年妃已經到了彌留之際，從宮裡搬到圓明園。雍正看望她後又匆匆回到了宮裡。他給禮部下了一道上諭：晉封貴妃年氏為皇貴妃，但是年妃沒等到加封之禮就於當月二十三日死了。諡號為敦肅皇貴妃。

雍正在冊書中還是充分地肯定了年妃的品性。稱她：

秉性柔嘉，持躬淑慎。在藩邸時，事朕克盡敬慎，在皇后前小心恭謹，馭下寬厚平和。朕在即位後，貴妃於皇考、皇妣大事悉皆盡心盡禮，實能贊儷內政。

雍正也暫時緩和了對年羹堯的處分。年妃死後，留下皇子福惠。雍正對此子十分寵愛，甚過別的皇子。雍正六年，八歲的福惠也夭折了。雍正十分傷心，下令「照親王例殯葬」。年過十八的弘曆和弘晝連貝子都還不是，而八歲的福惠就以親王的規格禮葬，可見雍正對他的喜愛。

乾隆帝登基後，追封弘暉，就是雍正嫡子和福惠為親王時，就說過：「朕弟八阿哥，素為皇考所鍾愛。」

證明了雍正寵愛福惠是弘曆等兄弟所深知的。綜合來看，年妃的一生，多少還是受到了年羹堯的影響。但是，以雍正對她的評價和對她所生兒子的喜愛，還是能看出他對年妃是很有感情的，這點對年妃也是很大的安慰。

與第二個皇后的關係

歷史上真正的熹貴妃鈕祜祿氏，她其實並不受雍正寵愛，能在史書上留下筆墨，全因為有個孝順兒子，就是乾隆。乾隆即位後加封她為孝

聖皇太后，對其有言必從，遇萬壽節必率大臣行禮慶賀。

鈕祜祿氏生於 1692 年 11 月 5 日，滿洲鑲黃旗人，父親是四品典儀官、加封一等承恩公的凌柱。她與康熙朝四大輔臣鄂必隆是一個曾祖父，而曾祖父是大清王朝的滿洲開國五大臣之一、後金第一將巴圖魯額亦都。

鈕祜祿氏在康熙四十三年被指婚給當時二十六歲的胤禛，由於其父親凌柱身分官位不高，而當時胤禛的封爵是貝勒，所以當時鈕祜祿氏是格格身分，也沒有因生下弘曆提升地位，十餘年間皆號格格。

出身不高貴罷了，鈕祜祿氏相貌也不美，因而一直不為胤禛看重，入府多年一直是侍妾。關於相貌，可參看她日後六十大壽時乾隆命畫工為她畫的盛裝像《孝聖憲皇后朝服像》。

畫中老太太身體微胖，方面大耳，鼻肥嘴闊唇厚。這在面相學上來說是福相，但有福氣不代表有姿色，這種長相在年輕時，跟「美」字大概不怎麼沾邊。到康熙四十九年冬，鈕祜祿氏偶爾得到了一次真正「入侍」胤禛的機會。

康熙年間，雍正患上了時疫，病情非常嚴重，幾乎喪命，鈕祜祿氏侍奉殷勤，煎湯熬藥，無不周到。雍正康復後，對其尤有鍾愛。後康熙五十年八月十三日，生皇四子弘曆於雍和宮邸。

弘曆十歲時，隨父雍正初侍康熙帝，宴於圓明園牡丹臺，康熙帝見皇孫弘曆聰穎過人，十分喜愛，便接至皇宮去讀書，親自撫養，並稱弘曆「是福過於予」；連聲稱鈕祜祿氏是有福之人。為此，鈕祜祿氏更得雍正的恩寵。

雍正登基為雍正帝，先封鈕祜祿氏為熹妃，進而晉為熹貴妃。雍正元年八月，雍正帝密建皇儲，將弘曆名字書寫好，放於乾清宮「正大光明」匾額之後，弘曆二十五歲即帝位。

　　根據雍正帝遺命，母以子為貴，封熹貴妃為皇太后。乾隆帝視其為國母，有言必遵，有一次太后偶然提及順天府東有廢寺當重修。乾隆帝立即遣員撥款修蓋，並告誡宮監，今後有事應事先看出，不應讓太后勞神指派。

　　乾隆在位期間三次南巡，三次東巡，三次巡幸五臺，一次巡幸中州，以及謁東陵，獵木蘭，皆奉陪太后同行。平日與其左右不離，遇萬壽節必率王大臣行禮慶賀，六十、七十、八十慶典，一次比一次隆重。特別是太后八十大壽，年已六十的皇帝還綵衣蹈舞，承歡膝下。使太后享盡了人間的「福、祿、壽」。善至於終身。

　　乾隆四十二年正月初八日，乾隆帝奉皇太后到圓明園。皇太后駐蹕圓明園期間，幾乎都住在長春仙館，因為這裡距皇帝處理政務的正大光明殿和皇帝的寢宮九洲清宴都很近，便於皇帝給皇太后問安侍膳。

　　正月初九日，乾隆帝陪著皇太后在九洲清宴一邊進膳，一邊觀看節日的燈火，妃嬪和皇子、皇孫們也都陪侍在旁，「五世同堂，同伸歡忭」。乾隆帝見皇太后「慈顏康豫，不減常年」，非常高興。

　　這一年，皇太后八十六歲，乾隆帝六十七歲。他想皇太后九十歲大壽時，自己也是七十一歲的老人了。那時一定要為皇太后更隆重地慶祝一番。正月十四日行完祈穀大祀後，乾隆帝聞知皇太后身體不豫，趕到長春仙館看望，當天晚上還陪著皇太后在同樂園進晚膳。

　　皇太后當時的病情並不重，只是偶爾違和，抓緊調治後，病情大有好轉。可是沒過幾天，病情出現反覆，而且較前加重。皇太后不想把病情轉重的事讓皇帝知道，怕引起兒子煩心，影響理政，所以在皇帝問安時，故意談笑如常。

　　到正月二十二日，皇太后病情已十分嚴重，這一天乾隆帝看望了母親兩次。這天深夜，皇太后已進入彌留狀態。乾隆帝守候在旁。到了

二十三日子刻，皇太后「痰忽上湧，遂於醜刻病逝」，終年八十六歲。舉國致哀，尊諡號定為「孝聖慈宣康惠敦和誠徽仁穆敬天光聖憲皇后」，因此後世稱其為「孝聖憲皇后」，葬於泰東陵。

晚年生活

雍正有一次看戲，演的是鄭儋打子，看得高興，賜給伶人食物，該伶受寵若驚，遂與皇帝攀談起來，因劇中主角是常州刺史，就問今日常州太守為誰。

雍正一聽勃然大怒：「一個賤優，怎敢問起長官！不加懲治，形成風氣還得了！」立即下令將伶人杖死。他一激動不要緊，就造成人命關天的慘事。

不斷變得剛毅和急

雍正五年，雍正嚴厲批評浙閩總督高其倬優柔寡斷：

觀汝辦理諸務，必先將兩邊情理論一精詳，周圍弊效講一透澈，方欲興此一利，而又慮彼一害，甫欲除彼一害，而又不忍棄此一利，輾轉游移，毫無定見。若是則天下無可辦之事矣。夫人之處世如行路，然斷不能自始至終盡遇坦途順境，既無風雨困頓，又無山川險阻，所以古人多詠行路難，蓋大有寓意存焉。

凡舉一事，他人之擾亂阻撓已不可當，何堪自復猶豫疑難，百端交集，如蠶吐絲，以縛其身耶！世間事，要當審擇一是處，力行之，其餘利害是非，概弗左盼右顧，一切擾亂阻撓，不為纖毫搖動，操此堅耐不拔之志以往，庶幾有成。及事成後，害者利矣，非者是矣。無知阻撓之輩，不屏自息矣。今汝則不然，一味優柔不斷，依違莫決，朕甚憂汝不

克勝任，有關國家用人之得失也，奈何！奈何！

雍正教誨臣下，辦事要拿定主意，不能游移不決、莫衷一是。這一硃批貫穿了反對優柔寡斷思想，展現了雍正辦事不怕艱難、不顧阻撓、認準了就乾的作風。從而說明他具有剛毅果斷的性格。

雍正的這一性格，表現在政治上就是決策果斷。對一件事情的利弊，一旦有所把握，就做出裁決，即如黃炳創議實行攤丁入畝，他認為時機不成熟，不准許，數月後李維鈞又提出來，促使他進一步思考這一問題，及至議出實施辦法，立即決策施行。

拖泥帶水，顛三倒四，猶豫不決，和他的性格不相容。他辦起事來，說幹就幹，要幹就要有乾的樣子。如他為推行新政策和整頓吏治，大批地罷黜不稱職官員和破格引進入材。

別人批評此項措施「進人太驟，退人太速」，他也毫不顧卹。這種堅毅性格，才便於衝破反對勢力的阻撓，堅定地實施他的政策。凡是開了頭的事情，他就堅持下去，力求達到目的，所以他的重大的社會政策都沒有改變。

雍正的剛毅果斷，同他的急躁毛病連在一起。他自己說康熙訓誡他遇事時要「戒急用忍」，他就把這個訓誡書寫出來，置於居室，以便朝夕觀覽。

雍正二年閏四月，他就拿對輔國公阿布蘭的態度檢討自己，說沒有詳察而急於啟用阿布蘭，及其犯罪又不能隱忍，就是沒有實現「戒急用忍」。

康熙早在康熙四十七年評論他的兒子們時，說雍正幼年「喜怒不定」，雍正認為自己此時已過而立之年，居心行事，性格已經穩定，不再是幼時喜怒無常的情形，特向乃父說明，並請求不要把這個諭旨記載在檔案裡。

康熙說這十幾年來四阿哥確實沒有這種情況了,可以免予記載。雍正少年時代的這種忽喜忽怒,後來是否改變了,暫且不說。喜怒不定,也是脾氣暴躁的表現,感情說爆發就爆發出來。所以康熙說他喜怒不定,要他戒急用忍,都是說他性情急躁的毛病。

雍正注意改變他的急脾氣,在給李紱的硃批中寫道:「朕經歷世故多年,所以動心忍性處實不尋常。」

就是說,多年來,在重大的事務中,他一直以堅忍的毅力鍛鍊耐性,克服急躁毛病。在儲位鬥爭時,搞《悅心集》,研究佛學,就是動心忍性的表現。

做皇帝後也時常留心不犯老毛病。三年春,直隸總督李維鈞奏報廣開溝渠,雍正以開溝不是不可等待之事責備他,說他急急忙忙去做,「殊屬悖謬」,又警告他,「你不怕做貽笑於人的督撫,朕不甘為輕舉妄動之人主」。

然而雍正輕舉妄動的事並不少,像強迫閩粵士人學官話,堅持朔望宣講《聖諭廣訓》,停止浙江人的鄉會試等。對待官員,也常常是喜怒無常,如對福建陸路提督丁士傑原是賞識提拔,在他於四年十二月初一日寫的摺子上批雲「所奏甚是,但勉行以踐所言可也。」

不久,丁士傑借執事給回鄉的少詹事陳萬策使用的事,被雍正知道了,就把他交部議處,丁士傑又上一摺為己辯解,這下激怒了雍正,硃批非常苛刻。丁士傑摺子上說他借執事的「隱微之處更不敢不為我皇上直陳」,雍正就此硃批「無恥之極」。

丁士傑說他對上司「並不知如何逢迎」,硃批:「不知逢迎上司,唯知曲意逢迎欽差,其罪更甚。」丁士傑說「臣立意自矢,時存無欺隱之心,亦不敢萌一逢迎之私。」硃批「好無欺隱」,「好不逢迎。」丁士傑又說「逢迎之事,不唯目前不為,即臣終身實斷不可為也。」批「可謂

天良喪盡矣。」丁說他不知陳萬策的狂妄行為，所以沒有參奏他，批「看爾光景，小人之福有限矣。」

除了這些行間批外，雍正又在摺尾寫道：「觀爾不知悔過，不知愧恧，一味強詞飾辯，必不知感朕恩遇，愚賤小人之態露矣，『卑賤無恥』四字當深以為戒，莫令人指唾。」「無恥之極」「天良喪盡」，罵得真凶。

然而僅僅過十幾天，也即二十六日，丁士傑奏報福建倉儲情形的摺子上，雍正又誇獎了他：「爾奏甚屬可嘉，一切皆似此據實無隱，乃報朕第一著也，勉之，朕甚嘉爾之存心立志。」

丁士傑隨即獲知，陳萬策事使他降三級留任，遂於五月二十八日具摺謝恩，摺中說：「臣聞命自天，愧感無地。」

雍正硃批：「若再愧為數事，恐不能有感之一字矣。」丁又表示今後「恪遵慈訓，終始如一，以仰答高厚之恩於萬一。」硃批則說：「朕因爾向不欺隱，所以訓爾終始如一，但飭爾痛改前非矣。」

陳萬策是正四品的官員，丁士傑是從一品的大僚，丁借給他轎輿執事，僅是礙於情面，談不上有意逢迎，他的奏辯原合情理，而雍正原認為丁忠誠，而隱蔽陳萬策在鄉活動不報，就生他的氣，及至看到他的辯解，氣上加氣，於是指斥激烈，言詞過當，迨及有所覺察，便於丁的謝恩摺中改過來了。

可見雍正氣惱時也不能克制自己，仍有暴怒的毛病。他有時好走極端，說話很不反映實際，以之辦事就會出差錯。即位初年，對朋黨痛恨至極，在《御製朋黨論》裡大肆伐撻歐陽修，說他的君子有黨、小人無朋的說法造成清代的朋黨之風。因此，如果他還活著的話，「朕必誅之以正其惑世之罪」。好傢伙，歐陽修沒遭開棺戮屍之刑真是萬幸！對歐陽修發這樣大的火真是毫無道理的，所以他的臣子在撰寫《實錄》時，替他害羞，就把歐陽修造成朋黨流毒的話刪掉，將「誅之」一句改為「朕必

飭之以正其惑」。

雍正有一次看戲，演的是鄭儋打子，看得高興，賜給伶人食物，該伶受寵若驚，遂與皇帝攀談起來，因劇中主角是常州刺史，就問今日常州太守為誰。

雍正一聽勃然大怒：「一個賤優，怎敢問起長官！不加懲治，形成風氣還得了！」立即下令將伶人杖死。他一激動不要緊，就造成人命關天的慘事。

雍正在他的統治後期，指責一些疆吏輕易改變舊制。他說：「常見督撫提鎮等於蒞任之初，或輕聽人言，或自憑臆見，率爾具奏，更改舊章，不計事之永遠可行與否，及至再經條奏，仍復舊規，多費曲折，地方官民未必不受更張之擾累。」

其實，雍正很可以反躬自問，正是因為他銳意改革，有的人搞曲意迎合，經過申請，由他批准實行，所以這些官員犯的過失，可以說是他一手造成的。他的急躁病應為出現此種敗政的原因之一。

有人批評雍正，「性高傲而又猜忌，自以為天下事無不知無不能者」。有人指責他「以黑為白」「群臣莫能矯其非」「為人自聖」。歸納這些評論，無非是說雍正剛愎自用，聽不得不同聲音，不能採納臣下的建議。這樣說有一定道理，但不完全符合事實。

雍正對許多問題的決策，事先就曾與有關官員商討，多方進行考慮，吸收眾人的意見。前述在硃批奏摺中討論政事，已說明了這一點。他對於有些事情中的錯誤也是樂於承認的。

年羹堯的事情發生之後，他在多種場合表示自己識人不準、用人不當。兩廣總督孔毓因與年羹堯有往來而引罪，雍正則說：「朕無識人之明，悮寵匪類，正自引咎不暇，何顏復株連無辜。」

認錯的態度是比較誠懇的。再如四年九月甘肅巡撫石文焯建議在該

地開爐鑄造制錢，以便禁絕私錢，雍正硃批不準，不久，在石的十一月的一份奏摺上的批示就改變了態度，他批道：「禁止私錢一事，果如所議，錢法既清，而民用亦裕，區畫甚屬妥協。當時朕慮未周詳，故諭暫緩，今已準部議矣。」

老老實實承認自己原來考慮不周全，很快把事情改過來。雍正對他的納諫問題向大臣作過表白：「朕非文過飾非之人。人非聖賢，孰能無過。爾等果能指摘朕過，朕心甚喜。君子之過也如日月之食，人皆見之，及其更也，人皆仰之。改過是天下第一等好事，有何系吝！」

因此，把雍正完全看成是文過飾非、剛愎自用的人，恐怕與事實不符。但是他確實也有過於自信的情況。他以為透過各種管道完全掌握了下情，其實有的官員的報告是道聽塗說，不足為信，他卻憑之對事情作出錯誤判斷。

總之，雍正的性格，主要是剛毅果斷，急躁和喜怒不定是老毛病，雖有所警惕、克服、改正，但仍極不徹底。他剛毅，但不愎摔。自信，但有點過分。

雍正的剛強果決，產生雷厲風行的作風，辦事迅速，講究功效，所以他即位就開展革除積弊的活動，時間不長，就取得一定的效果。他的急躁使他的果斷不能完全建立在對客觀事物深入認識的基礎上，對有的問題分析不夠，行動上陷入盲目性，於是事情受到挫折，或開展不下去，達不到預期效果，犯了輕舉妄動的毛病。

白信心有助於他堅強果敢，自信太過，作為皇帝，就容易阻塞言路，影響政治的改良。雍正的才能、性格，對於他的政治的出現，給予重大影響，使它賦有他的特色、他的形象。政治像人，也有鮮明的個性，雍正如果不是那樣的性格，他的時代的面貌也將不完全是那個樣子。

展現卓越才能與性情

雍正提倡三教同源之說，學兼佛老。他能崇佛用佛，乃因通於佛學。在自然科學方面，雍正師從裕親王福全之子保泰學習「經書演算法」。不過那時所學演算法是初等的，雍正本人對此所知有限。

大體說來，雍正的自然科學知識遠不及乃父，也不及於乃兄允祉、乃弟允祿等人。他迷信天人感應說，不可能深入鑽研和相信自然科學。相反，他用自然科學的知識為他的敬天愚民政策服務，搞天文律歷，「用以敬天授民，格神知人，行於邦國，而周於鄉閭」。

雍正極其迷信神鬼命運，辦事一定要選擇黃道吉日，如岳鍾琪西路軍大本營遷移，由雍正翻看歷書選定，通知移營時間。有的地方官赴任，雍正也給他擇定上任日期。

雍正事事講求吉祥如意，大臣出行，賜予如意，每到過年，諸王大臣向他進呈如意，「取吉兆之意」，從他這裡開始，形成了習慣，流傳後世。

他篤信八字。有一次，年羹堯要進京陛見，雍正不允許，向對方說明理由是，「有看八字人說年熙不宜你來」，又告訴年氏：「你的真八字不可使眾知之，著實審密好。番僧中鎮厭之事，實不能侵正人，雖屬荒唐，然亦說不得全無，未免令人心彰些。」

這是怕被人知道八字，遭仇家厭勝。他又要求年羹堯把岳鍾琪八字告訴他。他還要鄂爾泰報告八字，回奏人覺得這是受到極大關懷，他則告訴鄂爾泰：「因你身體弱，故要你八字，看你的壽數，今知竟是『大壽八字』，朕之心病已全愈矣。」

因信八字，和算命的結了不解之緣。有個浙江人史瞎子，名聲很

大，所謂「言休咎奇中」，有人把他推薦給雍正，大約奏對時說了不中聽的話，被發遣到遼左為民。

雍正文思敏捷，於日理萬機之中，親自書寫硃諭、硃批，少則數字、數十字，多則上千言，都是一揮而就。他的硃諭，從存於中國第一歷史檔案館的所見，書寫都很整潔，文字流暢，間有口語，很少塗抹。硃批、硃諭不是為作文，是處理政事，於行文之中，說明他對某事處理意見，全系政事內容，更可見他的才思和從政能力相一致。

康熙的諸子多善長書法。康熙三十八年王士看到允祉的作品，讚嘆「遒美妍妙」，又說「東宮暨諸皇子皆工書如此，蓋唐宋明以來僅見之盛事也」。這就把雍正包括在裡了。

雍正元年八月，《景陵聖德神功碑》碑文撰成，雍正命善於書法的允祉、允祐和翰林院中書法精妙者書寫。他說自己學過康熙的書法，得到乃父的「嘉獎」，這時也書寫一篇，以便與諸臣比較選擇，以供刻石。他說這不是「自耀己長」，不過是為表示對乃父的恭敬。

顯然，雍正自認為有精於書法的特長。據記載，康熙欣賞他的書法，每年都令他書寫扇面，多達一百餘幅。他留下的手跡很多，大多是小字行書，今藏中國第一歷史檔案館的賜年羹堯寶石的石硃諭、命督撫推薦懂得醫學的人的諭旨等原件，均可看出他運筆流暢、嫻熟。結構嚴整的書法工力。

雍正的政治才能，突出表現在三個方面，一是比較了解下情，二是比較了解自己，三是建立在這種了解基礎上的改革政治的抱負。雍正把他和父親作了一個比較，說他事事不及乃父，「唯有洞悉下情之處」，比乃父高明。

雍正認為康熙八歲即位，深居宮中，很難了解真實情況，而他自己則有藩邸四十餘年的親身閱歷，了解官場和政治實施情況：「凡臣下之結

黨懷奸，夤緣請託，欺罔矇蔽，陽奉陰違，假公濟私，面從背非，種種惡劣之習，皆朕所深知灼見，可以屈指而數者。」

雍正又因在藩邸時間長、閱歷深，自認為其見聞遠超漢文帝之輩。繼位之後，他透過奏摺制度，派遣侍衛和親信私訪，以及一般的官方公文等途徑，了解吏治民情，比較多地把握真實情況。

同時由於政事是他親自處理的，事態的發展變化也就能在他的洞鑑之中。如程如絲貪婪案，為年羹堯所揭發，受蔡珽的阻撓，當年羹堯出事之時，雍正命石文焯往四川審理，石因過去同年有交往，這時更怕再審出實情，落個包庇年的罪名，就做出有利於程、蔡的奏摺，後來蔡案發生，要重審程案，雍正還打算派石文焯去，為了他能秉公審處，給他如下批示：

程如絲夔州慘傷私商一案，汝前番審鞫大有不協之處，今另行審查，或著汝赴川亦未可定。不必驚慌，朕諒汝當時原有許多不得已處，雖然終受軟懦依違之累，有失公正剛方之體，不合為蔡所欺，又欲避年羹堯向日之形跡，未免傅會其間，今恐逃坑復落塹矣。

雖然在這件事情中，雍正原有欲誅年而偏袒蔡、程意圖，石迎合而為程開釋，不能怪罪於石，但雍正了解石、年關係，洞察他的腑肺，分析他的思想入情入微，無不中肯。

雍正曾讓署湖廣總督福敏路過河南向田文鏡轉傳諭旨，後發現有訛誤，又命浙江觀風整俗使王國棟路過開封時加以改正，田文鏡為此摺奏，說一般人只知「皇上操生殺予奪之大權而可畏，而不知皇上稟至聖至神之聰明而不可欺」。雍正實在了解下情，不易被臣下矇蔽。

雍正把他同乃父作比較，也是了解自己、非常有自知之明的一個方面。他相信自己政治上成熟，意志堅定，一往無前實施既定的方針。五年，他說：「朕年已五十，於事務經練甚多，加以勤於政事，早夜孜孜，

凡是非曲直尚有定見，不致為浮言所動。」

雍正對自己的了解還表現在有較強的自信心上。他相信自己的能力，在直隸總督李紱的一份奏摺的硃批中，頗有意思地寫道：

爾自被擢用以來，識見實屬平常，觀人目力亦甚不及。朕但取爾秉彝之良，直率之性而已。凡聆朕一切訓諭，如果傾心感服，將來智慮自當增長擴充……爾誠不及朕遠甚，何也？朕經歷世故多年，所以動心忍性處實不尋常，若能精白自矢，勉竭同心合德之誠，朕再無不隨事訓誨玉成汝之理，倘以為能記誦數篇陳文，掇拾幾句死冊，而懷輕朕之心，恐將來噬臍不及。朕非大言不慚，肆志傲物，徒以威尊凌下之庸主，極當敬而慎之，五內感激，庶永遠獲益無窮，爾其欽承此諭毋忽。

要這種有文名而又剛直的臣子服膺他，並非僅憑帝王的權威，也並非不知羞恥地大言不慚，他自信見識在被教導人之上，自信不是庸愚的人主，能夠駕馭群臣。他認識自己的地位，懂得做皇帝的難處，他說：若對弊政不加改革，眾人會說皇帝懈於政務，若竭力整頓，又會被人目為苛刻。對於言官的意見若不採納，則是不能受諫，若以其言謬妄而加處分，則是堵塞言路，怎樣做才好呢？他感到這是「為君之所以難也」。他因此鑄造了「為君難」的玉璽。這樣認識自己的地位，有利於處理政事。

雍正還知道要使自己政策正確，要正確聽取臣下意見，就要反對他們的揣摩迎合，為此屢發指示：「爾諸臣宜矢公矢慎，共襄盛治，嗣後務宜屏去私心，勿事機巧，凡事只求當理，即合朕意，逢迎之術，斷不可用。朕在藩邸，洞悉諸弊，豈有向以為非，至今日而忽以為是耶！」

了解情況，認識自己，就可以制定比較切合實際的施政綱領、方針和政策，而且有能力有信心去實現。正因為雍正把握了康熙末、雍正初的政情、民情，懂得歷史，具有「振數百年頹風」的抱負，才能夠提出

「雍正改元，政治一新」的奮鬥目標，適時地要求臣下「將向來怠玩積習務須盡改」，從而進行了一番改革。

晚年暴病身亡之謎

一輩子要強的雍正，不會將內心深處的「病根」告訴任何人。持有雍正篡位觀點的人，是從一些反常事件中，強烈感到了這一錚錚鐵漢內心中無可名狀的虛弱和恐怖，特別是只能由他自己一個人強忍獨擔的那種無助的虛弱和恐怖。

天有不測風雲，人有旦夕禍福。雍正暴亡，不能不存在疾病突發的可能。一個鐵血鐵腕、旋轉乾坤、叱吒一世的風雲皇帝，一個胸懷凌雲壯志、頑強進取、精力過人的豪傑，完全有可能是由於中風、腦出血、心臟病突發，頃刻之間變為神志不清、眉歪眼吊、口角流涎、四肢抽搐的廢人。

雍正十三年八月二十三日，深夜奉召入圓明園的張廷玉之所以「驚駭欲絕」，倉皇間騎煤騾趕往宮中以致髀骨磨穿血溼騾背的鄂爾泰之所以「脫口驚呼」，很可能看到這樣一派詭祕恐怖的情景。

然而人們不能相信這種可能，不管是雍正的擁護者還是反對者，不能相信的原因是：突然。突然，又何嘗不是必然？人的肌體每時每刻都在發生變化，人每時每刻都不再是原來的自己。死的因素在悄悄地累積，累積的過程中，人還保持原有的軀殼，一旦累積到一定程度，這軀殼便轟然崩潰。

問題在於某些人把自己緊密包藏在重重面具之下，人們沒有發現其

軀殼下漸變的過程。雍正正屬於這種人。事實上，雍正早已經得了病。

雍正八年五月，雍正曾面諭諸王文武大臣：「朕自去冬即稍覺違和，疏忽未曾留心調治，今年三月以來，間時發寒熱，往來飲食不似乎常，夜間不能熟寢，如此者兩月有餘矣。」

這病來得怪，病狀據雍正自己說，是「似瘧非瘧，或徹夜不成寐，或一二日不思飲食，寒熱往來，陰陽相馭」。也就是忽冷忽熱、驚悸不安、食不甘味、寢不安席。

為什麼會得這樣的病？雍正曾向鄂爾泰透露：「朕今歲違和，實遇大怪誕事而得者。」

究竟遇到了什麼「大怪誕事」，雍正沒有說，只說待明後年鄂爾泰來京陛見時，再當面詳細諭之。而且，後人也沒有查到有關雍正這一段病狀的醫療檔案。

而從雍正接著延請道士誦經唸咒、驅邪治病的情況看，他不願說出口的病根，竟是白晝見了「鬼」，出現了令他無端恐懼的幻聽、幻視。其間，雍正的病狀曾一度減輕，究其原因，竟是他最親密、最知情的兄弟怡親王允祥去世。

雍正親臨其喪，痛哭一場，哀傷之情發透，胸臆間一時倒覺暢快了，他說：「五月四日，怡親王事出，朕親臨其喪，發抒哀痛之情。次日留心觀察，覺體內從前不適之狀一一解退，今日漸次如常矣。」

然畢竟病根未除，雍正略感輕鬆不過數日，那病又突然轉生凶險之象。六月，雍正竟至危殆，已然留了遺囑。據他的兒子乾隆帝後來回憶道：「八年六月，聖躬違和，特召臣及莊親王、果親王、和親王、大學士、內大臣數人入見，面諭遺詔大意。」

俗話說，「病自心生」。鐵腕的雍正因為什麼陷入了一種莫名的極度恐懼中無法自拔？因為什麼得了這種心慌心悸、以至於要命的重病呢？

人們自然聯想到雍正是否謀父篡位、做了虧心事，也就是雍正繼位是否合法的問題。

康熙六十一年，十一月十三日凌晨兩三點鐘，在位六十年的一代英主康熙大帝宣告病危。關於康熙之死和雍正繼位，《清聖祖實錄》的記載與雍正本人在《大義覺迷錄》中的陳述相似。

康熙六十一年十一月初九，康熙偶染風寒，在暢春園靜養。命皇四子和碩雍親王赴齋所，準備代行十五日南郊冬至祀典。十三日丑刻，康熙病危，急召在齋所的雍親王入見。命吳爾占代行祀典。

寅刻，雍正尚未趕到，康熙又召皇三子誠親王允祉、皇七子諄郡王允祐、皇八子貝勒允禩、皇九子貝子允禟、皇十子敦郡王允䄉、皇十二子貝子允祹、皇十三子允祥及步軍統領、理藩院尚書隆科多到御榻前，諭曰：「皇四子胤禛人品貴重，深肖朕躬，必能克承大統，繼朕登基，即皇帝位。」

時除恆親王允祺因冬至奉旨往孝東陵行禮不在京師外，皇十五子貝勒允禑、皇十六子莊親王允祿、皇十七子果親王允禮、皇二十子貝勒允禕等都在康熙寢宮外等候。

巳刻，雍正趕到，急入寢宮問安。康熙告訴雍正自己病情日增之故。雍正含淚勸慰老父。這天，雍正曾一連三次進見請安。當晚戌刻，康熙駕崩。

正在雍正「哀慟號呼，實不欲生」之際，隆科多宣布康熙遺詔，胤禛承繼大統。雍正「聞之驚慟，昏僕於地」，誠親王等向雍正叩首，勸其節哀，雍正「始強起辦理大事」。大行皇帝康熙的遺體被連夜運回大內。先此一步，雍正已在隆科多的護佑下提前馳回紫禁城，以哭臨大行皇帝梓宮。接著，皇城九門緊閉，隆科多親守朝闕，非有旨令即親王也不許入內，一直到二十日國喪。

十七日，諭皇四子雍親王胤禛繼位登極的康熙遺詔自宮中捧出。禮部堂官於乾清門外跪接，從中道捧至午門外，安於層臺上，張黃蓋。百官著素服，行三跪九叩禮，跪聽宣詔。宣詔畢，百官起立默哀，再行三跪九叩禮。

禮部堂官將詔奉放於安龍亭內，又從中道出大清門捧至禮部，由禮部派員頒布天下。二十日，胤禛即位，免百官朝賀，詔告天下，以明年為雍正元年。而各種指斥雍正以陰謀手段矯詔奪嫡、謀父篡位的謠言，幾乎同時沸沸揚揚地傳布開來，甚至遠播海外。康熙六十一年朝鮮使臣李混等回國後，報告朝鮮國王康熙之死、雍正即位的情況時說：「或稱祕不發喪，或稱矯詔襲位。內間事祕，莫測端倪。而至於矯詔，則似是實狀。」

在有關康熙之死、雍正即位的官方記載中，確有不能解釋的很多疑點。首先便是「八人同受遺詔」的說法。官方記載，康熙臨終有允祉、允祐、允禩、允禟、允䄉、允䄱、允祥、隆科多八人，在病榻前同受命雍正繼位的遺詔，另有允祿、允禮、允禓、允禕在寢宮外等候。

這確是雍正即位名正言順最有力的證據。然八人中，允禩、允禟已經不明不白地死去；隆科多已經被禁錮而亡；允䄱正在禁錮中；允祉、允䄉，一個被革親王、一個被革郡王；允祐明哲保身唯求苟活；允祥正是雍正的心腹。沒有一個人可能出來對證。「八人同受遺詔」正是出自雍正本人之口，從雍正對八人同受遺詔的不同說法，可以看出某些蛛絲馬跡。「八人同受遺詔」，最早的版本是雍正七年九月成書的《大義覺迷錄》，在這以前，從沒有過相同的記載。

雍正元年八月，雍正在一篇上諭中說，康熙命他繼位，是在病危之時倉促間「一言而定大計」，並沒有一字提及「八人同受遺詔」的事。在雍正五年十月的一篇上諭中，雍正才開始說到諸皇子同受遺詔的情節，

但也只是說:「皇考升遐之日,召朕之諸兄弟及隆科多入見,面降諭旨,以大統付朕,是大臣之內承旨者唯隆科多一人。」

並沒有具體指明是哪些皇子入見。即便是八人同受遺詔的說法發表之時,雍正仍一方面說允禩、允禟久蓄邪謀、希圖爭位,若不是親受傳位遺詔,怎麼肯「俯首臣服於朕之前」?

一方面又說,「皇考升遐之日,朕在哀痛之時,塞思黑突至朕前,箕踞而坐,傲慢無禮,其意大不可測,若非朕鎮定隱忍,必至激成事端」,「聖祖仁皇帝賓天時,阿其那並不哀戚,乃於院外依柱,獨立凝思,派辦事物,全然不理,亦不回答,其怨憤可知」。

這顯然反映出他們對雍正繼位全無思想準備,如已受遺詔,又如何會有此種表現?當然,在雍正前後矛盾的敘述中,可能有兩種謊言:八人同受遺詔可能是假的;雍正所述塞思黑、阿其那在康熙辭世之日的反常表現,也可能是假的。

後者,也有可能是雍正捏造事實、誇大其詞,以置塞思黑(允禟)、阿其那於死。但又有以下疑點:康熙病危之時,十萬火急召雍正進見。雍正從天壇齋所趕赴暢春園,為什麼竟用了五個時辰?

假如在雍正進見康熙之前,已有八人同受遺詔,為什麼在他進見之後十個小時,包括一日三次的請安,康熙僅和他談論病情緣起,並無一字提及傳位大事,八人之中也並無一人向他透露傳位遺詔之事,使他在康熙死後得知命他繼位的遺詔時,竟至「驚慟昏僕於地」?

為什麼宣布傳位遺詔時,除皇子外,只有康熙並不欣賞、也並非唯一皇親國戚及重臣的隆科多一人在場?為什麼雍正一即位,即迫不及待地殺掉康熙晚年經常傳達康熙旨令的近侍趙昌而使全國震驚?為什麼即下令收回康熙所有的硃批諭旨,聲言「若抄寫、存留、隱匿、焚棄,日後發現斷不寬恕,定從重治罪」呢?這些似乎都隱示雍正即位的不合法

性，都隱示雍正的即位是一個陰謀。

那麼，雍正既背叛其父康熙的意志陰謀篡位、做了虧心事，便似乎埋下了他日後犯發心病的病根。一輩子要強的雍正，不會將內心深處的「病根」告訴任何人。

持有雍正篡位觀點的人，是從一些反常事件中，強烈感到了這一錚錚鐵漢內心中無可名狀的虛弱和恐怖，特別是只能由他自己一個人強忍獨擔的那種無助的虛弱和恐怖。

葬於易州的泰陵

雍正於十三年八月二十三日死於圓明園後，遺體連夜就被運回皇宮，安放到乾清宮。九月十一日將梓棺移駐「龍潛之地」雍和宮。乾隆二年三月初二日，梓棺始安葬於易州泰陵地宮。

眾所周知，雍正的祖父順治、父皇康熙都葬在遵化的馬蘭峪，而雍正為何葬在距遵化較遠的易州而不隨其父祖呢？這是不是乾隆的安排呢？

作為帝王「萬年吉地」的選擇，一般在某個帝王在世時就選定好，並著手修建了。雍正的陵寢也是在其活著的時候張羅的。所以，首先可以肯定地說，雍正死後所下葬的地點的選擇，與乾隆並沒有關係。

那麼雍正為什麼決定不隨父葬呢？有傳聞說：是因為他害怕「見到」康熙！傳言，雍正透過卑鄙的手段，謀害了父皇，並盜改或篡改了康熙遺詔，以不正當手段登了帝位。他繼位後，又大肆屠戮貶斥兄弟，這種對骨肉無情的行為，必是康熙所不願看到的。

　　正因為雍正心裡有鬼，加上他又迷信鬼神，所以，擔心日後若與父皇葬在一起，自然會遭到報復斥責，永無寧靜之日。於是，他在生前便選定了遠離父皇所在的東陵較遠的易州天平峪為自己的「萬年吉地」。

　　這一傳說是根據雍正篡奪皇位說而衍化來的，既然雍正繼位問題還是個謎，那麼，此說的是非真偽也應該是個謎了。據官方文獻記載，雍正選擇自己的「壽宮」還有段故事，想來比較可信。

　　其實，早在雍正四年時，皇帝就吩咐十三弟允祥等料理山陵事務，並作為軍國大事去辦。次年閏三月，雍正又命總兵李楠、欽天監監正明圓帶著「風水先生」們去東陵遵化，意欲在那裡選塊風水寶地。可見，雍正起初是決定隨父而葬的。

　　允祥等相中了九鳳朝陽山地，徵得雍正同意後，很快便開始施工，但很快發現這塊山地地層內土質帶砂，哪裡是什麼寶地？於是，雍正便放棄在遵化建陵的計畫，下令在房山縣等地繼續尋找寶地，但也找不到令雍正中意的地方。

　　後來，經向以曉知天文地理的福建總督高其悼會同胤祥物色勘查，才在易縣泰寧山太平峪尋到了「山脈水法，條理詳明」的上乘吉地。雍正對此很滿意。遂決定在此建陵。

　　太平峪一地，西有雲山，北為泰寧山，東是立陵地，南臨易水河，真可謂奇峰異嶺環抱、蜿蜒清水相臨的寶地，而且，土質又不含砂，所以，從雍正到大臣都認為可在此闢為「萬年吉地」。

　　當雍正下定決心後，忽又想到一件事似乎不妥：那就是這樣選擇陵地違背「子隨父葬，祖輩衍繼」的古制。雖然雍正做事向來我行我素，但他卻最忌諱招惹人們的物議。為使此事順理成章，他便假意讓臣下會議一下，看看這樣做是否與古帝王典制有不合之處。

　　可想而知，善體上意的大臣們只能引經據典，說古來就有先例，不

礙情理的。如此，雍正才表示「朕心始安」，於雍正八年開始破土動工興建，但一直到雍正死前還未竣工，也許他沒想到死得如此早。可見，雍正並不是怕見康熙而另闢陵園，而是因為「風水」迷信而使他這樣做的。

生前祕密立儲之說

乾隆繼位，不是雍正親口宣布的，而是靠祕密立儲和傳位詔書順利實現的。祕密立儲制度，是雍正鑒於康熙晚年因立儲不當而導致內宮動盪，於是絞盡腦汁想出的一個創舉。

雍正即位不到一年，即創祕密立儲，把繼嗣寫出，藏於匣內，密不示人。元年八月十七日，雍正召見總理事務大臣、滿漢文武大臣、九卿於乾清宮西暖閣，宣布立儲的原因和辦法。

雍正說：「聖祖倉猝立儲，而能夠得到成功，是因為他神聖睿哲，自能主持，今天，我為了社稷的長治久安，要及早為計，不過考慮自己的孩子尚幼，不便公開建立。」

於是，雍正想出祕密建儲的方法。他說：「今朕特將此事親寫密封，藏於匣內，置之乾清宮正中世祖章皇帝御書「正大光明」匾額之後，乃宮中最高之處，以備不虞。諸王大臣咸宜知之，或收藏數十年，亦未可定。」

這儲君是誰，本人不知，諸臣不曉，只有皇上一人預定。而「正大光明」之匾，更是誰都不能碰的。雍正宣布之後，問諸臣有何意見。隆科多忙奏稱皇上「聖慮周詳，為國家大計發明旨，臣下但知天經地義者，豈有異議，唯當謹遵聖旨」。

諸王大臣九卿等也表示同意。雍正於是令眾臣退出，然而留下總理事務大臣，將密封錦匣藏於「正大光明」匾後。這個方法不是雍正的最初發明，早在唐朝時期，波斯人就在實行了。據《舊唐書・波斯傳》記載：

其王初嗣位，便密選子才堪承統者，書其名字，封而藏之。王死後，大臣與王之群子共發封而視之，本所書名者為主焉。

就是說，國王一即位，就把接班人定下來，但是不公開宣布，連線班人自己都不知道。這個名單封藏在一個盒子裡，誰也不能開啟，要等到國王去世，才由眾王子們和大臣一起開啟來看，按上面所寫的名字，來擁戴新國王。

這個方法和雍正的一模一樣。雍正建儲不知是學習古波斯人，還是他的創造。總而言之，雍正實行的是中國歷史上沒有過的新的立儲方法。

雍正預定的接班人是皇四子弘曆，即乾隆。康熙生前就非常喜愛這個小孫子，以致有說法說康熙之所以傳位給雍正，就是為了將來讓弘曆當皇帝。

為了保密，雍正對待弘曆在對待諸子上沒有異樣，特別是令弘曆、弘晝承受基本相同的待遇，時或命他們代行祭天、祭祖之禮，同日封王，共參苗疆事務。但有兩件事，被後來乾隆君臣認為是雍正立弘曆為儲君的一種暗示。

一是元年，雍正登極後第一次到天壇祭天，回到大內後，將弘曆召至養心殿，給他一塊肉吃，而沒有賜給弘晝，因此弘曆認為乃父在第一次祭天時，是將定其為儲君的心願默告於天，所以賜他一塊胙肉，大有深意焉。二是弘曆被雍正為「寶親王」，這封號被《清高宗實錄》監修總裁官慶桂等解釋為將授大寶的表示。

這些雖是他們根據弘曆嗣位事實進行的推測，應該說也符合於雍正

的心願。雍正於乾清宮放置密詔之外，另書內容相同的傳位詔置放在圓明園內。保留兩封詔書分頭放置，可見雍正對立儲的高度謹慎。

八年九月，雍正生了一場重病，自覺壽命不長，於是將圓明園詔書之事，祕密告訴張廷玉、鄂爾泰兩位近臣。雍正又於十年正月向鄂爾泰、張廷玉作了說明，說：「汝二人外，再無一人知之。」

及至雍正死在圓明園，弘曆以盡孝子之分，唯事哀號。張廷玉、鄂爾泰這時向允祿、允禮等人說：如今新主繼統是急事，大行皇帝曾示我二人有密旨，應急請出。

諸人同意，但總管太監說不知圓明園有這樣一道密旨，所以不知藏於何處。張廷玉說：「大行皇帝當日密封之件，諒亦無多，外用黃紙固封，背後寫一封字者即是。」

於是據之取出，這便是傳位於弘曆密旨，由張廷玉就燈下宣讀，眾臣拜請弘曆受命，弘曆隨即令允祿、允禮、鄂爾泰、張廷玉輔政。這樣，以兩位皇叔和滿漢大臣代表的鄂、張四人組成的總理事務大臣輔佐弘曆，保證雍正繼嗣統治的穩定。

整個接班過程，毫無差遲。雍正的祕密立儲制度十分成功！雍正密建太子，收到了立國本以固人心的政治效果；同時避免了歷史上屢見不鮮的由「明立東宮」導致的諸皇子勾心鬥角爭儲位、儲君與皇帝爭權、儲君驕縱等弊病。

這個制度，可以挑選合適的皇子為儲君，不限定長子繼位，有「傳子傳賢」的意思，比漢族搞了上千年的嫡長制要好得多。乾隆繼位後，認為這個辦法好，於是遵奉實行，於元年七月，也就是即位不到一年時，就預書皇二子之名，藏於「正大光明」匾後。

由於皇二子早死，乾隆又密立皇十五子，是為仁宗。後來嘉慶、道光也都相繼用這個方法立嗣，咸豐只有同治一子，故無須用祕密立儲

法，同治、光緒都沒有兒子，無從採用這個辦法了。

從乾、嘉、道、鹹諸君的繼統來看，祕密立儲方法是非常成功的，自雍正以後，歷史上不只一次出現的爭奪儲位的鬥爭就基本絕跡了。這不得不使人再次回憶並讚美雍正的用心周詳！

不管雍正出於何種考慮而立弘曆為儲君，在寶親王弘曆成為乾隆帝的過程中，父子間的交接班是極為順利的。而且，乾隆的確也是一位中國歷史上不可多得的明主，一句話，雍正沒有選錯人。當然，這是後話。

乾隆剛剛即位，除如禮發葬父皇外，著實做了一番替父遮醜的工作。諸如替父皇嚴猛治政曲意開脫，平反雍正一手造成的慘案。等等。這既是他為父皇遮掩罪責，又是在透過這些舉措籠絡人心。

雍正生前為了洗刷自己「謀父」「逼母」尤其是「弒兄」「屠弟」等傳言罪名，一度寫了洋洋萬言的自辯書《大義覺迷錄》。乾隆即位後不久，就一反雍正所為，將被雍正免罪去四方現身說法的曾靜、張熙處死。同時，嚴令收回一度被用來作為教化臣民的「教材」《大義覺迷錄》。

也許，乾隆對父皇欲蓋彌彰的自辯，已意識到那是一個巨大的失誤，所以，為了遮掩事實真相，才將這一有損父皇形象的御書收回，以作為禁書，成了藏書家的寶貝。

為了糾正雍正殘害諸兄弟尤其是允禩、允禟的過激行徑，乾隆一登位，就一面替父皇開脫，一面下令恢復允禩、允禟子孫的宗籍。其他諸如對允禟、允禩案中的治罪人員，乾隆也給予了寬大處理。為此，乾隆博得了朝野一致的讚頌聲。

附：雍正朝年表大事記

康熙十七年十月三十日，皇四子胤禛生。母為烏雅氏，護軍參領威武女。康熙十六年二月進宮，初為「常在」，晉封「德貴人」，康熙十八年冊為德嬪，二十年晉德妃，胤禛即位，尊為皇太后。

康熙六十一年十一月初七日，康熙帝病，自南苑回駐暢春園。初九日，胤禛奉父皇命代行主持郊祀大典。十三日，康熙帝去世。隆科多傳遺詔，胤禛即位，改年號「雍正」。

雍正元年（1723 年癸卯），實行攤丁入畝；開始除賤為良；八月，羅卜藏丹津起義；重用田文鏡，鄂爾泰，李衛；祕密建儲。

雍正二年（1724 年甲辰），開始耗羨歸公制度；鎮壓羅卜藏丹津起義；頒發《聖諭廣訓》；授農頂戴；設八旗井田；雍正帝禁礦。

雍正三年（1725 年乙巳），誅殺年羹堯；安輯棚民；京畿營田。

雍正四年（1726 年丙午），將允禩集團一網打盡，同年九月，允禩死於獄中；整肅吏治清理虧空；開始改土歸流政策；推行保甲制；推行耕田法；設觀風整俗使。

雍正五年（1727 年丁未）五月，幽禁隆科多；簽訂《清俄訂布連斯奇條約》；推行宗族制；設駐藏大臣。

雍正六年（1728 年戊申），隆科多死去；簽訂《清俄簽訂恰克圖條約》。

雍正七年（1729 年己酉），設軍機處；建立「廷寄」制度。

雍正八年（1730 年庚戌），怡親王允祥病故，雍正帝恢復其名為「胤祥」。

雍正九年（1731 年辛亥），設宣諭化導使。

雍正十年（1732 年壬子），將軍機房改名辦理軍機處。

雍正十一年（1733 年癸丑），頒發《硃批諭旨》。

雍正十二年（1734 年甲寅），古州苗變。

雍正十三年（1735 年乙卯），雍正帝暴死，葬於清西陵之泰陵，廟號世宗，諡號敬天昌運建中表正文武英明寬仁信毅睿聖大孝至誠憲皇帝。

帝權風雲，雍正時代的改革與反抗：
一個朝代的轉型與挑戰

編　　著：孟飛，張恩台

發 行 人：黃振庭

出 版 者：崧燁文化事業有限公司

發 行 者：崧燁文化事業有限公司

E-mail：sonbookservice@gmail.com

粉 絲 頁：https://www.facebook.com/
　　　　　sonbookss/

網　　址：https://sonbook.net/

地　　址：台北市中正區重慶南路一段六十一號八
　　　　　樓 815 室

Rm. 815, 8F., No.61, Sec. 1, Chongqing S. Rd.,
Zhongzheng Dist., Taipei City 100, Taiwan

電　　話：(02)2370-3310

傳　　真：(02)2388-1990

印　　刷：京峯數位服務有限公司

律師顧問：廣華律師事務所 張珮琦律師

-版權聲明

定　　價：450 元

發行日期：2024 年 04 月第一版

◎本書以 POD 印製

國家圖書館出版品預行編目資料

帝權風雲，雍正時代的改革與反
抗:一個朝代的轉型與挑戰 / 孟飛,
張恩台 編著 . -- 第一版 . -- 臺北市
: 崧燁文化事業有限公司 , 2024.04
面；　公分
POD 版
ISBN 978-626-394-112-0(平裝)
1.CST: 清世宗 2.CST: 傳記
627.3　　113002843

電子書購買

臉書

爽讀 APP